O selo DIALÓGICA da Editora InterSaberes faz referência às publicações que privilegiam uma linguagem na qual o autor dialoga com o leitor por meio de recursos textuais e visuais, o que torna o conteúdo muito mais dinâmico. São livros que criam um ambiente de interação com o leitor – seu universo cultural, social e de elaboração de conhecimentos –, possibilitando um real processo de interlocução para que a comunicação se efetive.

Gestão de talentos

Erika Gisele Lotz
Lorena Carmen Gramms

**EDITORA
intersaberes**

Rua Clara Vendramin, 58 – Mossunguê
CEP 81200-170 – Curitiba – PR – Brasil
Fone: (41) 2106-4170
www.intersaberes.com
editora@editoraintersaberes.com.br

Conselho editorial	Dr. Ivo José Both (presidente) Drª. Elena Godoy Dr. Nelson Luís Dias Dr. Neri dos Santos Dr. Ulf Gregor Baranow
Editora-chefe	Lindsay Azambuja
Supervisora editorial	Ariadne Nunes Wenger
Analista editorial	Ariel Martins
Revisão de texto	Gabriel Plácido Teixeira da Silva
Capa/Ilustrações da capa	Eduardo Inoue
Projeto gráfico	Fernando Zanoni Szytko
Diagramação/Infografia	Sílvio Gabriel Spannenberg
Iconografia	Sandra Sebastião
Copidesque	Sandra Regina Klippel

Dados Internacionais de Catalogação na Publicação (CIP)
(Câmara Brasileira do Livro, SP, Brasil)

Lotz, Erika Gisele
   Gestão de talentos / Erika Gisele Lotz, Lorena Carmen Gramms. – Curitiba: InterSaberes, 2012.

   Bibliografia.
   ISBN 978-85-8212-568-7

   1. Administração de pessoal 2. Aptidão 3. Capital humano 4. Eficiência organizacional 5. Mão de obra – Planejamento 6. Talentos I. Gramms, Lorena Carmen II. Título.

12-10026   CDD-658.3

Índice para catálogo sistemático:
1. Gestão de pessoas e talentos: Administração de empresas   658.3

Foi feito o depósito legal.
1ª edição, 2012.

Informamos que é de inteira responsabilidade das autoras a emissão de conceitos.
Nenhuma parte desta publicação poderá ser reproduzida por qualquer meio ou forma sem a prévia autorização da Editora InterSaberes.
A violação dos direitos autorais é crime estabelecido na Lei nº 9.610/1998 e punido pelo art. 184 do Código Penal.

Sumário

7   Dedicatória

9   Apresentação

13 Como aproveitar ao máximo este livro

1
16 Relações humanas
17 1.1 Relacionamento e relações humanas
19 1.2 A percepção
19 1.3 O processo perceptivo
29 1.4. As emoções
34 1.5 As inteligências e a gestão de talentos

2
64 Relações interpessoais
65 2.1 As relações humanas e a comunicação
72 2.2 O comportamento conflituoso
74 2.3 O custo da organização ineficaz
75 2.4 Fatores envolvidos na incompatibilidade de comportamentos
76 2.5 Conceito de conflito
82 2.6 O processo dos conflitos
88 2.7 Situações de conflito e formas de enfrentá-las
92 2.8 Técnicas de estímulos de conflitos
93 2.9 Os paradigmas da interação humana e a gestão de conflitos
95 2.10 Criatividade e gestão de conflitos

3
106 O planejamento de talentos
108 3.1 A cultura organizacional e o planejamento de talentos
117 3.2 Como planejar a organização para atrair talentos
124 3.3 Planejamento estratégico de gestão de pessoas e talentos

4
140 Organização de talentos
141 4.1 As competências profissionais

144	4.2	Modelos de competências
147	4.3	Conceito de talento
155	4.4	Identificação de talentos

5

166		Direção de talentos
168	5.1	Por que investir no desenvolvimento de talentos?
169	5.2	Desenvolvimento de talentos e aprendizagem organizacional
174	5.3	Conhecimentos importantes sobre a aprendizagem para gerenciar talentos
183	5.4	Metacognição: como a pessoa aprende
185	5.5	Estilos de aprendizagem
186	5.6	Formas de aprender
188	5.7	Teoria do reforço
191	5.8	Treinamento e desenvolvimento
192	5.9	Desenvolvimento – abordagem conceitual
194	5.10	Treinamento – abordagem conceitual
219	5.11	Conclusão

6

226		Controle de talentos
228	6.1	A aprendizagem e a avaliação de desempenho humano nas organizações
231	6.2	Avaliação de desempenho
239	6.3	Indicadores de desempenho
247	6.4	Retenção de talentos

259	*Para concluir...*
261	*Referências*
271	*Respostas*
277	*Sobre as autoras*

Dedicatória

Com todo o meu carinho, para Paulo Lotz Filho, Jacira Zorzan Lotz, Kelly Eloa Lotz, Eduardo Schwarz Doria e Lineu Bley.

ERIKA GISELE LOTZ

Para os meus amores, fontes da minha inspiração: Ervin Hanke Junior, Luiza Gramms Hanke e Ervin Hanke Neto.

LORENA CARMEN GRAMMS

Apresentação

> O homem que consegue o resultado mais satisfatório não é sempre o homem com a mente brilhante única, mas o homem que consegue coordenar melhor os cérebros e talentos de seus companheiros.
>
> W. Alton Jones (Quem disse, 2012)

Atualmente, as organizações têm enfrentado um contexto complexo e turbulento, que compreende a constante corrida pela competitividade em um mercado globalizado, consumidores cada vez mais exigentes e conhecedores de seus direitos, mudanças tecnológicas, demandas por produtos e processos com a chancela da sustentabilidade. Esse cenário criou um ambiente que mais se parece com uma arena, onde os talentos são arduamente disputados. Esse é um argumento motivador para que você mergulhe conosco nesta obra de *Gestão de talentos*.

A **gestão** é um processo que envolve ações como planejar, organizar, liderar, coordenar e controlar as atividades de uma unidade organizacional, diagnosticando suas deficiências e seus aspectos positivos, estabelecendo metas e programas, tanto para sanar deficiências quanto para expandir e desenvolver seus aspectos positivos, pois sabemos que gerir implica em atuar com as pessoas e por meio delas para realizar objetivos tanto organizacionais quanto de seus membros. Assim, quando constatamos a indissociável relação entre pessoas e resultados, percebemos a importância que a gestão de talentos assume no exercício da busca pela competitividade e pela inovação.

Nesse contexto, podemos observar um imperativo no caráter da gestão contemporânea: as mudanças na forma de gerenciar pessoas, que são impulsionadas por três fatos claramente observáveis:

1. **Alteração no perfil das pessoas exigido pela empresa** –
   A migração do paradigma do comando-controle (inspirado em modelos tayloristas e fordistas), que indicava um perfil de colaborador obediente e disciplinado, para um novo paradigma que prioriza o empreendedor, que cria valor para sua organização. Esse novo paradigma tem impacto, sobretudo, na cultura da organização, que deve ser construída e alimentada no sentido do conhecimento e do desenvolvimento das pessoas, do

apoio à aprendizagem e do investimento na autonomia para a potencialização dos resultados organizacionais.

2. **Deslocamento do foco da gestão de pessoas, do controle para o desenvolvimento** – Com a mudança do perfil de colaborador exigido pela organização, o foco no controle dará espaço ao foco no desenvolvimento mútuo. Isso significa que, de um lado, a empresa, ao evoluir, contribui com o desenvolvimento das pessoas e, de outro, as pessoas, ao se desenvolverem, ajudam na evolução da empresa;

3. **Maior relevância das pessoas no sucesso do negócio ou da empresa** – As pessoas são depositárias do capital intelectual da organização e, por meio da utilização de sua inteligência, intuição, conhecimento e potencial criativo, podem produzir oportunidades únicas para a instituição.

As mudanças apontadas – e tantas outras não elencadas aqui – contribuem para que os gestores vejam as estratégias para a gestão dos talentos de uma organização de forma mais acurada. No entanto, podemos nos perguntar:

O que é um talento? Talento é uma aptidão especial, é quando se tem a habilidade de aliar arte e técnica, potencializando resultados.

Os indivíduos podem desenvolver habilidades e conhecimentos por meio das experiências e dos aprendizados formal e informal que, para a empresa, resultam na construção do capital intelectual.

Dessa forma, notamos a importante relação existente entre as habilidades individuais e grupais e a criatividade, o foco na solução dos problemas e a identificação de oportunidades, tanto de melhorias dentro da organização quanto em relação aos *stakeholders*[1]. Assim, percebemos que o capital humano da organização é a base para a formação do capital intelectual.

---

1 *Stakeholder*: palavra de língua inglesa que representa todas as pessoas físicas e jurídicas que são, direta ou indiretamente, afetadas pelas atividades da organização e que também exercem alguma influência sobre ela. Os *stakeholders* podem ser internos, ou seja, aqueles que atuam dentro da organização, como sócios diretores e colaboradores, ou externos, como governo, mídia, sindicatos, clientes, concorrentes, fornecedores, instituições financeiras e grupos de interesses especiais (Lacombe, 2004, p. 291).

Esta obra procura sensibilizar o gestor de que, na gestão de talentos, além das ferramentas utilizadas para planejar, organizar, desenvolver, treinar, estimular, controlar, além de tantas outras ações que uma organização pode empreender, é necessário estar atento ao fato de que existe um ser, um indivíduo, envolvido no processo. Esse indivíduo, além de trazer consigo suas experiências e saberes para a empresa, traz também sua forma de relacionar-se com o outro e com o grupo.

A arte de relacionar-se abrange a aptidão em lidar com as próprias emoções e com as emoções de outras pessoas. É essa aptidão que reforça a popularidade, a liderança e a eficiência interpessoal. Por outro lado, os conflitos interpessoais são causados pelas diferenças dos "mapas" de realidade, as suposições básicas – crenças e valores sobre o mundo que se agrupam para criar modelos diferentes da realidade. Quando esses modelos ou mapas não contêm mecanismos para reagir criativamente às "turbulências" que ocorrem com os outros mapas, a energia é liberada na forma de discórdias, disputas, lutas ou outras formas de conflito.

É exatamente por essa razão que desenvolver talentos consiste em compreender como acontece a construção dessas estruturas de realidades individuais. Isso possibilita gerenciar **conflitos interpessoais**, transformando-os em **conflitos funcionais**, nos quais a cultura de conflito possa estar associada ao crescimento do grupo e não a mágoas ou resistências, nem serem levadas para o lado pessoal. A gestão dos conflitos interpessoais é um processo que mobiliza conjuntamente recursos cognitivos e afetivos, facilitando a compreensão de como esses aspectos interagem na regulação da conduta. Os conflitos são situações de interação social de confronto, de desacordo e de frustração que, não raro, desencadeiam afeto negativo. Por isso, as situações conflituosas podem ser gerenciadas de maneira violenta ou pacífica, dependendo dos recursos cognitivos e afetivos e dos contextos sociais em que ocorrem.

Investir no desenvolvimento de talentos significa adotar um novo paradigma, com base em um modelo de conflito que é percebido como um estado de tensão que produz a mobilização para ocasionar mudanças e obter melhores resultados. Devemos observar que uma ação para desenvolver talentos tem impacto direto na cultura organizacional, ou seja, no conjunto de crenças e valores daquele núcleo ou da organização, que é percebido pelo comportamento dos colaboradores no trabalho.

Quando os valores dos colaboradores encontram-se em convergência com os valores da organização à qual prestam serviços, invariavelmente o nível de satisfação no trabalho aumentará. Por outro lado, esse nível diminuirá na medida em que os valores pessoais e organizacionais forem incompatíveis. Nesse sentido, para produzir mudanças significativas no ambiente de trabalho, é imperativo agir também no contexto maior da cultura organizacional: desapegar-se de padrões e crenças antigos para adotar novos pressupostos e produzir resultados diferentes, por meio de uma postura que identifica no conflito uma grande oportunidade de aprendizado e melhorias significativas no resultado do trabalho.

Caro leitor, neste livro você encontrará dois momentos bem distintos: O primeiro versa sobre o indivíduo, a construção de seu "mapa" de realidade e como esse mapa afeta suas decisões. Conhecerá também o papel e a função das emoções, aprenderá sobre os diversos tipos de inteligência e a relevância da inteligência emocional, ao mesmo tempo em que obterá orientações para identificar e desenvolver todos esses aspectos. No segundo momento, ainda na abordagem das relações humanas, trabalharemos os aspectos que estão envolvidos nos conflitos e as maneiras pelas quais o gestor de talentos pode conduzir a sua equipe para uma visão de conflitos e aprendizagem e também de conflitos e desenvolvimento. Tendo lançada essa base sobre as relações humanas, passaremos a tratar dos aspectos técnicos do processo de gestão de talentos. Dentro desses aspectos, configuram-se as estratégias de captação e de manutenção de talentos.

Boa leitura!

Como aproveitar ao máximo este livro

Este livro traz alguns recursos que visam enriquecer o seu aprendizado, facilitar a compreensão dos conteúdos e tornar a leitura mais dinâmica. São ferramentas projetadas de acordo com a natureza dos temas que vamos examinar. Veja a seguir como esses recursos se encontram distribuídos no decorrer desta obra.

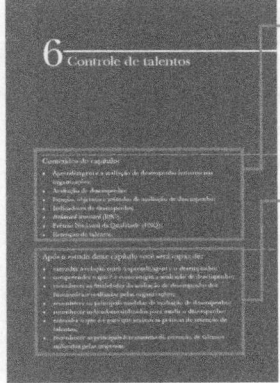

Conteúdos do capítulo
Logo na abertura do capítulo, você fica conhecendo os conteúdos que nele serão abordados.

Após o estudo deste capítulo, você será capaz de:
Você também é informado a respeito das competências que irá desenvolver e dos conhecimentos que irá adquirir com o estudo do capítulo.

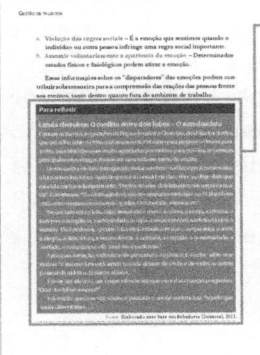

Para refletir
Aqui você encontra trechos de textos que levam à reflexão sobre o assunto abordado no capítulo.

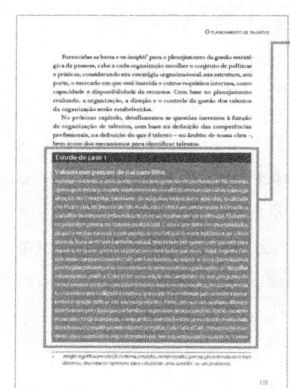

Estudos de caso
Esta seção traz ao seu conhecimento situações que vão aproximar os conteúdos estudados de sua prática profissional.

Síntese
Você dispõe, ao final do capítulo, de uma síntese que traz os principais conceitos nele abordados.

Questões para revisão
Com estas atividades, você tem a possibilidade de rever os principais conceitos analisados. Ao final do livro, o autor disponibiliza as respostas às questões, a fim de que você possa verificar como está sua aprendizagem.

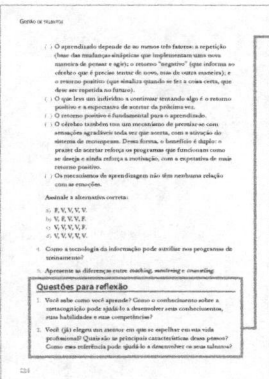

Questões para reflexão
Nesta seção, a proposta é levá-lo a refletir criticamente sobre alguns assuntos e a trocar ideias e experiências com seus pares.

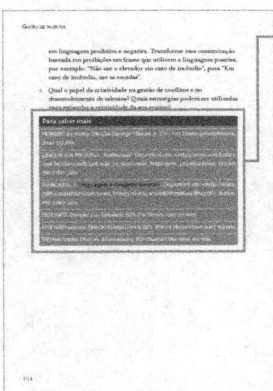

Para saber mais
Você pode consultar as obras indicadas nesta seção para aprofundar sua aprendizagem.

1 Relações humanas

Conteúdos do capítulo:

- Relacionamento e relações humanas;
- A percepção;
- As emoções;
- As emoções e o ambiente de trabalho;
- As inteligências e a gestão de talentos;
- Inteligências múltiplas;
- Inteligência emocional.

Após o estudo deste capítulo, você será capaz de:

- compreender conceitos básicos sobre relações humanas;
- reconhecer os mecanismos da percepção;
- identificar as distorções perceptivas;
- compreender a formação dos modelos mentais;
- reconhecer as emoções básicas e como estas afetam o comportamento;
- relacionar os conceitos de inteligência e estabelecer a diferença entre eles;
- reconhecer as dimensões da inteligência emocional e como esta pode ser desenvolvida e aplicada no gerenciamento de talentos.

Ao longo dos dois primeiros capítulos, enfatizaremos a relevância das habilidades interpessoais, por parte tanto do gestor, ao conduzir os talentos a ele subordinados, quanto do colaborador que deseja construir uma carreira sólida e produtiva. Você perceberá que não é raro um profissional ser admitido em uma organização por sua competência técnica e ser desligado da empresa por falta de habilidades interpessoais.

Assim, podemos nos fazer perguntas como:
O que, de fato, constitui essas habilidades interpessoais?
É possível desenvolver e aprimorar tais habilidades?
Quais são as habilidades interpessoais mais demandadas no ambiente corporativo?

Foi com base nessas perspectivas que direcionamos nossa discussão sobre o assunto. Faremos reflexões sobre as relações humanas, tendo como ponto de partida considerações a respeito de percepções e como o indivíduo constrói o seu mapa de realidade, além de reflexões sobre a inteligência e as emoções e de como podemos estimular respostas emocionais inteligentes que reflitam diretamente na qualidade do relacionamento interpessoal e, sobretudo, no processo de gestão de conflitos.

1.1 Relacionamento e relações humanas

O ato de gerenciar implica ações específicas como planejar, organizar, dirigir e controlar os aspectos envolvidos no dia a dia das organizações. A função de dirigir, por sua vez, está estreitamente relacionada às pessoas, o que significa afirmar que **gerenciar talentos significa gerenciar pessoas**. Com isso, entender como são estabelecidas as relações entre estas pode contribuir significativamente para o sucesso do gestor de talentos e dos líderes na organização.

Um primeiro questionamento é necessário:
Do que tratam as relações humanas?

Para começar, nada mais apropriado do que uma consulta ao dicionário: Kury (2002, p. 938) define *relacionar* como "dar ou fazer relação [...]

fazer relações, conseguir amizades, travar conhecimento com". Na prática, *relacionar* significa criar e recriar laços. Essa é a ideia de relacionamento. Por isso, um relacionamento requer investimentos. Relacionamentos são processos dinâmicos, delicados e, sobretudo, muito frágeis.

Segundo Minicucci (2001), as relações humanas têm sido estudadas como ciência do comportamento humano, em seu relacionamento intra e interpessoal. Elas podem ser compreendidas com base na relação intrapessoal (comunicação da pessoa com ela mesma, percebida pelo diálogo interno de cada um) e nas relações interpessoais (entre as pessoas). O estudo das relações humanas vale-se de outras áreas que estudam o homem em seu relacionamento, entre elas a psicologia e a sociologia.

O relacionamento interpessoal é uma competência grandemente valorizada pelas organizações contemporâneas e abrange a capacidade de trabalhar sob pressão, a comunicação interpessoal eficaz, a liderança e a capacidade para gerenciar conflitos. Para que você tenha uma definição clara, nas palavras de Gramigna (2007, p. 162), "relacionamento interpessoal é a habilidade para interagir com as pessoas de forma empática, inclusive diante de situações conflitantes, demonstrando atitudes assertivas, comportamentos maduros e não combativos. Facilidade para adesão da equipe e nas propostas do empreendimento".

Para, de fato, atuarmos com excelência nos relacionamentos interpessoais, é essencial enfocarmos a questão do relacionamento pessoal. Então, perguntamos:

Como você se relaciona consigo próprio?

Quanto mais profundo for o seu conhecimento acerca de si mesmo, mais hábil você será em compreender os outros, ou seja, a convivência em grupo se tornará muito mais produtiva e os resultados serão o desenvolvimento e o refinamento da sensibilidade social, além da flexibilidade de comportamento.

Em que ponto especificamente começa o sucesso de um profissional no campo do relacionamento interpessoal? Será que a relação que o indivíduo tem consigo mesmo pode ter impacto direto na sua relação com o outro? Será possível duas pessoas serem submetidas ao mesmo estímulo, ou à mesma situação, e cada uma delas ter uma percepção dos fatos completamente diferente? Você já parou para pensar por que a sua relação com determinadas pessoas, no ambiente de trabalho, pode ser tão complicada? Será que as ideias que você tem sobre uma pessoa afetam a forma como você se comporta em relação a ela?

Como dissemos antes, um relacionamento interpessoal saudável e produtivo começa por meio da relação que o indivíduo tem consigo mesmo, ou seja, o quanto ele se conhece. Embora esse assunto seja extremamente complexo, vamos, aqui, apresentar e discutir o que acontece no âmbito da construção individual da realidade, que afeta o nosso comportamento em relação às pessoas e à maneira como tomamos decisões, sejam elas pessoais ou profissionais. Estamos nos referindo, portanto, aos mecanismos da percepção e às emoções.

1.2 A percepção

Primeiramente, você, leitor, deve se fazer as seguintes perguntas:
O que é a realidade para mim?
Será que a realidade para uma pessoa é a mesma para outra?
Será que outro leitor extrairá deste livro as mesmas informações que eu?

Em palestras e conferências que ministramos, costumamos lançar essas mesmas perguntas à plateia. O que recebemos como resposta, invariavelmente, é: "realidade é aquilo que acontece", ou então, "realidade é aquilo que é concreto". No entanto, para cada um de nós, o que é realidade? Deixando de lado as discussões filosóficas, podemos definir, *grosso modo*, que realidade, para o ser humano, é aquilo que ele consegue perceber, conscientemente, com os seus sensores neurológicos, ou seja, com a visão, a audição, o tato, o paladar e o olfato, sendo filtrados ou distorcidos por seus valores, crenças, significados, objetivos pessoais e estados emocionais. Dessa forma, trabalharemos neste livro com o conceito de que a realidade não é uma verdade *per se*, mas sim uma construção do indivíduo.

1.3 O processo perceptivo

Percepção é uma palavra que tem origem na expressão latina *per capiere*, que significa "obtido por captura ou capturação" (Soto, 2002, p. 65). Para Robbins (2002, p.117), *percepção* "é o processo pelo qual os indivíduos organizam e interpretam suas impressões sensoriais, com a finalidade de dar sentido ao seu ambiente". Wagner III e Hollenbeck (2000, p. 58), por sua vez, conceituam a palavra como "o processo pelo qual os indivíduos selecionam, organizam, armazenam e recuperam informações". Esse conceito diz algo a você? Agora, passamos a uma arqueologia conceitual de cada uma dessas fases:

a) **Atenção** – É a fase da seleção das informações. A todo instante, os nossos cinco sentidos são bombardeados por todo tipo de informação: cheiros, imagens, cores, texturas, sons, temperaturas, saberes etc. Na fase da atenção, a maior parte das informações disponíveis é filtrada, de forma que somente algumas entram em nosso sistema, enquanto outras, não. As expectativas de quem percebe o objeto afetam profundamente a avaliação desse objeto. Assim, a nossa percepção é altamente seletiva. O cérebro tende a captar o que, de alguma maneira, reforça o nosso mapa mental, o nosso modelo de realidade. Dessa forma, a nossa atenção é atraída mais facilmente para objetos que confirmem as nossas expectativas.

b) **Organização** – Embora muitas informações sejam automaticamente filtradas na fase da atenção, elas ainda existem em grande quantidade e são significativamente complexas para serem facilmente entendidas e armazenadas. Isso se deve ao fato de que a percepção dos seres humanos pode processar apenas algumas unidades de informação de cada vez. Na fase da organização, é como se comprimíssemos vários "pedaços" de informação em uma única peça, para que possam ser processados mais facilmente. Imagine se pedíssemos a você, agora, que nos falasse o nome de 30 pessoas que cruzaram o seu caminho? Viu como é difícil? Assim, quando se consideram informações misturadas, o processo se complica. Contudo, se pedíssemos a você para que dissesse os nomes: a) dos membros da sua família; b) das pessoas que trabalham com você; c) dos seus amigos de infância; d) das pessoas que você conheceu no clube; rapidamente você recuperaria esses 30 nomes, e com facilidade. Esse é um exemplo básico para a fase da organização.

c) **Recordação** – Após a organização das informações, elas são armazenadas pela memória para posterior utilização, como fazemos com um arquivo que salvamos em nosso computador.

Agora que você já conhece como se dá o processo perceptivo, vamos compreender como ocorre a construção da realidade de cada pessoa, por meio da formação dos modelos mentais.

1.3.1 O mapa não é o território

Wagner III e Hollenbeck (2000) explicam que os seres humanos dispõem de cinco sentidos, pelos quais experimentam o mundo ao seu redor. A maioria de nós confia cegamente em nossas percepções, como se estas fossem um reflexo fiel da realidade. Você já deve ter ouvido a expressão "eu vi com esses olhos que a terra há de comer", como se isso fosse o atestado máximo de uma verdade, não é? No entanto, o que ocorre é que as pessoas reagem àquilo que percebem, e suas percepções nem sempre revelam a realidade objetiva. Assim, a realidade é a construção do modelo mental de uma pessoa.

E por que isso acontece?
Você já ouviu a expressão "o mapa não é o território"?
Vamos esclarecer:
O que é o mapa da sua cidade?
É a sua cidade?
Claro que não. O mapa da sua cidade é apenas uma **representação** da cidade, assim como o que existe dentro de cada um de nós não é a realidade, mas sim uma **representação de realidade**, captada pelos sentidos e interpretada com base em nossas crenças, nossos valores e nossas emoções. Tomamos emprestadas as palavras de O'Connor (2007) para melhor definir essa ideia:

> Não sabemos o que é realidade. Nossos sentidos, nossas crenças e nossa experiência passada nos dão um mapa de mundo a partir do qual podemos operar, mas um mapa jamais pode ser inteiramente preciso, caso contrário, seria igual ao terreno que abrange. Não conhecemos o território, portanto para nós o mapa *é* o território. Alguns mapas são melhores

do que outros para nos orientar pelo caminho. (O'Connor, 2007, p. 5, grifo do original)

Pense no mapa das ruas da sua cidade ou de uma cidade que você está visitando; depois, pegue um mapa turístico dessa mesma cidade. Observe as diferenças: cada um atende a um propósito específico, ou seja, eles representam a mesma cidade, só que de formas diferentes. Pois assim são os mapas! Qual deles retrata a cidade de maneira mais fiel? Caso o mapa não lhe ofereça informações ou não lhe conduza ao lugar desejado, significa que é passível de falhas e, portanto, demanda correções.

> Diferentes pessoas têm diferentes interpretações e visões – muitas vezes contraditórias – acerca do mesmo fato ou indivíduo.

Vimos que, por meio dos nossos sensores neurológicos, construímos a nossa representação da realidade, a qual denominamos *mapa mental* ou *modelo de mundo*. Por que, então, para o gestor de talentos, é importante conhecer os mecanismos da percepção que originam o mapa da realidade?

Diferentes pessoas têm diferentes interpretações e visões – muitas vezes contraditórias – acerca do mesmo fato ou indivíduo. Então, assinalamos aqui o primeiro ponto fundamental: o comportamento das pessoas baseia-se na sua percepção da realidade, e não na realidade em si. Expondo de outra forma: as pessoas respondem às suas experiências, e não à realidade objetiva. Cada indivíduo percebe um objeto ou uma situação de acordo com os aspectos que têm especial importância para ele próprio. Por isso, **não é raro que as pessoas confundam realidade pessoal com verdade**. A exemplo das impressões digitais, também não existem dois modelos de realidade idênticos! As pessoas conferem significados diferentes às palavras, por causa das suas experiências. Assim sendo, uma oportunidade apresentada em uma reunião recebe interpretações diferentes por parte de cada membro da equipe. Um colaborador pode identificar, na situação apresentada, uma grande oportunidade, ao passo que outro pode ver, na mesma situação, uma grande ameaça. É extremamente importante, então, que a equipe tenha uma comunicação eficaz, para que tais distorções possam ser trabalhadas e reduzidas ao mínimo.

O mapa da realidade é a representação singular do mundo, que cada pessoa constrói com base em suas percepções e experiências individuais. Isso não constitui apenas um conceito, mas também impacta, como um todo, a forma de viver de um indivíduo. Resumindo: a realidade de uma pessoa é a representação interna que ela constrói para uma situação ou um fato. Ou seja, pode não ser a realidade ou a coisa real em si; pode ser apenas uma maneira pela qual esse indivíduo interpreta o que está acontecendo na sua realidade exterior.

Para desenvolver talentos, é importante a ampliação desse mapa, porque é isso que propicia maior flexibilidade das respostas comportamentais, o que tem impacto direto no autodesenvolvimento, no aprimoramento das habilidades e das competências e no estímulo que faz aflorar o talento.

> O mapa da realidade é a representação singular do mundo, que cada pessoa constrói com base em suas percepções e experiências individuais.

1.3.2 Fatores que influenciam a percepção

Uma série de fatores, internos e externos ao indivíduo, afetam a percepção. Neste momento, vamos abordar três aspectos fundamentais na construção do processo perceptivo: o observador, o alvo e a situação. Robbins (2002) os destaca:

1. **O observador** – Uma pessoa, ao observar e interpretar um alvo, tem, nessa interpretação, uma forte influência de suas características pessoais, como o seu estado emocional e físico, suas crenças, seus valores, suas necessidades insatisfeitas etc. Para efeito de ilustração, imagine um copo de refrigerante gelado, sendo que você acabou de atravessar o deserto e está há 48 horas sem beber nada. O que esse refrigerante pode significar para você? Agora, imagine esse mesmo copo de refrigerante gelado, sendo que você acabou de sair de um banquete, no qual comeu e bebeu até se fartar. Você percebe a diferença entre um observador com sede e um observador saciado, na representação de um mesmo objeto, ou seja, o copo de refrigerante?
2. **O alvo** – As características do alvo que está sendo observado também afetam sensivelmente a percepção. Você pode ignorar a presença de um mosquito na sua sala, mas ignoraria da mesma maneira a presença de um bode? É claro que não, pois ele fatalmente chamaria a sua atenção, principalmente pelo barulho!

3. **A situação** – O contexto dentro do qual percebemos algo também é muito importante. Assim, os elementos que fazem parte do ambiente influenciam a nossa percepção. Por exemplo, podemos não perceber homens de terno e gravata, com seus sapatos impecavelmente brilhantes, em frente à Bolsa de Valores de São Paulo. Contudo, o que dizer se esses homens estiverem, em seus ternos de alfaiataria impecável, caminhando pelas areias de uma praia deserta? Ou seja, o momento em que o objeto ou o evento é observado pode influenciar a atenção, assim como outros fatores situacionais, como a localização, a iluminação, a temperatura etc.

Dessa forma, podemos identificar os fatores externos que afetam a percepção, tais como intensidade, tamanho, forma, mudança e repetição do "objeto" ou evento observado, bem como fatores internos, evidenciados por aspectos motivacionais, interesses e valores.

Você provavelmente já ouviu a sua mãe dizer a seguinte frase: "você só escuta o que te interessa?" ou "você só enxerga o que quer". Talvez o que ela não saiba é que existe, sim, uma constatação científica para tal afirmação. Soto (2002, p. 67, grifo nosso) explica:

> Habitualmente, o ser humano costuma estar *disposto* à realização e à captação de determinadas coisas e acontecimentos, ou seja, costuma ter alguma seleção prévia daquilo ao qual se propõe. O que vai observar está em função, a curto prazo, da experiência de seu passado imediato. Por outro lado, a longo prazo, interesses relativamente permanentes determinarão em grande parte que coisas chamarão mais a sua atenção.

No entanto, em se tratando de relações interpessoais, a percepção que um indivíduo tem de outro pode ser sensivelmente distorcida. Na realidade, agimos com base naquilo que percebemos do mundo, e não da realidade em si. Por isso, nossas distorções perceptivas afetam profundamente o nosso comportamento. Esse é o assunto do nosso próximo tópico.

1.3.3 Distorções perceptivas

As percepções são eminentemente subjetivas e, por essa razão, são passíveis de inexatidão e de distorções. Uma distorção é uma alteração do conteúdo da experiência, para se adequar ao modelo mental do indivíduo.

Assim, cabe ao gestor de talentos manter-se alerta para o fato de que, embora tais distorções sejam da natureza humana, quando não são devidamente apuradas e tratadas, podem trazer prejuízos consideráveis ao ambiente organizacional. Quando gestores e colaboradores agem apenas com base em suas percepções, temos um distanciamento de como, efetivamente, ocorreu o fato. Julgamentos e preconceitos são perigosos, pois revelam muito mais sobre as estruturas do modelo mental do "julgador" do que sobre o "julgado". A seguir, apresentamos algumas das formas mais comuns de distorções que podem ser facilmente observadas no ambiente de trabalho, extraídas dos textos de Robbins (2002) e Soto (2002):

* **Percepção seletiva** – As pessoas interpretam seletivamente o que veem, tomando como base seus interesses, seus antecedentes, suas experiências e suas atitudes. Se você é mulher e mãe, pode tentar lembrar se, antes de desejar engravidar, percebia ou encontrava muitas mulheres grávidas na rua. Provavelmente a sua resposta será "não". E depois de ter decidido engravidar, o que lhe pareceu? Agora, sua resposta pode ser algo similar a: "nossa, eu só via mulheres grávidas na rua", ou então "até parece que todo mundo teve a mesma ideia". Acredite, essa mudança foi causada pelo seu cérebro, que, no momento em que gravidez passou a lhe interessar ou a chamar a sua atenção, todas as mulheres grávidas eram facilmente percebidas por você.
* **Projeção** – Alguma vez você já conheceu uma pessoa que, quando se encontraram pela primeira vez, pareceu-lhe tão familiar que causou a impressão de que vocês já se conheciam a vida toda? Ou então, já passou por outra situação em que você sequer conhecia direito uma pessoa e esta lhe causou uma irritação profunda? Essas duas situações podem ter a mesma raiz: a projeção. Quando uma pessoa nos irrita profundamente, existe aí uma grande oportunidade para aprendermos sobre nós mesmos. Quando nos identificamos de imediato com alguém, sem ao menos conhecer a pessoa, será que estamos lidando com a pessoa ou com os aspectos de nós mesmos projetados no outro? Isso é projeção, ou seja, a atribuição de características próprias a outras pessoas. No entanto, você deve observar que a projeção é um processo

inconsciente. No momento em que nos damos conta dela, podemos aceitar, compreender e aprender com a experiência, ou podemos tecer julgamentos, creditando a outros o que, na realidade, são conteúdos individuais.

- **Efeito de halo** – Quantas vezes você não se deparou com expressões como as seguintes:
  - "Eu não promoveria a Elizângela! Ela é muito bonita, só vai nos trazer problemas aqui!"
  - "O José, sim, é um homem de respeito: ele é casado!"
  - "O Marcos se veste com muita elegância. Ele é um homem de posses, que tem muito dinheiro!"

  Talvez você já tenha observado um cliente, não exatamente bem vestido, ser tratado de forma descortês pelo vendedor que o atende, por este acreditar que, pelos trajes daquele, ele não teria poder de compra. As falas apresentadas têm origem no efeito de halo, que nada mais é do que a construção de uma impressão geral que se faz de um indivíduo, com base numa característica apenas. No exemplo do vendedor que julga o poder de compra de um cliente pelo que ele está trajando, encontramos uma forma de distorção.

- **Estereotipagem** – O que todas estas frases a seguir têm em comum?
  - "Todo japonês é inteligente!"
  - "Todo empregado é preguiçoso."
  - "Os políticos são todos ladrões."

  Todas essas falas representam um julgamento distorcido da realidade: as pessoas estão sendo julgadas não por elas próprias, mas sim pelo grupo do qual fazem parte. A essa simplificação da percepção atribui-se o nome de *estereotipagem*, ou seja, é o juízo formulado a respeito de alguém, segundo um critério de percepção própria do grupo ao qual essa pessoa pertence. Talvez aqui possamos encontrar a chave para muitos dos preconceitos étnico-raciais e culturais, entre outros.

- **Efeito de contraste** – É a avaliação das características de uma pessoa, analisada e afetada pela comparação com outro indivíduo posteriormente considerado. Com isso, uma pessoa é qualificada ou desqualificada não com base em suas próprias características, mas em comparação com as características de outra. Robbins (2002) diz que existe uma máxima entre os atores de espetáculos de variedades: nunca faça o seu número após uma apresentação com crianças ou com animais. Sabe por quê? Conforme o senso comum, as pessoas se encantam tanto com crianças e com bichos que qualquer outro número, feito na sequência, parecerá ruim. Esse é um exemplo claro e aplicado do efeito de contraste.

Cada uma dessas distorções têm aplicações específicas nas organizações, seja em uma entrevista de seleção (momento de trabalhar a captação dos talentos), seja na avaliação de desempenho ou na hora de fornecer *feedback* ao colaborador (momento de trabalhar estratégias para a manutenção dos talentos). Por isso, é muito importante prestarmos atenção em até que ponto estamos, de fato, enxergando o outro, ou se estamos apenas tomando decisões baseando-nos em reflexos distorcidos do nosso modelo mental. Quando isso acontece, distanciamo-nos dos fatos, o que tem consequências na nossa tomada de decisões e no nosso comportamento.

Para refletir

Conta uma lenda popular do Oriente que um jovem chegou à beira de um oásis junto a um povoado e, aproximando-se de um senhor idoso, perguntou-lhe:
— Que tipo de pessoa vive nesse lugar?
— Que tipo de pessoa vivia no lugar de onde você vem? — perguntou o ancião.
— Oh, um grupo de egoístas e malvados — replicou o rapaz. — Estou satisfeito por ter saído de lá.
— A mesma coisa você haverá de encontrar por aqui — replicou o velho.
No mesmo dia, outro jovem se acercou do oásis para beber água e, vendo o ancião, perguntou-lhe:
— Que tipo de pessoa vive por aqui?
O velho respondeu com a mesma pergunta:
— Que tipo de pessoa vive no lugar de onde você vem?
O rapaz respondeu: — Um magnífico grupo de pessoas, amigas, honestas, hospitaleiras. Fiquei muito triste por ter de deixá-las.
— O mesmo encontrará por aqui — respondeu o ancião.
Um homem que havia escutado as duas conversas perguntou ao velho:
— Como é possível dar respostas tão diferentes à mesma pergunta?

> Ao que o velho respondeu:
> — Cada um carrega no seu coração o meio e os sentimentos que vive. Aquele que nada encontrou de bom nos lugares por onde passou não poderá encontrar outra coisa por aqui. Aquele que encontrou amigos ali, também os encontrará aqui, porque, na verdade, a nossa atitude mental é a única coisa na nossa vida sobre a qual podemos manter controle absoluto.

Fonte: Rangel, 2003, p. 72-73.

O Quadro 1.1 apresenta um resumo das aplicações práticas da percepção no âmbito organizacional.

Quadro 1.1 – **Aplicações práticas da percepção na organização**

Prática organizacional	Implicação da percepção
Entrevista de emprego	O entrevistador deve reconhecer que os fatores de percepção influenciam tanto nas pessoas que são contratadas quanto na qualidade da mão de obra de uma organização.
Avaliação de desempenho	O resultado das avaliações será afetado pelas medidas subjetivas que o avaliador perceber como "bons (boas) ou maus (más)" comportamentos / características do colaborador.
Expectativas de desempenho	Profecias autorrealizáveis: a profecia do autocumprimento ou efeito pigmalião, que caracteriza o fato de que as expectativas dos superiores determinam o comportamento dos seus subordinados. As crenças dos gestores sobre o desempenho influenciam o resultado dos colaboradores.
Esforço do colaborador	A avaliação do esforço de um indivíduo é algo subjetivo, sujeito a distorções de percepção, e pode ser uma influência primária em seu futuro na organização.
Lealdade do colaborador	O que é lealdade para um indivíduo pode não parecer exatamente lealdade para outro. Um colaborador que questiona uma ordem pode ser considerado beligerante por uns, mas cuidadoso por outros. Os delatores atuam em nome da lealdade, mas podem ser vistos como causadores de problemas pela administração ou por seus pares.

Fonte: Adaptado de Soto, 2002, p. 69.

Compreender como ocorre a construção da realidade e como a nossa subjetividade afeta nossas decisões e nossos comportamentos foi o nosso primeiro passo no caminho das relações humanas. Agora, apresentaremos as emoções e, sobretudo, o impacto destas no ambiente de trabalho.

1.4. As emoções

> *Sobre as emoções tenho curiosidade. Sobre os fatos, quaisquer que venham a ser, não tenho curiosidade alguma.*
>
> Fernando Pessoa (UOL, 2012a)

Você já ficou paralisado de medo, ou cego de raiva? Se ficou, observou como esse sentimento determinou a forma como você reagiu? Para entender o que acontece nesse processo, vamos apresentar as emoções e os impactos que elas causam nas respostas comportamentais dos indivíduos.

Inicialmente, podemos nos perguntar:

O que são as emoções?

Qual é a função das emoções?

Como elas podem afetar o ambiente organizacional, promovendo um clima de desenvolvimento, de parcerias, de criatividade e de produtividade ou, pelo contrário, estimulando a agressividade, a ira ou até mesmo o boicote entre os colaboradores de uma organização?

Compete à psicologia das emoções o estudo científico destas. A palavra *emoção* vem do latim *movere* (mover-se), somado ao prefixo *ex* (para fora), como explicam Brockert e Braun (1997). Uma emoção é um estado mental e fisiológico associado a uma ampla variedade de sentimentos, pensamentos e comportamentos. Muitos pesquisadores, a exemplo de Le Doux (2001) e Ekman (2011), estabelecem a diferença entre sentimentos e emoções: o sentimento refere-se à experiência subjetiva da emoção. Para esses pesquisadores, uma emoção pode ocorrer de forma inconsciente; portanto, é um fenômeno mais geral do que a experiência subjetiva. Consoante essa abordagem, a diferença poderia ser ilustrada pelo ato de sentir (sentimento) e a reação instintiva (emoção).

No entanto, também fomos buscar dados sobre as emoções na literatura especializada da psicologia. Na obra de Davidoff (1983), encontramos uma informação que nos chamou a atenção: a autora afirma que, há mais de 80 anos, o fisiólogo norte-americano Walter Cannon sugeriu que as respostas fisiológicas associadas às emoções proporcionam, aos animais, energia para o enfrentamento das emergências. Com base em seus estudos, ele imaginou que situações que evocam dor, raiva ou medo produzem mudanças corporais específicas que preparam os organismos para enfrentar os desafios. Dessa maneira, se houver a necessidade de uma ação rápida, seja para fugir, seja para combater um perigo eminente, essa vigilância emocional aumentaria a probabilidade de sobrevivência. A emoção é, assim, uma resposta fisiológica, que tem origem filogenética e que foi produzida ao longo da evolução da vida, como enfatiza Soto (2002).

A emoção é um impulso neural que move um organismo para a ação e se diferencia do sentimento porque, conforme observado, é um estado psicofisiológico. O sentimento, por outro lado, é a emoção filtrada pelos centros cognitivos do cérebro, especificamente o lobo frontal, produzindo uma mudança fisiológica em acréscimo à mudança psicofisiológica, como explica Goleman (1995b).

1.4.1 A função das emoções

Você já deve ter se perguntado: Por que nos emocionamos? Para Ekman (2011), as emoções ocorrem quando nós sentimos, justificadamente ou por engano, que algo que está acontecendo ou prestes a acontecer afeta seriamente o nosso bem-estar, positiva ou negativamente.

As emoções possuem uma função bastante definida: a de proporcionar ao organismo o nível de *arousal* (agitação, excitação), que nada mais é do que a experiência de prazer ou desprazer, adequada conforme a resposta mais idônea a cada situação específica. Dessa maneira, a emoção predispõe o indivíduo a uma resposta determinada, seja no sentido de obter o que pode ser útil para a satisfação das necessidades, seja para evitar o que se opõe a essa satisfação, conforme explica Soto (2002).

Entretanto, o que pode "disparar" uma emoção? Ekman (2011) está convencido de que os eventos que ativam as emoções podem estar ligados tanto à experiência individual quanto ao nosso passado ancestral, ou seja, aquele que reflete a "sabedoria das gerações". Esse autor descreve nove caminhos para ativar as emoções:

1. **Ação dos autoavaliadores** – Examinam o que foi importante para a sobrevivência, não apenas na vida do indivíduo, mas também na vida dos ancestrais caçadores-coletores. Os autoavaliadores são poderosos e examinam continuamente, fora do conhecimento consciente, os temas e os eventos relevantes relativos à sobrevivência.
2. **Avaliação reflexiva** – É a consideração consciente do evento. Essa avaliação consciente tem como resultado o desencadeamento dos autoavaliadores.
3. **Memória** – Relembrar e/ou reviver eventos ocorridos no passado, vendo, ouvindo e sentindo o que foi vivido, ou seja, acessar uma cena emocional do passado.
4. **Imaginação** – A criação de imagens e situações na mente pode ativar estados emocionais.
5. **Falar sobre o evento emocional** – O ato de falar sobre um episódio emocional induz à vivência dessa emoção.
6. **Empatia** – Colocar-se no lugar do outro, ou seja, "presenciar" a reação emocional do outro.
7. **Instruções sobre a produção das emoções** – Ao ler um texto com a descrição de uma emoção, esta pode ser provocada, uma vez que a linguagem escrita pode ser convertida em sensações, visões, cheiros e até sabores na mente do indivíduo.
8. **Violação das regras sociais** – É a emoção que sentimos quando outra pessoa infringe uma regra social importante.
9. **Assumir voluntariamente a aparência da emoção** – Determinados estados físicos e fisiológicos podem ativar a emoção.

Essas informações sobre os "disparadores" das emoções podem contribuir sobremaneira para a compreensão das reações das pessoas diante dos eventos, tanto dentro quanto fora do ambiente de trabalho.

Para refletir

Lenda *cherokee*: O conflito entre dois lobos – O autodomínio

Contam as sucessivas gerações da Nação de nativos cherokee, dos Estados Unidos, que um velho sábio da tribo costumava contar histórias para preparar os jovens para a vida. Suas histórias eram muito apreciadas por todos e para ouvi-las, as pessoas, principalmente crianças, formavam uma roda em torno do ancião.

> Certa ocasião, ele lhes disse que iria contar a mais terrível luta que já presenciara: a luta entre dois lobos. Após despertar a curiosidade das crianças, disse-lhes que esta luta era travada dentro dele: "Dentro de mim, dois lobos travam uma luta mortal". E continuou, "Ela é inimaginável, não se compara a nada que vocês já tenham visto entre os guerreiros ou nas caçadas. Os lobos são implacáveis".
> "De um lado está o lobo cujas armas são o medo, a cólera, a inveja, a tristeza, o remorso, a arrogância, a autopiedade, a culpa, o ressentimento, a inferioridade e a mentira. Ele é poderoso. O outro lobo está armado com a paz, a esperança, o amor, a alegria, a delicadeza, a benevolência, a amizade, a empatia, a generosidade, a verdade, a compaixão e a fé. Também é poderoso."
> Após essa narração, todos ficaram pensativos, surpresos. E o velho sábio arrematou: "A mesma luta está sendo travada dentro de vocês e de todas as outras pessoas da aldeia e de outras aldeias..."
> Fez-se um silêncio, um longo silêncio até que uma das crianças perguntou: "Qual dos lobos vencerá?"
> Foi, então, que com voz solene e pausada o ancião sentenciou: "Aquele que vocês alimentarem...".

Fonte: Elaborado com base em Sabedoria Universal, 2011.

1.4.2 As emoções básicas

Quando se trata de elencar as emoções básicas, encontramos ainda uma série de divergências entre os teóricos que se dedicam a esse assunto. Como explica Goleman (1995b), a defesa da existência de algumas poucas emoções básicas é atribuída especialmente às descobertas de Paul Ekman, da Universidade da Califórnia, em São Francisco. Para ele, as expressões faciais de quatro delas (o medo, a ira, a tristeza e a alegria) são reconhecidas por povos e culturas de todo o mundo, inclusive povos pré-letrados, supostamente intocados pela exposição ao cinema e à televisão, o que sugere a universalidade dessas emoções. O interessante é que essa universalidade das expressões faciais da emoção provavelmente foi percebida pela primeira vez pelo biólogo inglês Charles Darwin (1809--1882), que a identificou como indício de que as forças da evolução haviam "gravado" esses sinais em nosso sistema nervoso central.

Goleman (1995b) informa que, no que diz respeito aos princípios básicos das emoções, segue a teoria proposta por Ekman e por outros autores, ao compreender as emoções em termos de "famílias", ou seja, de dimensões principais – segundo ele, a ira, a tristeza, o medo, o amor e assim por diante –, como exemplos dos inumeráveis matizes da vida emocional de um ser humano. Para o autor (Goleman, 1995b, p. 306), "cada uma das famílias tem no seu centro um núcleo emocional básico, com os parentes partindo dali em ondas de incontáveis mutações, variações e matizes". Goleman (1995b) lembra ainda que, na verdade, existem mais sutilezas de emoções do que palavras de que dispomos para defini-las.

Então, podemos observar que, de Darwin a Goleman, uma série de emoções foram elencadas. Alegria, tristeza, raiva, medo, surpresa e nojo são denominados de *The Big Six*[1], ou seja, as seis grandes emoções consideradas universais, devido à comunicabilidade refinada da face humana, "específica à espécie", e não à cultura. Assim, as expressões faciais expressam vestígios de reações fisiológicas. O estudo de Ekman, Sorenson e Friesen (1969) corroborou de forma consistente o fato de que a capacidade de interpretar pelo menos as seis grandes emoções é transcultural, ou seja, é parte da condição do ser humano, não produto da experiência cultural do indivíduo. Neste livro, vamos nos ater às emoções básicas de medo, tristeza, raiva, alegria e amor, bem como aos impactos dessas emoções no ambiente de trabalho.

1.4.3 As emoções e o ambiente de trabalho

Para Gramigna (2007), gerenciamento de pessoas e gerenciamento de emoções são dois temas que estão na ordem do dia, pois as emoções, quando compreendidas e bem administradas, enriquecem os relacionamentos no ambiente de trabalho. Aliás, cada uma dessas emoções, presentes no ambiente de trabalho, são produzidas por estímulos, ou seja, eventos e situações que disparam reações na fisiologia humana e, por conseguinte, no comportamento das pessoas nas organizações. Com isso, a Figura 1.1 foi elaborada para apresentar a você as emoções básicas, o que ocorre na fisiologia e no comportamento das pessoas, e os acontecimentos na organização que podem disparar tais emoções.

Agora que você refletiu sobre os estímulos e as reações que as emoções podem provocar no ambiente de trabalho, já é capaz de observar o

---

[1] Expressão utilizada por Ekman; Sorenson; Friesen (1969).

quanto os relacionamentos pessoal e interpessoal são importantes para a prática de respostas inteligentes no campo da emoção, ou seja, a **inteligência emocional**.

> **Para refletir**
>
> O discípulo disse ao mestre:
>
> — Tenho passado grande parte do meu dia vendo coisas que não devia ver, desejando coisas que não devia desejar, fazendo planos que não devia fazer.
>
> O mestre convidou o discípulo para um passeio. No caminho, apontou uma planta e perguntou se o discípulo sabia o que era.
>
> O discípulo respondeu:
>
> — Beladona. Pode matar quem comer suas folhas.
>
> — Mas não pode matar quem apenas a contempla. Da mesma maneira, os desejos negativos não podem causar nenhum mal se você não se deixar seduzir por eles.

Fonte: Coelho, 2003, p. 26.

1.5 As inteligências e a gestão de talentos

As inteligências dormem. Inúteis são todas as tentativas de acordá-las por meio da força e das ameaças. As inteligências só entendem os argumentos do desejo: elas são ferramentas e brinquedos do desejo.

Rubem Alves (1997, p. 128)

Para introduzir o assunto, propomos diversas questões:

O que, de fato, é a inteligência?

Qual é o critério utilizado para identificar a inteligência de uma pessoa?

Será que o conceito de inteligência tem se modificado com as alterações dos cenários históricos, sociais e culturais?

Quais são os tipos de inteligências reconhecidos pelo meio científico?

Saber trabalhar com as emoções e ter autoconhecimento constitui um tipo de inteligência?

Como fazer para potencializar a inteligência e transformá-la em talento?

Os neurocientistas afirmam que o cérebro racional depende dos aspectos emocionais para tomar decisões. Para Leher (2010), o ser humano não foi projetado para ser uma criatura racional; ao contrário disso, a mente é composta por uma rede confusa de áreas distintas, muitas das quais se envolvem na produção das emoções. Segundo esse neurocientista, sempre que tomamos uma decisão, o cérebro está imerso em sensações e é motivado por paixões inexplicáveis. Isso significa que, mesmo quando uma pessoa tenta ser razoável e contida, tais impulsos emocionais influenciam secretamente seus julgamentos e decisões. Ainda segundo Leher (2010, p. 47, grifo nosso), "o processo de pensamento exige sentimento, pois são os sentimentos que nos permitem assimilar a informação que não podemos compreender diretamente. A razão é impotente sem a emoção".

Como explica Goleman (1995b), a mente emocional é muito mais rápida que a mente racional, passando à ação sem parar um momento sequer para refletir sobre o que está fazendo. Essa rapidez exclui as reflexões deliberadas e analíticas, que são características da mente racional. Essa forma veloz de percepção e de resposta sacrifica a precisão pela rapidez, baseando-se nas primeiras impressões, e são estas que determinarão todo o comportamento que a pessoa passará a seguir.

1.5.1 Considerações sobre a inteligência

Se muitos dos cientistas que pesquisam o funcionamento mental fossem solicitados a definir *inteligência*, certamente encontraríamos uma diferença significativa de opiniões. Para alguns cientistas comportamentais, a exemplo de Charles Spearman (1863-1945), a inteligência é, essencialmente, uma capacidade geral única (Psicologia, 2012). Outros cientistas argumentam que a inteligência depende de muitas capacidades distintas.

Anos mais tarde, Gardner (1995) procurou ampliar esse conceito. A inteligência, para ele, é a capacidade de solucionar problemas ou elaborar produtos que são importantes em um determinado ambiente ou comunidade cultural. Essa capacidade de resolver problemas permite às pessoas abordarem situações, atingirem resultados e identificarem, com flexibilidade, possíveis caminhos que as levarão ao alcance dos objetivos estabelecidos.

Figura 1.1 – As emoções básicas e o ambiente de trabalho

Estímulo: **Perigo**

Emoção: **Medo**

Fisiologia
Alteração dos batimentos cardíacos; aceleração da respiração; dilatação das pupilas; redução do fluxo sanguíneo nos órgãos periféricos; preparação do corpo para fuga.

O que acontece na organização
Demissão em massa, que traz como consequência a ameaça constante aos colaboradores que permanecem na organização. Estilos gerenciais autoritários. Mudanças bruscas no modelo de gestão, sem a sensibilização adequada ou o preparo dos colaboradores.

Resposta comportamental
Colaboradores amedrontados e com tendência a fugir de compromissos e à procrastinação. Evitam desafios, apresentam baixos resultados. O medo paralisa.

Facetas da emoção
Timidez; apavoramento; desconfiança; incredulidade; vergonha; embaraço; culpa; ansiedade; excesso de prudência; indecisão; constrangimento; modéstia; apreensão; preocupação; consternação; cautela; escrúpulo; pavor; terror. Psicopatologia: fobia e pânico.

Estímulo: **Invasão de território/ obstáculo**

Emoção: **Raiva**

Fisiologia
Aumenta a força corporal; tensão nos músculos; pupilas contraídas; maior circulação sanguínea nos órgãos periféricos; preparação do corpo para a defesa ou para o ataque.

O que acontece na organização
Injustiças; infidelidade. Tratamento diferenciado a colaboradores do mesmo nível hierárquico. Posturas gerenciais agressivas e desqualificantes. Assédios moral e intelectual.

Resposta comportamental
Colaboradores com raiva tendem a manifestar comportamentos agressivos e de revide. Pouco cuidado com máquinas e equipamentos. Em um ambiente com raiva, o que impera é a desconfiança, os ciúmes, a violência e os conflitos disfuncionais, que interferem muito no desenvolvimento da equipe.

Facetas da emoção
Agressão; crítica; ira; histeria; inveja; rabugice; decepção; choque; exasperação; frustração; fúria; revolta; resistência; arrogância; animosidade; acrimônia; ciúmes; agonia; hostilidade; vingança; cólera; indignação. Em caso extremo: ódio e violência patológicos.

Estímulo: Conquista

Emoção: Alegria

Fisiologia
Elevação do tônus vital; energia; olhos brilhantes; movimento; riso fácil e disponibilidade para agir.

O que acontece na organização
Reconhecimento; comportamentos éticos; possibilidade de desenvolvimento pessoal e profissional; desafios; modelos de gestão abertos e participativos; gerentes e líderes inspiradores.

Resposta comportamental
Elevação do moral da equipe e, por consequência, do clima organizacional. Paixão, entusiasmo, colaboração, parcerias, criatividade e predisposição à assunção de riscos decorrentes das possibilidades de inovação.

Facetas da emoção
Confiança; felicidade; satisfação; arrebatamento; gratificação; ânimo; interesse; entusiasmo; otimismo; alívio; euforia; senso de humor; êxtase.

Estímulo: Perda

Emoção: Tristeza

Fisiologia
Postura fechada e ensimesmada; abatimento, ombros caídos e ausência de vitalidade; leva à cessação dos movimentos.

O que acontece na organização
Perdas pessoais. Perda de *status*. Redução do espaço de poder.

Resposta comportamental
Apatia; preguiça; falta de energia; saudosismo e saudade. A tristeza induz à falta de ânimo para a ação. O medo e a tristeza levam à baixa estima; a tristeza é a negação da alegria.

Facetas da emoção
Preguiça; saudade; desesperança; desamparo; desgosto; desânimo; desalento; autopiedade; tédio; solidão; mágoa; desolação; estafa; retração; "apiedamento"; melancolia; nostalgia. Psicopatologia: severa depressão.

Estímulo: Contato

Emoção: Amor

Fisiologia
Energização; harmonização do organismo; promoção do bem-estar físico.

O que acontece na organização
Respeito; lealdade; cumplicidade; trabalho significativo. Gestão participativa; diálogo. *Feedback*, quando utilizado como ferramenta de aprendizagem individual e do grupo.

Resposta comportamental
Ambiente em que há respeito, ajuda e apoio mútuos; as pessoas cuidam dos recursos materiais e imateriais da organização. A retenção de talentos é facilitada e os resultados organizacionais são potencializados.

Facetas da emoção
Solidariedade; afetividade; empatia; colaboração; aceitação; amizade; afinidade; dedicação; comprometimento; desenvolvimento; aprendizagem.

Fonte: Adaptado de Corga, 2011.

1.5.2 Medida da inteligência

O cientista comportamental britânico Francis Galton foi, provavelmente, a primeira pessoa a pensar seriamente em mensurar a inteligência, como explica Davidoff (1983). No entanto, o primeiro teste de inteligência foi criado em 1905, pelo psicólogo francês Alfred Binet, que trazia a primeira medida prática de inteligência e foi realizado no Ministério de Educação da França. Esse pesquisador queria ter um modo de identificar rapidamente os alunos que não podiam atender às exigências do ensino regular, para que recebessem tratamento diferenciado, ao contrário de se submeterem à sobrecarga da escola; talvez seja por essa razão que, posteriormente, a inteligência tenha sido tão associada à escola (Davidoff, 1983).

Brockert e Braun (1997) esclarecem que, aliado a essa razão, um segundo fato pode ser destacado para a proliferação dos testes de inteligência, que ocorreram nos Estados Unidos durante a Primeira Guerra Mundial. O país, com um grande contingente de imigrantes – muitos destes sem o domínio da língua inglesa –, via-se com dificuldades de comunicação. Para se estruturar um exército, tornava-se imperativo buscar um procedimento que permitisse descobrir, de maneira rápida e barata, se os recrutas tinham condições de receber instruções militares. Nem precisamos dizer que se tratava da exclusão dos considerados "menos dotados".

1.5.3 O coeficiente de inteligência (QI)

De acordo com Davidoff (1983, p. 477) o coeficiente de inteligência (QI) "é um índice numérico que descreve o desempenho relativo a um teste. Compara o desempenho de uma pessoa com outra da mesma idade". O QI pode ser calculado de diferentes maneiras: uma delas, a projetada por Binet, é obtida calculando-se a relação entre idade mental e idade cronológica. De acordo com Brockert e Braun (1997), Binet descobriu que, em alguns alunos, a idade intelectual correspondia à idade cronológica. Em outros, a idade intelectual era maior do que a cronológica: esses eram os alunos inteligentes. Outros, ainda, tinham a idade intelectual menor do que a idade cronológica e, portanto, não conseguiam satisfazer as demandas intelectuais relativas à idade que tinham.

A Escala de Inteligência Adulta Wechsler (EIAW), elaborada por David Wechsler, citado por Davidoff (1983), apresenta uma classificação que ainda é utilizada para avaliar as capacidades mentais adultas, como demonstrado no Quadro 1.2.

Quadro 1.2 – **Classificação de QI na EIAW**

QI	Classificação	Percentual da população na faixa
130 e acima	Muito superior	2,2
120-129	Superior	6,7
110-119	Normal brilhante	16,1
90-109	Média	50,0
80-89	Normal obtusa	16,1
70-79	Fronteiriça	6,7
69 e menos	Defectiva mental	2,2

Fonte: Wechsler, citado por Davidoff, 1983, p. 479.

No entanto, podemos nos perguntar: Será que apenas o QI consegue explicar o sucesso das pessoas? Em sua turma de escola, por exemplo, quais foram os alunos que, via de regra, obtiveram os melhores resultados em suas carreiras? Será que foram necessariamente aqueles que tiravam as melhores notas?

1.5.4 Inteligências múltiplas

Tais perguntas inquietaram e instigaram o espírito científico de Howard Gardner (1995), que desenvolveu a **teoria das inteligências múltiplas**. Essa teoria é uma alternativa para o conceito de inteligência como uma capacidade inata, geral e única, que permite aos indivíduos um desempenho, maior ou menor, em qualquer área de atuação, conforme já mencionamos. Podemos afirmar que a insatisfação de Gardner (1995) com a ideia do QI e com as visões unitárias de inteligência que enfocam, sobretudo, as habilidades importantes para o sucesso escolar, levou-o a redefinir inteligência à luz das origens biológicas da habilidade para resolver problemas. Foi então que ele deu início à sua brilhante pesquisa. Por meio da avaliação da atuação de diferentes profissionais em diversas culturas e do repertório de habilidades dos seres humanos na busca de soluções culturalmente apropriadas para os seus problemas, esse cientista trabalhou no sentido inverso ao desenvolvimento, retroagindo, para eventualmente chegar às inteligências que deram origem às referidas realizações.

Para Gardner (1995), os antigos conceitos de QI giravam em torno de uma estreita faixa de aptidões linguísticas e matemáticas, e um bom desempenho em testes de QI era apenas um fator direto de sucesso do aluno em relação aos conteúdos escolares, mas que em nada atestava o sucesso desse mesmo aluno nos caminhos de sua vida, quando estes se desviavam dos conteúdos ensinados na escola.

A princípio, Gardner (1995) identificou sete inteligências: a linguística, a lógico-matemática, a musical, a espacial, a cinestésica[2], a interpessoal e a intrapessoal. Nesse estágio de seu trabalho, ele postula que essas competências intelectuais são relativamente independentes, têm suas origens e limites genéticos próprios, substratos neuroanatômicos específicos e dispõem de processos cognitivos próprios. Segundo ele, os seres humanos dispõem de graus variados de cada uma dessas inteligências e maneiras diferentes de como elas se combinam, se organizam e se utilizam – também de forma diferente dessas capacidades intelectuais – para resolver problemas e criar produtos. O autor ressalta ainda que, embora essas inteligências sejam, até determinado ponto, independentes umas das outras, elas raramente funcionam de forma isolada. O exemplo disso é que as diferentes profissões demandam uma combinação de inteligências: um engenheiro necessita da inteligência lógico-matemática e da acuidade da inteligência espacial. No caso de um profissional que exerce alguma atividade de liderança, é bom que ele tenha uma combinação de inteligência linguística com as inteligências intrapessoal e interpessoal.

No entanto, o próprio Gardner (1995) expandiu suas ideias sobre as inteligências múltiplas, por meio do enfoque das demandas do século XXI, o que tem feito até hoje. Em sua obra *Inteligência: um conceito reformulado* (2001), o cientista apresenta provas para as três mais "novas" espécies

---

2   Kury (2002, p. 216, p. 1.016) diferencia os conceitos de *sinestesia* e de *cinestesia* da seguinte maneira: enquanto *sinestesia* é a associação de sensações diferentes, o cruzamento de sensações (por exemplo, entre cheiro – sensação olfativa – e gosto – sensação gustativa), *cinestesia* é o conjunto de sensações pelas quais se percebem os movimentos musculares.

de inteligência: a inteligência naturalista, a inteligência espiritual e a inteligência existencial (você poderá verificar, na Figura 1.2, uma visão sobre cada uma das inteligências, a sua influência e a aplicação na atuação profissional).

A inteligência espiritual tem sido amplamente estudada também por Zohar e Marshall, no livro *A inteligência espiritual* (2000). Segundo esses autores, o QS (que vem do inglês *spiritual quocient*), relaciona-se à necessidade humana de ter propósito na vida. Por meio desse coeficiente é que as crenças e os valores éticos são desenvolvidos. Os autores apontam ainda a existência do "ponto de Deus", no cérebro: área que seria responsável pelas experiências espirituais das pessoas.

A teoria das inteligências múltiplas oferece ao gestor de talentos um leque de possibilidades para trabalhar no treinamento e no desenvolvimento de sua equipe, uma vez que a diversidade de talentos pode trazer resultados significativos para a organização. Nas palavras de Gardner (2001, p. 14): "os indivíduos podem não só vir a entender suas inteligências múltiplas, como também desenvolvê-las de formas altamente flexíveis e produtivas dentro dos papéis humanos criados por várias sociedades. Inteligências múltiplas podem ser mobilizadas na escola, no trabalho ou na rua".

Apresentaremos agora outro conceito de inteligência: a inteligência emocional, que é fundamental para que líderes e gestores atuem promovendo estímulos cujas respostas estão em consonância com o respeito ao indivíduo e o propósito da organização.

1.5.5 Inteligência emocional

> *A arte de relacionar-se passa, em grande parte, pela aptidão em lidar com as emoções dos outros. É essa aptidão que reforça a popularidade, a liderança e a eficiência interpessoal.*
> Goleman (Abrae, 2012)

Para iniciar o assunto, propomos algumas questões: As emoções podem ser inteligentes? Se sim, como isso acontece especificamente? Qual é o benefício para a organização em desenvolver a inteligência emocional em seus colaboradores?

Figura 1.2 – **As inteligências e suas influências na prática profissional**

Linguística
Características:
Uso corrente e fluido da linguagem.
Profissões:
Advogados; escritores; políticos; professores; oradores; poetas; roteiristas.
Influências na prática profissional:
Habilidade em comunicar-se eficazmente de todas as formas possíveis é fundamental para o profissional. Maior poder de influência e de convencimento por meio de argumentação. Expressão e defesa de ideias.

Musical
Características:
Capacidade em produzir e reproduzir sons, reconhecer timbres e ritmos.
Profissões:
Músicos; percursionistas; cantores.
Influências na prática profissional:
Habilidade em tornar o ambiente harmonioso e motivador, por meio do respeito ao ritmo das pessoas (e de si mesmo). Dar-se conta de quanto os ruídos podem ser invasivos para os colegas de trabalho.

Lógico-matemática
Características:
Capacidade na utilização do racional como elemento norteador das ações. Habilidades com números e lógica.
Profissões:
Cientistas; matemáticos; pesquisadores; profissionais de informática; contadores; administradores financeiros.
Influências na prática profissional:
Habilidade no desenvolvimento de estratégias, avaliação de planos, análise dissociada de fatos e dados significativos para o negócio. Influencia na tomada de decisões.

Espacial
Características:
Capacidade de formar um mundo espacial e de ser capaz de manobrar e operar utilizando esse modelo.
Profissões:
Engenheiros; pintores; escultores; motoristas; pilotos.
Influências na prática profissional:
Habilidade em ocupar o próprio espaço, abrir espaço para o crescimento de seus colaboradores e respeitar o espaço das pessoas, seja na organização, seja fora dela. Habilidade em identificar limites.

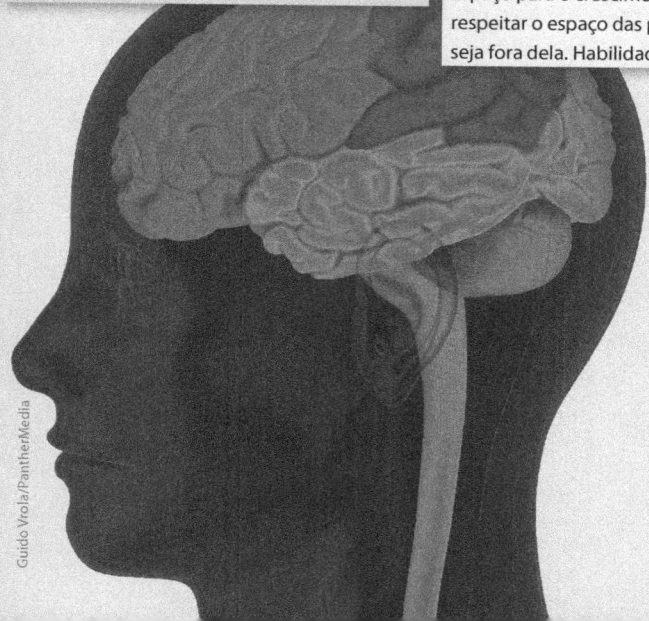

Cinestésica
Características:
Capacidade de resolver problemas ou elaborar produtos utilizando o corpo.
Profissões:
Atores; bailarinos; artistas de circo; esportistas.
Influências na prática profissional:
Habilidade em movimentar-se nos vários contextos empresariais; flexibilidade e resiliência.

Intrapessoal
Características:
Capacidade correlativa, voltada para dentro. Capacidade de formar um modelo acurado e verídico de si mesmo e de utilizar esse modelo para operar efetivamente na vida.
Profissões:
Recomendado a todas as profissões.*
Influências na prática profissional:
Habilidade em se autoconhecer. O autoconhecimento leva ao desenvolvimento pessoal. Todas as outras inteligências são profundamente influenciadas pela inteligência intrapessoal. Habilidade em motivar a si mesmo.

Espiritual
Características:
Capacidade de crer em uma mente criadora e universal, e de interagir com ela. O "ponto de Deus", no cérebro, é uma área que seria responsável pelas experiências espirituais das pessoas.
Profissões:
Recomendado a todas as profissões.
Influências na prática profissional:
Habilidade para dar sentido à vida. Ampliação de horizontes e criatividade. Solidez de valores éticos.

Interpessoal
Características:
Capacidade de compreender as intenções, as motivações e os desejos das outras pessoas.
Profissões:
Líderes; psicólogos; terapeutas; vendedores; clérigos; pastores; professores.
Influências na prática profissional:
Habilidade de trabalhar na formação e na manutenção de equipes; criar e manter sua rede de relacionamentos. Habilidade em influenciar e incentivar pessoas. Empatia.

Naturalista
Características:
Sensibilidade para compreender e organizar os objetos, os fenômenos e os padrões da natureza, como reconhecer e classificar plantas, animais, minerais, incluindo rochas e gramíneas, e toda a variedade de fauna, flora, meio ambiente e seus componentes.
Profissões:
Arquitetos; paisagistas; botânicos; mateiros.
Influências na prática profissional:
Habilidade em trazer um sentido estético para o ambiente de trabalho, seja por meio da beleza, seja pela harmonia das formas, pelo equilíbrio do ambiente físico e, sobretudo, pelo respeito e uso adequado da água, da energia e do lixo, respeitando o meio ambiente.

Existencial
Características:
Capacidade de refletir e ponderar a respeito de questões fundamentais da existência.
Profissões:
Líderes espirituais; filósofos.
Influências na prática profissional:
Habilidade em identificar a intenção positiva que existe por trás de cada comportamento; empatia; busca de sentido para a existência.

* Recomendação proposta pelas autoras.

Fonte: Elaborado com base em Gardner, 1995; Gramigna, 2007, p. 96-97.

Gostaríamos de introduzir esse tema com uma história que consideramos inspiradora, narrada por Covey (2008, p. 38):

> Victor Frankl era um determinista, educado na tradição da psicologia freudiana, e postulava que os eventos da infância de uma pessoa, quaisquer que fossem, moldavam o caráter e a personalidade, passando basicamente a governar a vida dela. Os limites e os parâmetros da vida estão estabelecidos, e não há muito o que se fazer a respeito.
>
> Frankl era também psiquiatra e judeu. Ele viveu como prisioneiro, nos campos de extermínio da Alemanha nazista, onde passou por experiências tão repugnantes para o nosso senso de decência, que mencioná-las é o suficiente para deixar qualquer um arrepiado. Seus pais, seu irmão e sua mulher morreram nos campos, ou foram mandados para as câmaras de gás. Com exceção da irmã, sua família inteira foi exterminada.
>
> O próprio Frankl sofreu torturas e humilhações indescritíveis, sem nunca saber se, de uma hora para outra, ele deixaria de fazer parte dos "sobreviventes", que removiam os corpos e varriam as cinzas dos mortos, e seria conduzido à câmara de gás.
>
> Um dia, nu e sozinho em um pequeno quarto, ele começou a tomar consciência do que mais tarde chamou de "a última das liberdades humanas" – a liberdade que seus carrascos nazistas não podiam tirar dele. Eles podiam controlar completamente a situação e o ambiente, podiam fazer o que quisessem com seu corpo, mas o próprio Victor Frankl era um ser dotado de autoconsciência, e podia atuar como observador de seu próprio destino, sua identidade básica estava intacta. Ele podia decidir, dentro de si, como aquilo tudo iria afetá-lo. Entre o que acontecia com ele, ou o estímulo, e sua reação, estava a sua liberdade ou o poder de escolher qual seria a sua reação.
>
> Em meio a suas agruras, Frankl costumava projetar a si mesmo em situações distintas, como dar aulas para seus alunos quando fosse libertado do campo de extermínio. Ele descrevia a si mesmo na classe, com os olhos da mente, e transmitia as lições que estava aprendendo naqueles momentos difíceis.
>
> Graças a uma série de atitudes disciplinadas – mentais, emocionais e morais, utilizando principalmente a imaginação e a memória – ele exerceu aquela liberdade diminuta, embrionária, que cresceu mais e mais, o que o tornou mais livre do que seus carrascos nazistas. Estes possuíam mais liberdade em termos de opções dentro daquele ambiente, mas ele tinha mais liberdade interna, mais poder para

> exercer suas opções. Tornou-se uma fonte de inspiração para os que estavam ao seu redor, e mesmo para alguns guardas. Ajudou os outros a encontrar um sentido para seu sofrimento, e dignidade em sua vida na prisão.

Temos aqui um exemplo emblemático do que é a inteligência emocional. Como observa Covey (2008), diante das circunstâncias mais degradantes que se possa imaginar, Frankl usou o dom humano da autoconsciência para descobrir um princípio fundamental da natureza do homem: entre o estímulo e a resposta encontra-se a liberdade de escolha do ser humano, ou seja, entre o que acontece com você e a sua reação, existe a possibilidade de uma escolha comportamental.

A inteligência emocional refere-se à qualidade de como a compreensão pelos próprios sentimentos, a empatia pelos outros e o controle das emoções podem modificar, para melhor, a vida de uma pessoa. Para Goleman (1995b), a inteligência emocional caracteriza a maneira como as pessoas lidam com suas emoções e com as das pessoas ao seu redor. Isso implica autoconsciência, motivação, persistência, empatia e entendimento, além de características sociais como persuasão, cooperação, negociação e liderança. Essa é uma maneira alternativa de ser inteligente, não em termos de QI, mas em termos de qualidades humanas. O autor afirma ainda que inteligência emocional não é genética: essas habilidades são mais aprendidas do que inatas. Goleman (1995b) explica que possuímos duas mentes e, por conta disso, dois tipos diferentes de inteligência: a racional e a emocional. Nosso desempenho e nossos resultados na vida, seja nos aspectos pessoais, seja nos profissionais, são determinados não apenas pelo QI, mas principalmente pela inteligência emocional. Para o autor, o intelecto não pode dar o melhor de si sem a inteligência emocional, pois ambos são parceiros integrais na vida mental. Quando esses parceiros interagem bem, a inteligência emocional e a capacidade intelectual aumentam. Essa afirmação derruba o mito de que devemos sobrepor a razão à emoção: o que devemos é buscar um equilíbrio entre ambas.

> A inteligência emocional refere-se à qualidade de como a compreensão pelos próprios sentimentos, a empatia pelos outros e o controle das emoções podem modificar, para melhor, a vida de uma pessoa.

Existem cinco fatores-chave ou dimensões da inteligência emocional. As três primeiras dimensões têm relação com o próprio indivíduo, ao passo que as duas últimas têm relação com os outros. Não é sem propósito que Goleman (1995b) elenca primeiro as inteligências que o indivíduo desenvolve dentro de si. Uma vez trabalhados a **autoconscientização**, o **autocontrole** e a **motivação**, uma pessoa estará consideravelmente mais apta a desenvolver os seus relacionamentos interpessoais, com base na empatia e nas habilidades sociais. Tais dimensões são apresentadas no Quadro 1.3.

Quadro 1.3 – **Dimensões da inteligência emocional**

Dimensão	Habilidade
Autoconscientização	Habilidade de compreender seus humores, suas emoções e suas necessidades, assim como seu impacto nos outros. Autoconhecimento.
Autocontrole	Habilidade de controlar as próprias decisões, os sentimentos e os impulsos; acalmar a ansiedade.
Motivação	Habilidade de motivar a si mesmo. Garra, flexibilidade. Diálogo interno positivo.
Empatia	Habilidade para compreender o que os outros sentem; ter compaixão. Ver o mundo tendo como base a perspectiva do outro (inclusive pessoas com as quais não se tem simpatia).
Habilidade social	Competência na criação e na manutenção de relacionamentos e rede de suporte.

Fonte: Adaptado de Dubrin, 2003, p. 44.

Além disso, a inteligência emocional está ligada às duas dimensões das inteligências múltiplas: **inteligência intrapessoal** (*intra*, do latim "para dentro") e **inteligência interpessoal** (*inter*, do latim "para fora"). Dessa maneira, observamos que um indivíduo emocionalmente competente é hábil em identificar, compreender e expressar seus sentimentos; avaliar a intensidade desses sentimentos e lidar com eles; adiar a satisfação e saber trabalhar a frustração; e, por último, compreender que entre um estímulo (algo que acontece) e uma resposta (um comportamento) sempre existe uma escolha. Isso significa que podemos escolher como vamos reagir diante do que nos acontece.

Agora, podemos nos perguntar:

Será que existe um currículo para desenvolver essas habilidades? De acordo com Goleman (1995b), pesquisadores norte-americanos sugerem algumas ações que podem ajudar no exercício da formação de uma pessoa emocionalmente competente, conforme você poderá ver na Figura 1.3.

Para refletir

Lenda do monge – A travessia

Em uma época distante, um monge e seu discípulo caminhavam por uma área deserta. Eram os dois no meio daquela região inexplorada. Seguiam nessa solidão já durante longo tempo, quando surgiu, barrando o caminho, um rio de águas revoltas, correntezas. Preparavam-se para atravessá-lo, quando avistaram uma bela jovem que lhes pediu ajuda, pois não conseguira passar para a outra margem do rio e precisava fazer isso para seguir seu rumo.

O monge, sem titubear, colocou a mulher em suas costas e a deixou na outra margem do rio em segurança. Ela lhe agradeceu, estava com o coração cheio de gratidão por aquele monge que lhe permitira seguir o seu caminho, avançar rumo ao seu destino e foi-se... O monge e o discípulo também retomaram a jornada para além da outra margem do rio. Iam em silêncio, como convinha a dois seres em meditação. Mas, quando chegaram ao primeiro ponto de parada, o discípulo não se conteve e desabafou: "Estou aflito, nossas regras proíbem o contato carnal e o senhor pegou aquela jovem, colocou-a sobre seu corpo para atravessar o rio, como pode estar tranquilo após ter cometido essa falha?".

Então o monge, olhando serenamente para o inquiridor, disse-lhe: "Sabe qual a diferença entre nós neste momento? Eu ajudei uma pessoa a fazer a travessia daquele rio tempestuoso e deixei-a lá para que seguisse o seu rumo em segurança, e você continuou carregando-a durante todo esse trajeto – trouxe-a até aqui. Foi essa carga extra que você carregou que tornou esse percurso desconfortável e penoso".

Fonte: Elaborado com base em Santos, 2012.

Assim, como vimos, o conceito de inteligência emocional, bem como a resposta inteligente das emoções, podem ser difundidos na organização e trazer grandes benefícios, em termos de clima organizacional, moral da equipe e resultados almejados. No entanto, como isso ocorre? Acompanhe o tópico a seguir.

Figura 1.3 – Currículo da ciência do eu com base nos estudos de pesquisadores norte-americanos

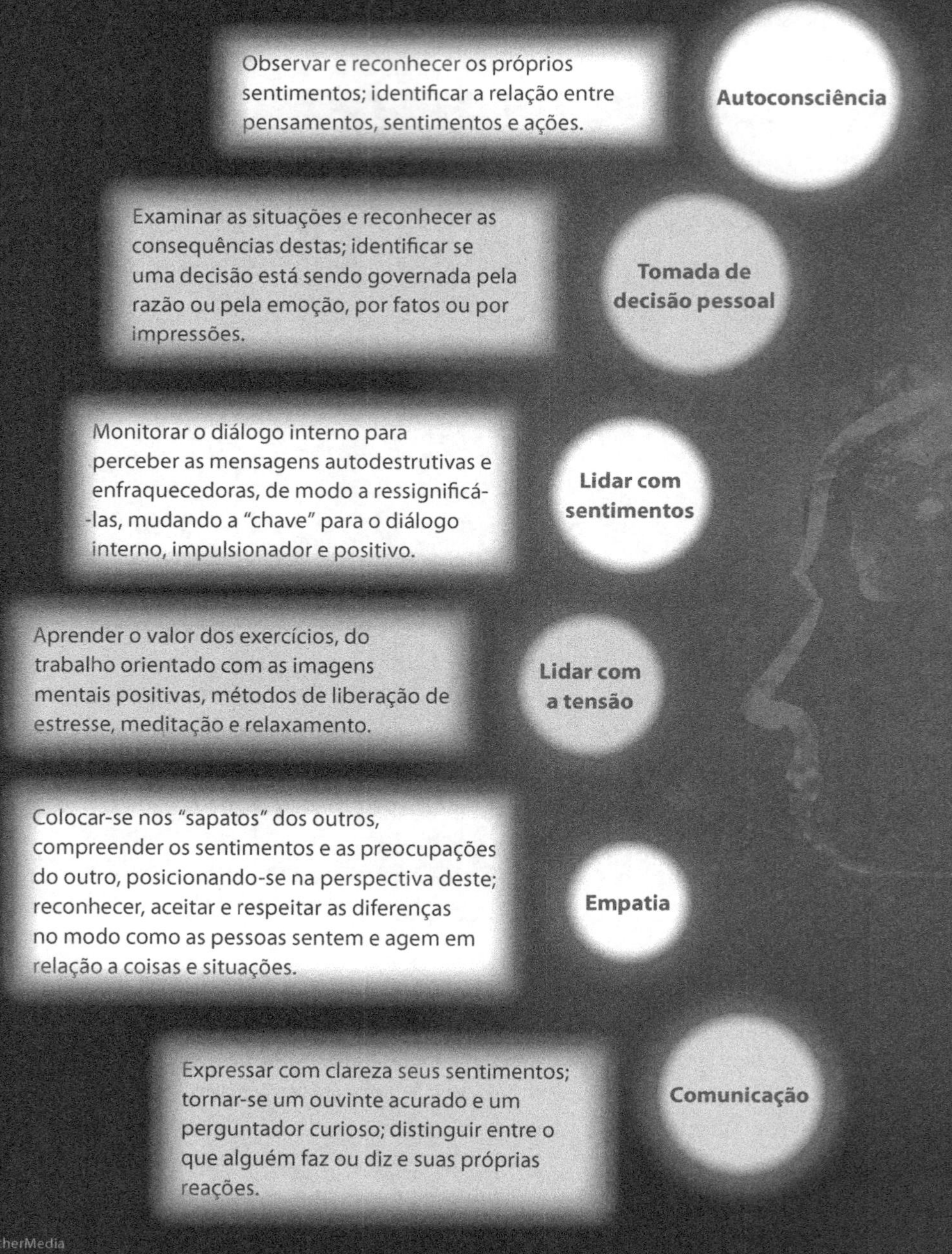

Observar e reconhecer os próprios sentimentos; identificar a relação entre pensamentos, sentimentos e ações.	**Autoconsciência**
Examinar as situações e reconhecer as consequências destas; identificar se uma decisão está sendo governada pela razão ou pela emoção, por fatos ou por impressões.	**Tomada de decisão pessoal**
Monitorar o diálogo interno para perceber as mensagens autodestrutivas e enfraquecedoras, de modo a ressignificá-las, mudando a "chave" para o diálogo interno, impulsionador e positivo.	**Lidar com sentimentos**
Aprender o valor dos exercícios, do trabalho orientado com as imagens mentais positivas, métodos de liberação de estresse, meditação e relaxamento.	**Lidar com a tensão**
Colocar-se nos "sapatos" dos outros, compreender os sentimentos e as preocupações do outro, posicionando-se na perspectiva deste; reconhecer, aceitar e respeitar as diferenças no modo como as pessoas sentem e agem em relação a coisas e situações.	**Empatia**
Expressar com clareza seus sentimentos; tornar-se um ouvinte acurado e um perguntador curioso; distinguir entre o que alguém faz ou diz e suas próprias reações.	**Comunicação**

Responsabilidade pessoal: Assumir a responsabilidade por si mesmo; lócus de controle interno; reconhecer as consequências de suas ações; aceitar seus sentimentos e estados internos, ter iniciativa e, sobretudo, capacidade de conclusão em relação a seus planos, projetos e compromissos, fechando seus processos.

Intuição: Identificar padrões em sua vida e reações emocionais; reconhecer padrões semelhantes nos outros.

Autoaceitação: Aceitar-se e compreender-se; ver-se sob o enfoque positivo; identificar seus pontos fortes e suas oportunidades de melhorias; ser capaz de rir de si mesmo.

Autorrevelação: Valorizar a franqueza e construir e manter a confiança em um relacionamento; saber quando é ou não adequado expressar seus sentimentos.

Assertividade: Declarar seus sentimentos e suas preocupações dissociados de estados emocionais negativos, como o medo, a tristeza e a raiva.

Dinâmica de grupo: Cooperar; saber quando e como conduzir e quando ser conduzido.

Gestão de conflitos: Estabelecer a estratégia do "ganha-ganha (todos ganham) ou nada feito".

Fonte: Elaborado com base em Goleman, 1995b, p. 319-320.

1.5.6 A inteligência emocional e a solução de problemas

> *É inspirador perceber que, ao escolhermos nossa reação a uma circunstância, afetamos intensamente essa mesma circunstância. Quando modificamos parte de uma fórmula química, alteramos a natureza do resultado.*
> Stephen Covey (2008, p. 107)

A inteligência emocional de um indivíduo afeta sensivelmente a forma como este vê, sente e processa o que acontece com ele, tanto na vida pessoal quanto no contexto organizacional. Sobre isso, Covey (2008) propõe os conceitos de círculo de preocupações e círculo de influência, que se relacionam diretamente com as ideias de Goleman (1995b).

Existe um amplo espectro de preocupações, por parte de empresários, líderes e colaboradores, tanto em relação aos produtos, serviços, clientes, fornecedores e governo quanto em captar e utilizar adequadamente os recursos financeiros da organização. Como escreve Goleman (1995b), conforme olhamos para o que se encontra dentro do nosso círculo de preocupações, podemos perceber que existem coisas sobre as quais não temos controle efetivo, e outras sobre as quais podemos interferir. O autor separa umas das outras e, por meio da inteligência emocional, coloca as preocupações dentro dos limites do que chama de *círculo de influência*.

Explicando melhor, dentro do círculo de preocupações existem coisas das quais não temos o controle, como a queda da bolsa de valores, a perda de um emprego etc. Por outro lado, o círculo de influência contém coisas sobre as quais temos controle direto, ou seja, o que as pessoas podem decidir. Com a perda do emprego, a pessoa pode se sentar e se lamuriar, mas também pode aperfeiçoar o seu currículo, utilizar o desligamento como *feedback* e melhorar sua condição. Essa decisão está dentro do círculo de influência da pessoa, ou seja, o que ela pode fazer por si é a sua escolha diante do que acontece.

A inteligência emocional faz com que as pessoas mantenham-se em foco proativo, ou seja, concentrando-se em seu círculo de influência. Elas lidam com as coisas que podem modificar. A natureza de sua energia é positiva, engrandecedora e ampla, o que leva ao aumento do círculo de influência, como explica Covey (2008). Para esse autor, apesar de a prioridade recair sobre o uso de sua influência, as pessoas proativas possuem um círculo de preocupações que é, no mínimo, tão grande quanto o seu círculo de influência, aceitando a responsabilidade pelo uso eficaz de sua influência. Nessa perspectiva, a questão pode ser entendida assim: enquanto a pessoa ou a organização se deixa trabalhar apenas em seu círculo de preocupações, acaba por permitir que os elementos pertinentes a ele as controlem. Acabam, assim, não tomando as iniciativas proativas necessárias para provocar mudanças positivas.

Que tal entender melhor esse conceito? A despeito dos fatos que acometem uma pessoa, um grupo ou uma organização, existem escolhas para o seu comportamento. Independentemente do estímulo, sempre pode haver uma resposta, escolhida de um conjunto de possibilidades; essa resposta pode ser emocional e racionalmente inteligente.

> A inteligência emocional faz com que a pessoa mantenha-se em foco proativo, ou seja, concentrando-se em seu círculo de influência.

Para Covey (2008), existem três categorias de problemas: problemas de controle direto, problemas de controle indireto e problemas de controle inexistente, a saber:

1. **Controle direto** – Problemas que envolvem o comportamento da pessoa e que são resolvidos quando esta trabalha no sentido de modificar seus hábitos. Por exemplo: o chefe "pega no pé" do colaborador que sempre se atrasa. A solução é simples: o colaborador se organiza para sair de casa mais cedo e assim liquida o problema.
2. **Controle indireto** – Problemas que envolvem o comportamento dos outros e que são resolvidos pela modificação dos métodos de influência da pessoa. Como exemplo de métodos de influência, podemos citar: a empatia, o diálogo, o senso de humor, a criatividade, a tolerância e a confiança, ou seja, qualquer recurso interno fortalecedor. Por exemplo: um cliente trata um atendente de balcão com grosseria, mas o atendente retorna ao cliente de forma doce e com sincera gentileza. Isso é agir com uma resposta emocionalmente inteligente. O atendente teria outras possibilidades? Teria, sim: poderia acatar a agressão verbal, tomá-la para si e dar início a um desgastante combate, que fatalmente resultaria em uma discussão carregada de ofensas e na perda do cliente, sem falar na frustração do atendente quanto à situação.

3. **Controle inexistente** – Problemas sobre os quais a pessoa não pode interferir. No entanto, trabalhar com situações de controle inexistente, a exemplo de uma crise de mercado e da demissão em massa, implica em a pessoa assumir a responsabilidade de mudar a sua atitude mental em relação ao que não pode modificar. Por exemplo: você tem um chefe com características pessoais marcadas, a seu ver, pelo mau humor, pela crítica e pelas ações pouco sensatas. Você não tem como modificá-lo, pois esse tipo de mudança ocorre apenas quando a própria pessoa deseja. O que você pode fazer, então? Pode escolher como se sentir em relação a ele. Pode escolher absorver todas as ofensas, reagir com críticas, agressividade e falta de companheirismo, ou pode compreender que ele é assim e que, portanto, você vai encontrar uma forma eficaz de, apesar das oscilações de humor do chefe, realizar bem o seu trabalho.

Acreditamos que a visão de Covey (2008) encontra raízes profundas em um conceito da psicologia chamado *lócus de controle*. *Lócus* é uma palavra de origem latina e significa "local"; *controle* é comando, quem está na direção. Esse construto foi introduzido na psicologia social em 1954, pelo psicólogo norte-americano Julian Rotter, citado por Luz (2011, p. 76). Sua abordagem aponta que o lócus de controle pode ser interno ou externo, a saber:

- **Lócus de controle interno** – Pessoas com essa predisposição acreditam que a medida de seus esforços e suas competências é a principal fonte do seu sucesso ou do seu fracasso.
- **Lócus de controle externo** – As pessoas com essa predisposição, por outro lado, veem seus resultados como fruto de fatores diversos que independem de sua vontade, sejam estes sorte ou outras pessoas e situações.

O interessante disso é que, do ponto de vista psicológico, não importa tanto a real causa dos acontecimentos, mas sim como a pessoa percebe essa situação e os efeitos que isso provoca nela. Por exemplo, alguém que atribui às superstições e ao azar a razão de um fracasso pessoal pode se sentir mais tolerante com sua própria indolência ou teimosia. Observe:

É válido pensar, portanto, que a percepção de uma pessoa sobre o *locus* de controle pode levá-la a se sentir mais ou menos responsável pelos seus atos e pelos efeitos destes. Enquanto as pessoas com *locus* de controle interno tendem a se responsabilizar mais pela própria vida, as com *locus* externo procuram culpados. Essa diferença acabaria por influenciar o comportamento individual. Sujeitos com *locus* interno tenderiam a buscar meios para adquirir, corrigir e/ou aperfeiçoar as condições que podem levá-los a obter satisfação com o que fazem. Os com *locus* externo, entretanto, estariam mais inclinados a se acomodarem. (Scardua, 2010, grifo do original)

Para refletir

O colunista Sydney Harris (EUA) acompanhava um amigo à banca de jornal.

O amigo cumprimentou o jornaleiro amavelmente, mas como retorno recebeu um tratamento rude e grosseiro.

Pegando o jornal que foi atirado em sua direção, o amigo de Sydney sorriu atenciosamente e desejou ao jornaleiro um bom final de semana.

Quando os dois amigos desciam pela rua, o colunista perguntou:

— Ele sempre te trata com tanta grosseria?

— Sim, infelizmente é sempre assim.

— E você é sempre tão atencioso e amável com ele?

— Sim, sou.

— Por que você é tão educado, já que ele é tão rude com você?

— Porque não quero que ele decida como eu devo agir.

Fonte: Rangel, 2003, p. 92.

Consoante a abordagem da programação neurolinguística (PNL)[3], as atitudes do tipo "para eu me sentir melhor, ele(a) tem de mudar ou fazer algo" são uma ilusão limitante que paralisa as pessoas, impedindo-as de

---

3   A PNL é o estudo da estrutura da experiência subjetiva do indivíduo e tem como objetivo compreender e utilizar comunicações que produzem mudanças positivas e crescimento pessoal. É uma área do conhecimento humano que se desenvolveu por meio dos conceitos da psicologia, da linguística e da neurofisiologia, tendo evoluído para um conjunto próprio de construtos (O'Connor, 2007).

fazer algo diferente para sua própria satisfação. Elas se prendem voluntariamente e ficam na "dependência de que o outro faça algo" para que possam se sentir como gostariam. Nessa espera que o outro faça algo para que elas se sintam felizes, acabam criando expectativas, frustrações e ressentimentos, como explica Chung (2002). Como resultado, passam a lançar acusações verbais e comportamentais que levam às consequências, veladas ou não, disfuncionais dos conflitos, consequências estas contra as pessoas de quem, na verdade, gostam e com quem têm interesses em comum, criando, assim, paradoxalmente, resultados indesejados.

Então, parece-nos bastante evidente que o domínio, o controle e a compreensão que um indivíduo tem dos fatores que contribuem para os eventos de sua vida estarão inevitavelmente associados ao nível de sua motivação e, consequentemente, de seus resultados, sejam estes pessoais ou profissionais.

Atualmente, as organizações reconhecem, cada vez mais, o valor prático da inteligência emocional de seus colaboradores. Profissionais emocionalmente inteligentes têm habilidades para administrar conflitos, empregabilidade ampliada e, além disso, apresentam um diferencial-chave entre os colaboradores eficazes e os medíocres: são importantes fontes de vantagem competitiva. Para Goleman (1995b), a chave para a liderança encontra-se nos domínios do QE (coeficiente emocional), não do QI (coeficiente de inteligência). Liderança requer habilidades para persuadir e inspirar, enfatizar e articular sentimentos. Aliás, o controle emocional é uma forma de inteligência, uma vez que possibilita à pessoa perceber novas informações relevantes, bem como aprender a se adaptar às situações. Nas palavras de Covey (2008), a administração eficaz sem liderança eficaz funciona, em uma definição clássica, como "ajeitar as cadeiras no convés do Titanic".

> As organizações reconhecem, cada vez mais, o valor prático da inteligência emocional de seus colaboradores.

Assim, nenhum sucesso na administração consegue compensar o fracasso da liderança.

Para refletir

Desafio de arco e flecha – O equilíbrio

Contam nossos avós uma linda história de desafio. História essa que, por sua vez, ouviram de seus avós que a ouviram... e, assim, sua origem vai-se perdida na linha do tempo. Trata-se de um desafio feito por um jovem e arrogante campeão para um mestre Zen, o qual era famoso na capacidade de manejar o arco e realizar proezas notáveis. O jovem estava entusiasmado, pois vencera vários torneiros e considerava-se o melhor.

Teve, então, início o desafio. De fato o jovem arqueiro comprovou possuir grande capacidade técnica: no seu primeiro disparo acertou o alvo perfeitamente. E era um alvo bastante distante. Não bastasse o sucesso do primeiro acerto, no segundo arremesso da flecha dividiu-o em dois. Foi brilhante, sem dúvida.

Radiante, e sem nenhum sinal de modéstia, exclamou, então, para o velho arqueiro: "Veja se pode fazer isso!"

O mestre Zen, que imperturbável observara a proeza, não preparou seu arco. Ele fez um sinal para o arqueiro que o desafiara para que o seguisse rumo à montanha. O jovem ficou intrigado com a atitude do ancião e sobre o propósito deste. Curioso, o campeão seguiu-o. Em um determinado ponto do percurso, chegaram a um local em que o caminho era feito sobre uma frágil tábua de madeira que fora colocada como ponte sobre um profundo abismo. Então, sereno e calmo, o mestre Zen caminhou sobre aquela insegura, e certamente perigosa, ponte. Parou no meio da travessia, mirou uma larga árvore longínqua como alvo, esticou seu arco e acertou-a com uma precisa e direta flechada.

Voltou-se tranquilamente para o jovem campeão e disse-lhe: "Agora é sua vez". No entanto, o jovem arqueiro desafiante, pisando em solo inseguro, olhou com terror para dentro do abismo negro, aparentemente sem fim, e ficou ali paralisado. Ele não conseguiu caminhar sobre a prancha e muito menos poderia acertar um alvo posicionado sobre algo tão cambaleante como uma tábua sobre um abismo.

Após um tempo de observação e atento à dificuldade do jovem em lidar com a situação, o velho mestre lhe disse: "Você tem muita perícia com seu arco, mas possui pouco equilíbrio com a mente, e é ela que deve nos deixar relaxados para mirar o alvo em situações de perigo".

Fonte: Elaborado com base em Sabedoria Universal, 2011.

Estudo de caso

Crenças, ambiente de trabalho e emoções

A **Organização A** é uma indústria manufatureira. Em seus procedimentos, espera-se que os administradores documentem completamente todas as suas decisões. Os "bons gestores" são aqueles capazes de oferecer todos os dados que deem sustentação às suas recomendações. São desencorajadas decisões criativas que incorram em mudanças significativas ou riscos. Os responsáveis por projetos fracassados são criticados abertamente e penalizados. Dessa maneira, os administradores procuram não implementar ações que se desviem muito do *status quo*. Um dos gerentes costuma citar frequentemente uma expressão amplamente utilizada pelos empregados da empresa: "se não tiver quebrado, não tente consertar". A empresa estabelece vários regulamentos e regras que devem ser rigorosamente obedecidos pelos funcionários. Os chefes supervisionam de perto os subordinados, para assegurar que não haja desvios das regras. Os dirigentes estão preocupados com a produtividade, independentemente do impacto que isso causa sobre o moral dos empregados ou sobre o índice de rotatividade. As atividades de trabalho são planejadas para os indivíduos. Existem departamentos distintos e linhas de autoridade, e espera-se que os funcionários tenham pouco contato com os colegas de fora da sua área funcional ou linha de comando. As avaliações de desempenho e as recompensas enfatizam o esforço individual; entretanto, a antiguidade na empresa tende a ser o fator básico na determinação de aumentos salariais.

A **Organização B** também é uma indústria manufatureira. Os líderes estimulam e recompensam a mudança e a assunção de riscos em suas equipes de trabalho. As intuições também são consideradas na tomada de decisão. A organização se orgulha de sua história de experimentação de novas tecnologias e de seu sucesso no lançamento regular de produtos inovadores. Gestores e colaboradores que tenham uma boa ideia são encorajados a levá-la adiante. Fracassos são tratados como "experiência de aprendizagem". A empresa valoriza sua orientação para o mercado e sua rápida capacidade de resposta às mudanças. Existem poucas regras e regulamentos a serem seguidos, e a supervisão é livre, pois os líderes acreditam que seus funcionários são responsáveis e confiáveis. Os gestores se preocupam com a alta produtividade, mas acreditam que ela é obtida por meio do tratamento correto do seu pessoal. A empresa investe no sentido de criar e manter a sua reputação de ser um bom lugar para trabalhar. As atividades de

> trabalho são planejadas em torno de equipes, e seus membros são estimulados a interagir com membros de outras equipes. Os colaboradores abordam abertamente a colaboração e a competição saudável entre as equipes. As pessoas possuem suas metas e os bônus se baseiam na realização desses resultados. Os colaboradores desfrutam de considerável autonomia para escolher a maneira de atingir objetivos.

Fonte: Adaptado de Robbins, 2002.

Questões do estudo de caso

1. Identifique as emoções básicas que podem ser despertadas nos colaboradores, pela cultura da Organização A e pela cultura da Organização B.

2. Qual das duas organizações tem maior probabilidade de desenvolver uma vantagem competitiva e ter mais tempo de permanência no mercado?

3. Quais são as crenças a respeito dos colaboradores identificadas na Organização A e na Organização B? Como essas crenças afetam o comportamento e a produtividade das pessoas na organização?

4. Como a maneira com que os erros são tratados nas organizações afeta a motivação dos colaboradores?

5. Como a maneira pela qual o superior hierárquico oferece *feedback*, ou seja, o retorno sobre o desempenho do colaborador, pode disparar o gatilho para determinados tipos de emoções?

Síntese

A percepção é o processo pelo qual os indivíduos selecionam, organizam, armazenam e recuperam informações. As pessoas reagem àquilo que percebem, e suas percepções nem sempre refletem a realidade objetiva. Diferentes pessoas têm diferentes interpretações e visões – inclusive contraditórias – acerca do mesmo fato ou indivíduo. As pessoas respondem às suas experiências e não à realidade objetiva. Cada pessoa percebe um objeto ou uma situação de acordo com os aspectos que têm especial importância para si própria. Além disso, não é raro que realidade pessoal seja confundida com verdade.

Com isso, toda emoção tem uma manifestação fisiológica, que implica uma série de reações, as quais variam de acordo com a característica do estímulo e do próprio organismo, que tendem a prepará-lo para uma resposta diante do estímulo ativador da emoção.

Pudemos ver que alegria, tristeza, raiva, medo, surpresa e nojo são denominados *The Big Six*, ou seja, as seis grandes emoções, que são consideradas universais, uma vez que todo ser humano, ao senti-las, mostrará sempre as mesmas expressões faciais. Assim, a mente emocional é muito mais rápida do que a mente racional, passando à ação sem parar um momento sequer para refletir sobre o que está fazendo.

Destacamos que a teoria das inteligências múltiplas é uma alternativa para o conceito de inteligência como uma capacidade inata, geral e única, que permite aos indivíduos um desempenho, maior ou menor, em qualquer área de atuação. A insatisfação de Gardner (1995) com a ideia de QI e com as visões unitárias de inteligência que enfocam, sobretudo, as habilidades importantes para o sucesso escolar, levou-o a redefinir inteligência à luz das origens biológicas da habilidade para resolver problemas.

Dessa forma, a inteligência emocional refere-se à qualidade de como a compreensão pelos próprios sentimentos, a empatia pelos outros e o controle das emoções podem modificar, para melhor, a vida de uma pessoa. Ela caracteriza a maneira como as pessoas lidam com suas emoções e com as emoções das pessoas ao seu redor. Isso implica autoconsciência, motivação, persistência, empatia e entendimento, além de características sociais como persuasão, cooperação, negociação e liderança.

Assim, podemos concluir que a inteligência emocional não é genética: essas habilidades são mais aprendidas do que inatas. Goleman (1995b) explica que possuímos duas mentes e, por conta disso, dois tipos diferentes de inteligência: a racional e a emocional. Nosso desempenho e nossos resultados na vida, seja nos aspectos pessoais ou profissionais, são determinados não apenas pelo QI, mas principalmente pela inteligência emocional. Para esse autor, o intelecto não pode dar o melhor de si sem a inteligência emocional, pois ambos são parceiros integrais na vida mental. Quando esses parceiros interagem bem, a inteligência emocional aumenta e, também, a capacidade intelectual.

Questões para revisão

1. O comportamento é o conjunto de procedimentos ou reações do indivíduo ao ambiente que o cerca em determinadas circunstâncias e pode ser influenciado por aspectos biológicos, emocionais e ambientais. O sexo, a idade, a cultura, a família e os valores são fatores que afetam diretamente o comportamento de um indivíduo. Tendo em vista essa base conceitual, marque (V) para as afirmações verdadeiras e (F) para as falsas e, em seguida, assinale a alternativa que apresenta a sequência correta:

    ( ) Crenças são estruturas linguísticas que um indivíduo assume como verdade sobre si mesmo, sobre os outros e sobre o mundo.
    ( ) As crenças são como lentes que modelam a "percepção" do indivíduo em relação ao mundo.
    ( ) As crenças sobre identidade incluem causa, significado e limites. Portanto, pode-se refletir que, ao modificar as crenças sobre sua própria identidade, de alguma maneira a pessoa muda.
    ( ) Os valores estabelecem critérios às pessoas; no entanto, não se encontram ligados à motivação.

    a) V, V, F, F.
    b) V, F, V, V.
    c) V, V, V, F.
    d) F, V, F, V.

2. Em psicologia, neurociência e ciências cognitivas, percepção é a função cerebral que atribui significado a estímulos sensoriais, por meio do histórico de vivências passadas. Por meio da percepção, um indivíduo organiza e interpreta as suas impressões sensoriais, para atribuir significado ao seu meio. Consiste na aquisição, na interpretação, na seleção e na organização das informações obtidas pelos sentidos. Ao gestor de talentos, o estudo da percepção é de extrema importância, uma vez que o comportamento das pessoas tem como base a interpretação que fazem da realidade, e não na realidade em si.

    Sobre essa questão, marque (V) para as afirmações verdadeiras e (F) para as falsas:

( ) A percepção do mundo é diferente para cada um; cada pessoa percebe um objeto ou uma situação de acordo com os aspectos que têm especial importância para si própria.

( ) A realidade para o ser humano é aquilo que ele consegue perceber, conscientemente, com seus sensores neurológicos (visão, audição, tato, paladar e olfato), filtrado ou distorcido por seus valores, crenças, significados, objetivos pessoais e estados emocionais.

( ) Não é raro que as pessoas confundam realidade pessoal com verdade.

( ) A realidade de uma pessoa, ou seja, a representação interna dessa pessoa em relação a uma situação ou fato, pode não ser a realidade ou a coisa real em si. Pode ser apenas uma maneira em que esse indivíduo interpreta o que está acontecendo na realidade exterior.

Assinale a alternativa correta:

a) V, V, F, V.
b) V, V, V, V.
c) F, F, V, V.
d) V, V, F, F.

3. Neusa trabalha há três anos no departamento de compras da empresa Lar Doce Lar. Ela gostava do seu emprego, principalmente porque o antigo chefe, João Rodolfo, era uma excelente pessoa. Há seis meses, no entanto, seu chefe foi promovido, e quem ocupou a vaga foi Adalberto Costa. Neusa afirma que seu trabalho ficou bem mais frustrante: "João Rodolfo e eu tínhamos uma empatia natural. Isso não acontece com o Costa. Ele me diz para fazer alguma coisa e eu faço. Aí, ele diz que eu fiz da forma errada. Acho que pensa uma coisa e fala outra. Tem sido assim desde o dia em que ele chegou. Acho que não há um único dia em que ele não grite comigo por alguma coisa. Sabe, tem gente com quem é fácil se comunicar. Mas Adalberto Costa certamente não é uma dessas pessoas". Ao analisar o discurso de Neusa, pode-se identificar:

I) O problema dessa situação é diretamente relacionado à falta de inteligência emocional do atual chefe, Adalberto Costa, que deveria ter mais paciência com seus funcionários.
II) Aqui existe a primeira etapa do conflito, que é a oposição potencial ou incompatibilidade.
III) Conflitos dessa natureza poderiam ser evitados, para o bem de todos na organização.
IV) É possível que a causa do conflito não fosse Adalberto Costa, mas o lócus externo de controle de Neusa.

Estão corretas as afirmações:

a) I e II.
b) II e III.
c) II e IV.
d) III e IV.

4. Qual é a função da emoção? Por que existem emoções que são consideradas básicas?

5. O que é inteligência emocional? Quais são as cinco dimensões da inteligência emocional?

Questões para reflexão

1. Existe relação entre a inteligência emocional e a produtividade de um colaborador?

2. O que a sua organização, com base nos recursos atuais disponíveis, poderia fazer para estimular o desenvolvimento de respostas emocionais inteligentes?

3. É possível reforçar um comportamento indesejado? De que maneira, em sua organização, os comportamentos indesejados dos colaboradores e dos gestores são reforçados? Quais estratégias a organização poderia adotar para eliminar o reforço a tais comportamentos?

4. Você contrataria um gerente com lócus de controle externo? Qual seria o impacto das ações desse gerente em sua equipe e nos resultados organizacionais?

Para saber mais

CONFLITO no cérebro. Audiovisual. Disponível em: <http://www.youtube.com/watch?v=mQz9HaBxJKs&feature=related>. Acesso em: 2 dez. 2011.

12 HOMENS e uma sentença. Direção: Sidney Lumet. EUA: Fox, 1957. 93 min.

2. Relações interpessoais

Conteúdos do capítulo:

- As relações humanas e a comunicação;
- A linguagem proativa e os resultados organizacionais;
- A acuidade auditiva e a comunicação interpessoal eficaz;
- O comportamento conflituoso;
- Fatores envolvidos na incompatibilidade de comportamentos;
- Conflitos: conceitos e tipos de conflitos;
- O processo dos conflitos;
- Situações de conflito e formas de enfrentá-las;
- A mediação de conflitos;
- Técnicas de estímulos de conflitos;
- Os paradigmas da interação humana e a gestão de conflitos;
- Criatividade e gestão de conflitos;
- A atmosfera social e a criatividade na gestão de conflitos.

Após o estudo deste capítulo, você será capaz de:

- compreender o processo de comunicação;
- identificar as barreiras à comunicação eficaz;
- utilizar a linguagem proativa para obter resultados positivos;
- compreender o comportamento conflituoso e os seus custos para a organização;
- identificar as origens do conflito;
- compreender o processo de conflito, bem como suas consequências funcionais e disfuncionais;
- estimular conflitos para manifestar talentos e potencializar a criatividade e o desenvolvimento do grupo e da organização.

O primeiro capítulo tratou dos elementos que compõem o modelo de mundo de um indivíduo e o quanto esse modelo constitui-se como guia para a tomada de decisões em todas as esferas da sua vida. Compreendemos que temos a opção de escolher as respostas comportamentais que podemos dar, ou seja, que entre um estímulo e um comportamento existe uma escolha. Neste capítulo, vamos identificar como esses aspectos impactam direta e profundamente nas relações interpessoais.

Este capítulo tem como foco principal as relações que acontecem entre as pessoas. Começaremos o estudo pelo conceito de comunicação e, após, pelo processo de comunicação. Vamos relacionar as barreiras à comunicação eficaz. Você conhecerá a linguagem proativa e o quanto ela afeta os resultados organizacionais. Ressaltaremos a importância de saber ouvir para o sucesso na comunicação. Na sequência, você é convidado a refletir sobre os comportamentos conflituosos, como estes se originam, quais são os tipos de conflitos e, por fim, como utilizá-los para estimular os talentos e potencializar os resultados organizacionais.

2.1 As relações humanas e a comunicação

A comunicação está para a organização assim como o sangue está para o corpo humano. O sangue leva os nutrientes para todo o organismo; por meio dele, pode-se detectar patologias profundas em um indivíduo. Assim é a comunicação nas organizações: ela pode gerar vida, sinergia, satisfação, aprendizado, oportunidades, mas também pode conduzir a conflitos disfuncionais, resistências, barreiras emocionais e toda sorte de patologias, como a ineficiência e a ineficácia organizacional.

Para Robbins (2002), a comunicação pode ser entendida como um processo ou fluxo e os problemas de comunicação ocorrem quando acontecem desvios ou bloqueios nesse processo, que é um modelo composto de sete elementos:

FONTE/EMISSOR → CODIFICAÇÃO → MENSAGEM → CANAL → DECODIFICAÇÃO → RECEPTOR → *FEEDBACK*

Resumidamente, cada um desses elementos pode ser entendido da seguinte maneira:

- **Fonte/emissor** – Inicia a mensagem pela codificação de uma ideia.
- **Codificação** – Conversão de uma mensagem em um formato simbólico, ou seja, um grupo de símbolos, que podem ser palavras, imagens, sons, cores, números, gestos etc.
- **Mensagem** – É o que é comunicado, o conteúdo da comunicação.
- **Canal** – É a mídia (meio) pela qual a mensagem é transmitida.
- **Decodificação** – É a interpretação da mensagem conforme o modelo mental do receptor.
- **Receptor** – É quem recebe a mensagem.
- **Círculo de** *feedback* – É o elo final do processo de comunicação; o *feedback* devolve a mensagem ao sistema para verificar sua compreensão.

Acreditamos que esse esquema já seja conhecido por boa parte dos leitores. Na gestão de talentos, dois aspectos em relação à comunicação chamam a atenção: o **cuidado** que se deve tomar com as barreiras à comunicação interpessoal eficaz e a **ação** imperativa de se criar, desenvolver, difundir e manter a cultura da linguagem proativa, ou seja, aquela com base no lócus de controle interno e no círculo de influência dos colaboradores.

2.1.1 Barreiras à comunicação interpessoal eficaz

Comunicar, tanto na vida pessoal quanto na organização, é mais do que uma técnica: é uma arte. Isso porque existem várias barreiras intra e interpessoais que afetam a comunicação e distorcem o significado da mensagem e, assim, nem sempre a intenção do emissor é captada pelo receptor. A comunicação é o resultado que ela produz, e esse resultado ocorre com base no que é entendido pelo receptor. Você verá, na Figura 2.1, adaptada de Robbins (2002), algumas das barreiras à comunicação eficaz que podem produzir efeitos desastrosos nas organizações.

Podemos perceber, então, que o significado da comunicação é a resposta que o emissor desperta no receptor. Muitas vezes, ouvimos chefes reclamarem que seus funcionários não se atentam aos comandos (lócus externo). A questão aqui é convidá-los a refletir sobre como eles estão realizando o processo de comunicação.

Em comunicação também vale o pensamento de que, se mudarmos os estímulos, estaremos alterando as respostas.

2.1.2 A linguagem proativa e os resultados organizacionais

> *Os problemas significativos com os quais nos deparamos não podem ser resolvidos no mesmo nível de pensamento em que estávamos quando eles foram propostos.*
>
> Albert Einstein (A casa do aprendiz, 2012)

Agora que você conhece os conceitos de inteligência emocional e lócus de controle, é hora de aplicá-los à comunicação por meio do conhecimento, do desenvolvimento e da difusão da linguagem proativa na organização. Essa linguagem promove o exercício da liderança e pode ser agregada à cultura organizacional.

O desenvolvimento de pessoas está estreitamente relacionado à proatividade dos colaboradores. A linguagem utilizada por gestores e colaboradores oferece um mapa de quanto o nosso corpo social está reativo, ou o quanto os colaboradores se percebem proativos em relação aos desafios pessoais e organizacionais. Você poderá observar exemplos no Quadro 2.1.

Quadro 2.1 – **Linguagem reativa e proativa**

Linguagem reativa	Linguagem proativa
"Não há nada que eu possa fazer."	"Vamos procurar alternativas."
"Sou assim e pronto."	"Posso tomar outra atitude."
"Posso tomar outra atitude."	"Posso controlar meus sentimentos."
"Eles nunca vão aceitar isso."	"Vou buscar uma apresentação eficaz."
"Tenho de fazer isso."	"Preciso achar a reação apropriada."
"Não posso."	"Eu escolho."
"Eu não tenho escolha."	"Eu prefiro."
"Ah, se eu pudesse..."	"Eu vou fazer!"

Fonte: Adaptado de Covey, 2008, p. 100.

Figura 2.1 – Barreiras à comunicação

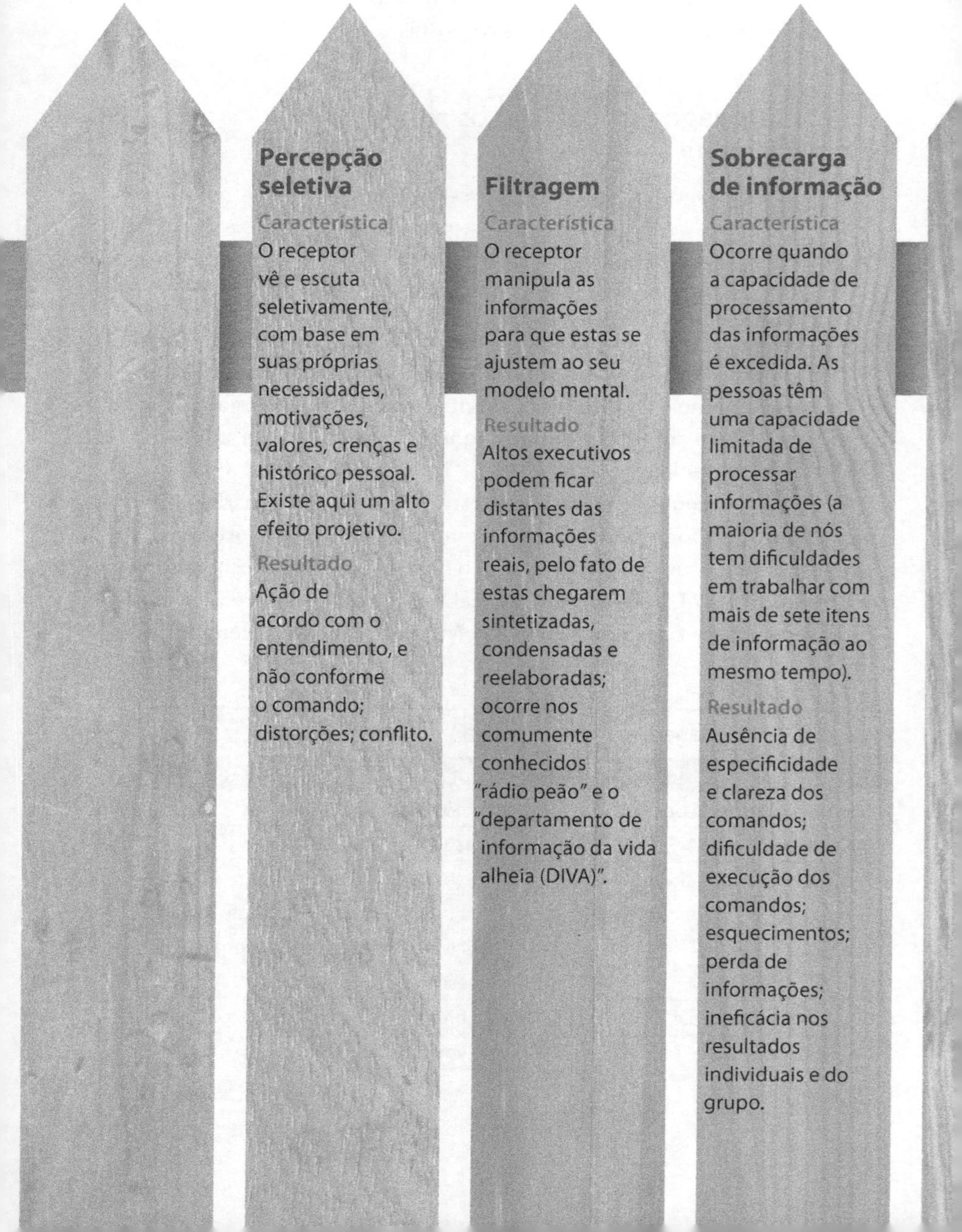

Percepção seletiva

Característica
O receptor vê e escuta seletivamente, com base em suas próprias necessidades, motivações, valores, crenças e histórico pessoal. Existe aqui um alto efeito projetivo.

Resultado
Ação de acordo com o entendimento, e não conforme o comando; distorções; conflito.

Filtragem

Característica
O receptor manipula as informações para que estas se ajustem ao seu modelo mental.

Resultado
Altos executivos podem ficar distantes das informações reais, pelo fato de estas chegarem sintetizadas, condensadas e reelaboradas; ocorre nos comumente conhecidos "rádio peão" e o "departamento de informação da vida alheia (DIVA)".

Sobrecarga de informação

Característica
Ocorre quando a capacidade de processamento das informações é excedida. As pessoas têm uma capacidade limitada de processar informações (a maioria de nós tem dificuldades em trabalhar com mais de sete itens de informação ao mesmo tempo).

Resultado
Ausência de especificidade e clareza dos comandos; dificuldade de execução dos comandos; esquecimentos; perda de informações; ineficácia nos resultados individuais e do grupo.

Inconsistência da mensagem

Característica
Ocorre quando o emissor é prolixo ao enviar a sua mensagem, ou seja, quando esta carece de foco e de objetividade.

Resultado
Inconsistência; distorções; frustrações.

Linguagem/semântica

Característica
As palavras têm significados diferentes para as pessoas, e o significado das palavras encontra-se no receptor, não no emissor. O emissor tende a assumir que as palavras e os termos utilizados por ele têm o mesmo significado para o receptor, o que cria dificuldades na comunicação.

Resultado
Desentendimentos; conflitos; reações emocionais adversas.

Jargões

Característica
Terminologia especializada ou linguagem técnica que membros de um grupo utilizam para facilitar a comunicação entre si.

Resultado
Os jargões tornam incompreensível a decodificação eficaz da mensagem; distorções perceptivas; medo; insegurança; sensação de ignorância.

Falta de atenção

Característica
Ocorre quando o indivíduo está com sua mente fora do foco da mensagem, absorvido por sons e imagens internas ou externas. Ausência de acuidade sensorial e auditiva.

Resultado
Promove a dificuldade na criação de vínculos entre as pessoas; constrói barreiras, ao invés de pontes.

Fonte: Adaptado de Robbins, 2002, p. 278-280.

É importante observar que a linguagem reativa é totalmente baseada em operadores modais de necessidade e de impossibilidade. É como a mente expressa a representação que faz da situação. A linguagem reativa promove estados internos enfraquecedores de recursos, tais como desânimo, apatia, tristeza, sensação de derrota etc. Essa linguagem deriva de um paradigma básico do determinismo; seu espírito consiste na transferência da responsabilidade para outrem: "eu não sou responsável, não sou capaz de escolher minha reação". Fica evidente a relação, aqui, com o lócus de controle externo. Por outro lado, **colaboradores talentosos procuram cultivar a linguagem da possibilidade, ou seja, a linguagem proativa**. Essa linguagem expressa uma visão mental de alternativas, de possibilidades e de escolha. Colaboradores flexíveis observam tais possibilidades e acabam por enfocar a solução, não os problemas.

Gerenciar talentos é apostar e investir na criatividade e no fortalecimento da proatividade das pessoas. Isso também é uma questão de valor para a organização e, por isso, pode ser incorporado ou não à cultura organizacional.

2.1.3 A acuidade auditiva e a comunicação interpessoal eficaz

Somos repetidamente o que fazemos.
A excelência, portanto, não é um feito, mas um hábito.
Aristóteles (UOL, 2012b)

Não é raro os líderes acreditarem que um bom comunicador é aquele que fala bem, que se expressa com precisão, que domina as artes da oratória e da retórica. Se a arte de falar em público é chave de ouro para a comunicação, saber ouvir é, sem dúvida, a chave de platina. Tão preciosa para uma comunicação eficaz, talvez até mais do que de falar, é a suprema arte de ouvir. Ouvir o que uma pessoa tem a dizer é uma das grandes declarações e reconhecimentos de valor que podemos oferecer a essa pessoa. Quando um colaborador se sente ouvido pelo chefe, o que na realidade o chefe está comunicando é: "Você é importante. O que você fala tem valor, por isso vou parar o que estou fazendo e prestar atenção ao que você tem a me dizer".

No entanto, a questão é:
Você sabe ouvir?

Em primeiro lugar, ouvir demanda uma escolha, significa dominar a própria ansiedade em se expressar e aguardar, até o fim, o que a pessoa tem a falar; significa deixar de lado as próprias crenças sobre aparência e relevância e aceitar as diferenças. O fato de uma pessoa cometer alguns deslizes "no português" não significa que o que ela está dizendo não tem importância. Ao contrário, sua fala pode trazer a resolução de um impasse ou problema.

Para ouvir com eficácia:

- interesse-se sinceramente pelo que a pessoa está falando;
- seja "todo ouvidos" – ouça com os olhos, com a postura, com todo o seu corpo;
- aguarde a pessoa terminar de falar, mesmo que a princípio isso lhe custe um exercício de paciência, pois o resultado vale a pena;
- respeite as diferenças de opiniões e argumente. Posicione-se, mas lembre-se de que, assim como você, a outra pessoa tem o direito de ter suas preferências e escolhas;
- a audição é seletiva; portanto, procure verificar seu entendimento sobre o que a pessoa está falando;
- cuide do seu tom de voz mais do que com as palavras, pois ele, juntamente com a sua postura, terá o maior impacto na comunicação;
- coloque-se no lugar da outra pessoa – como você se sentiria se alguém falasse com você de maneira ríspida?;
- ao entrar em uma discussão, ofereça argumentos, vença pela inteligência, jamais "pelo grito".

> Saber ouvir significa deixar de lado as próprias crenças sobre aparência e relevância e aceitar as diferenças.

Colaboradores com acuidade auditiva tendem a diminuir as distorções das mensagens, procuram verificar seu entendimento e melhoram sensivelmente todos os níveis de seus relacionamentos.

2.2 O comportamento conflituoso

> *Por que não há conflitos nesta reunião?*
> *Alguma coisa está errada quando não há conflitos.*
> M. Eisner (citado por White; Hodgson; Craines, 1998, p. 72)

Uma incompatibilidade comportamental ocorre quando as ações de uma pessoa não satisfazem as expectativas de outra, e isso se dá porque cada pessoa vê o mundo à sua maneira, sob pontos de vista, valores, crenças e motivos diferentes. Para entender em que consiste o conflito, é fundamental identificar o movimento, o que o leva a acontecer. Para agir em uma situação de conflito, em primeiro lugar é necessário identificar e compreender o que cada uma das partes deseja. Apenas a partir desse passo será possível gerenciar uma situação conflituosa, com resultado positivo para ambas as partes. Caso contrário, o resultado será a criação de fissuras, desentendimentos e reações emocionais disfuncionais, nada recomendáveis para o ambiente organizacional.

Quando se identifica a razão pela qual um comportamento conflituoso está sendo produzido, é possível propor intervenções que conduzam a um resultado positivo. Tais mudanças, de acordo com Mann (1995), podem assumir diversas formas, desde contribuir para que o subordinado modifique seu comportamento, sua maneira de realizar o trabalho, até mesmo, quando necessário, chegar a um acordo em relação ao desligamento desse funcionário.

> **Para agir em uma situação de conflito, em primeiro lugar é necessário identificar e compreender o que cada uma das partes deseja.**

2.2.1 Os custos associados ao comportamento conflituoso

Quantas vezes você já se deparou com um comportamento conflituoso em uma organização?

O quanto esse comportamento gerou frustração, associada a emoções como tristeza, medo e raiva entre as partes envolvidas?

Existe uma razão financeira, além da humana, para que as organizações trabalhem tais comportamentos conflituosos?

Uma incompatibilidade comportamental, como explica Mann (1995), pode ocasionar custos severos à organização, por conta da rotatividade de pessoal, de falhas de execução e de menor produtividade, assim como pelo moral baixo e pela baixa autoestima dos colaboradores. Ainda que, em determinado nível, a rotatividade de pessoal seja saudável à organização, uma vez que estimula novas ideias por pessoas desprovidas de crenças limitantes quanto ao desempenho da empresa, por outro lado, produz custos financeiros relacionados aos desligamentos, substituições e treinamentos dos novos colaboradores. O Quadro 2.2 oferece maior detalhamento dessa situação.

Devemos lembrar também que constam, como custos adicionais, questões relacionadas ao último pagamento do colaborador e ao seguro-desemprego, que lhe é devido. A rotatividade pode promover custos insidiosos que, por sua vez, podem ter impacto na relação com clientes e na imagem da organização.

Quadro 2.2 – **Custos de rotatividade**

Custos	Atividades
Desligamento	Entrevistas de desligamento. Administração. Arquivamento de documentos.
Substituição	Anúncios de recrutamento. Funções administrativas de pré-contratação. Organização de documentos. Entrevistas de seleção. Testes de empregos. Reuniões para análise dos candidatos.
Treinamento	Material de treinamento. Seminários. Treinamentos individuais. Salários e benefícios de um colaborador que ainda não oferece retorno à organização.

Fonte: Adaptado de Mann, 1995, p. 16-18.

2.3 O custo da organização ineficaz

Uma organização ineficaz apresenta custos que poderiam ser evitados facilmente. Esses custos são relativos ao **retrabalho**, que drena recursos, produz desperdício e, portanto, diminui a produtividade. O **moral baixo** é outro custo que, embora difícil de ser mensurado, também provoca efeitos na produtividade.

2.3.1 O custo do retrabalho e a redução de produtividade

Quando gerentes e supervisores "gastam" – observe que não estamos utilizando a palavra *investem* – tempo e energia lidando com situações causadas por comportamentos conflituosos disfuncionais, estão deixando de investir esse mesmo tempo e energia em ações que teriam impacto na proatividade e na produtividade da organização. Crosby, citado por Mann (1995, p. 19), um renomado educador e autoridade no campo de melhoria da qualidade nas organizações, atenta para o preço da **não conformidade**, ou seja, o preço pago por não fazer certo da primeira vez. Os exemplos são diversos em uma organização: desperdícios, alteração de ordens, repetição de testes, refugos, reelaboração, replanejamento, juros de contas pagas com atraso, tempo ocioso de maquinário e manutenção. Esse autor assinala que é consumida uma porcentagem estimada entre 25% e 40% do orçamento de operação da empresa para refazer as atividades. Portanto, cuidar dos conflitos disfuncionais é imperativo para a saúde organizacional. Sabemos que são necessários apenas alguns segundos para se cometer um erro, mas leva-se horas para corrigi-lo. Embora todos os funcionários cometam erros ocasionais, quando são tomados de um comportamento conflituoso, os custos adicionais aumentam, por esbarrarem em significativas questões emocionais, com desdobramentos comportamentais.

> Sabemos que são necessários apenas alguns segundos para se cometer um erro, mas leva-se horas para corrigi-lo.

2.3.2 O moral baixo e a baixa autoestima

Embora seja difícil mensurar em números os custos relacionados ao moral baixo, este pode levar ao desenvolvimento de uma crença na incompetência e, por consequência, à grande desmotivação e ao descomprometimento. Por exemplo, um gerente pode se perguntar: "Como posso me considerar um gerente eficiente, se não consigo lidar com esse funcionário?" ou então "É incrível o tempo que perco com isso! Até quando estou fora da empresa me pego martelando esse problema!".

2.4 Fatores envolvidos na incompatibilidade de comportamentos

Apontamos três fatores principais que podem causar ou contribuir para a existência de um comportamento conflituoso: **fatores individuais, fatores psicológicos e fatores organizacionais**. Esses fatores são a base para a produção dos conflitos que ocorrem no âmbito interpessoal, no da tarefa ou no da estrutura da organização. Nesse sentido, observe o Quadro 2.3.

Quadro 2.3 – **Fatores que podem causar conflitos**

Fatores	Gatilho
Individuais	Conhecimentos. Habilidades. Aptidão inata. Experiência de vida.
Psicológicos	Autoestima. Personalidade. Atitudes. Motivação.
Organizacionais	Estrutura organizacional. Liderança. Recursos (materiais e equipamentos). Planos, programas e procedimentos da empresa. Clima organizacional.

Fonte: Adaptado de Mann, 1995, p. 29.

Com isso, podemos nos fazer algumas perguntas:
O conflito pode oferecer uma inesgotável fonte de desenvolvimento para as pessoas e para as organizações?
Existe um lado positivo nos conflitos?
Como estimular conflitos para desenvolver os talentos na organização?

Conflitos podem, é claro, significar problemas sérios nas organizações: eles podem promover situações caóticas que tornam impossível o trabalho em grupo e, por consequência, afetam o alcance dos objetivos. Contudo, existe outra forma de se abordar o conflito, com resultados altamente positivos, em que este promove movimento, crescimento e mudanças, potencializando e otimizando os resultados organizacionais. Acredite: isso é realmente possível em uma organização que realiza a **gestão de seus talentos**.

2.5 Conceito de conflito

Não tenha medo de conflitos. Às vezes até as estrelas se chocam, é assim que surgem novos mundos.
Charles Chaplin (PNL Portugal, 2012)

Segundo Moscovici (2008), as pessoas percebem, pensam, sentem e agem de maneiras distintas e dessas percepções singulares é que surge o conflito: na medida em que essas diferenças comportamentais se confrontam e demandam enfrentamento. A princípio, essas diferenças não podem ser consideradas boas ou más, pois propiciam grande riqueza de possibilidades, de formas de reagir a situações e problemas.

Em grupos de trabalho em geral, as discordâncias podem conduzir a discussões, tensões, insatisfações e conflitos abertos, ativando sentimentos e emoções e transformando o clima emocional do grupo. Hampton (1991) parece ratificar esse ponto de vista ao afirmar que o conflito pode surgir da experiência de frustração de uma ou de ambas as partes, de sua incapacidade de atingir uma ou mais metas. De acordo com o autor, o que ocorre nos conflitos é que a parte frustrada interpreta a situação, projetando suas consequências e passando, então, a comportar-se conforme a situação imaginada. Em contrapartida, a outra parte envolvida reage a esse comportamento, baseando-se em suas próprias percepções e conceituações da situação, que podem ser bem diferentes das imaginadas pela primeira parte.

Podemos encontrar muitas definições para conflito, mas elas costumam ter alguns elementos em comum. Para Robbins (2002, p. 373), conflito "é um processo que tem início quando uma das partes percebe que a outra parte afeta ou pode afetar, negativamente, alguma coisa que a primeira considera importante". Abbagnano (2000, p. 173) considera o conflito como uma "contradição, oposição, luta de princípios, propostas e atitudes". Esse mesmo autor apresenta um conceito desenvolvido pelo filósofo escocês David Hume (1711-1776), que preconizava a existência de conflito em um nível essencialmente interno, entre a razão e o instinto: o instinto leva a crer; a razão coloca em dúvida aquilo em que se crê.

Para Dilts (2008), o conflito é definido como "um estado de desarmonia entre pessoas, ideias ou interesses incompatíveis ou opostos". Esse autor considera o conflito no nível psicológico como uma "luta mental", que pode ter raízes em processos que a própria pessoa desconhece, ou seja, algumas vezes inconscientes, e que resulta quando representações diferentes do mundo são mantidas em oposição ou exclusividade. Na visão do autor, os conflitos podem ser internos – aqueles que acontecem dentro da pessoa, seja por conta de interesses que se opõem, seja fruto da dissonância cognitiva –, ou interpessoais, isto é, com as outras pessoas.

2.5.1 Os conflitos internos

Os conflitos internos, segundo Dilts (2004, p. 241), ocorrem entre partes diferentes da experiência humana e em vários níveis. Eles podem acontecer em relação aos comportamentos: um supervisor pode, por um lado, querer repreender o comportamento de um colaborador e, por outro, temer as reações emocionais e os resultados interpessoais dessa repreensão. Os conflitos também podem dar-se entre várias capacidades, como entre a criatividade e o protecionismo.

Crenças ou valores conflitantes também produzem conflitos internos. Um colaborador almeja uma promoção, mas, por outro lado, em seu íntimo, não se considera competente o suficiente para assumir as demandas do novo cargo ou da nova função. Os

> Os conflitos internos podem ocorrer em relação aos papéis que um indivíduo desempenha.

conflitos internos também podem ocorrer em relação aos papéis que um indivíduo desempenha: ele pode experimentar conflitos entre seus deveres, por exemplo, como pai e como esposo, por um lado, e como profissional, por outro.

2.5.2 Os conflitos interpessoais

Os conflitos interpessoais, de forma geral, são causados em função das diferenças dos mapas de realidade. Como vimos no capítulo sobre percepção, as suposições básicas, crenças e valores sobre o mundo se agrupam para criar modelos diferentes da realidade. Dilts (2004, p. 241) informa que, quando esses modelos ou mapas não contêm mecanismos para reagir criativamente às "turbulências" com os outros mapas, a energia é liberada na forma de discórdias, disputas, lutas ou outras formas de conflito. É exatamente por essa razão que, ao se abordar a gestão de talentos, os processos de negociação, de mediação e de arbitragem são fundamentais para gerenciar conflitos interpessoais, de modo a conduzir tais conflitos a tornarem-se funcionais; isso para que a cultura de conflito possa estar associada ao crescimento do grupo, e não a mágoas ou resistências pessoais.

Leme (2004) parece corroborar com esse pensamento e acrescenta que a gestão dos conflitos interpessoais é uma situação que mobiliza conjuntamente recursos cognitivos e afetivos, facilitando a compreensão de como esses aspectos interagem na regulação da conduta. A autora compreende *conflito interpessoal* como o conflito social existente em situações de interação social de confronto, desacordo e frustração – as quais são desencadeadoras de afetos negativos –, que pode ser resolvido de forma violenta ou pacífica, dependendo, justamente, dos recursos cognitivos e afetivos e dos contextos sociais em que ocorrem.

Você já se viu envolvido em um conflito do tipo C? Temos certeza que de algum conflito do tipo A você não tenha conseguido escapar! Dubrin (2003) considera os conflitos que envolvem questões palpáveis como conflitos do tipo C – *cognitivo*: aqueles que se referem a questões concretas e tangíveis e que podem ser revolvidos de forma intelectual. Por outro lado, existem também os conflitos de tipo A – *afetivo*: que envolvem orientações pessoais, indicando que se referem a questões eminentemente subjetivas e que podem ser resolvidas de maneira mais emocional do que racional. Com isso, podemos observar a atuação tanto do cérebro racional quanto do cérebro emocional, nas questões que envolvem os conflitos. Alguns conflitos apresentam uma carga emocional suficiente para levar as pessoas envolvidas a situações de estresse.

Aqui, porém, convidamos você a trabalhar na gestão de talentos, com definição de conflito adaptada de Moscovici (2008): é um estado de tensão que produz uma mobilização para operar mudanças e obter melhores resultados.

Por que ocorrem conflitos nas organizações? O estresse, o medo de mudanças, as falhas na comunicação e as diferenças de personalidade são fatores que podem desencadear conflitos no ambiente de trabalho. Sempre que existir uma diferença de objetivos, ou até mesmo de prioridades, existirá um conflito. Contudo, acredite: os conflitos são naturais e até mesmo desejáveis. Se não existissem conflitos em uma empresa, isso provavelmente significaria que os colaboradores estão acomodados e sem real interesse em suas funções.

2.5.3 Transições na conceituação de conflito

Robbins (2002, p. 374) afirma que "seria totalmente apropriado dizer que tem havido conflitos com relação ao papel dos conflitos nos grupos e na organização". Para o autor, o conceito de conflito passa por três vertentes: a visão tradicional, a visão das relações humanas e a visão interacionista. Na visão tradicional, que prevalecia nas décadas de 1930 e 1940, o conflito era visto como uma disfunção resultante das falhas de comunicação e da falta de entendimento entre as pessoas. Para os paradigmas da visão tradicional, o conflito deve ser evitado, pois, se ele existe, algo definitivamente não vai bem. A segunda vertente, a visão das relações humanas, postula que conflitos são inerentes à condição humana e, portanto, inevitáveis em qualquer grupo. Para essa abordagem, o conflito não é necessariamente ruim, podendo até ser uma força positiva no desempenho do grupo. A terceira e mais recente abordagem adota a visão interacionista[1] de conflito. Nessa perspectiva, o conflito não

---

1 Para uma revisão abrangente da abordagem interacionista, você pode consultar a obra de Dreu e Vliert (1997).

apenas pode ser uma força positiva, mas é **absolutamente necessário para o desempenho eficaz do grupo** (veja a demonstração no Quadro 2.4).

Não poderíamos afirmar, aqui, que os conflitos são bons ou são ruins, pois essa seria uma avaliação ingênua e simplista. Nesse sentido, adotamos, para este estudo, a visão internacionalista de conflito, passando, agora, à identificação da natureza dos conflitos.

Quadro 2.4 – **Visões de conflitos**

Visão	Características
Visão tradicional	Todo conflito é ruim; considerado contraproducente, é sinônimo de violência, destruição e irracionalidade; o conflito é, por definição, prejudicial para a organização e deve ser evitado.
Visão das relações humanas	O conflito é uma ocorrência natural nos grupos e há ocasiões em que pode até ser benéfico.
Visão interacionista	Acredita que um grupo demasiadamente harmonioso, pacífico e cooperativo está na iminência de tornar-se apático e sem condições de responder às necessidades de mudança e de inovação; encoraja os líderes a manter um nível mínimo constante de conflitos.

Fonte: Adaptado de Robbins, 2002, p. 374-375.

2.5.4 Conflitos funcionais e conflitos disfuncionais

Para a visão interacionista, é muito importante distinguir os conflitos que apoiam os objetivos do grupo, chamados de *conflitos funcionais*, dos conflitos que atrapalham o desempenho do grupo, chamados de *conflitos disfuncionais*. **Os conflitos funcionais são poderosos promotores de mudanças positivas**, uma vez que geram ideias, criam novas oportunidades, produzem movimento e inovação. Também aprimoram a qualidade das decisões, estimulando a criação de um ambiente de autoavaliação e mudanças. Dessa maneira, podemos perceber o quanto os conflitos funcionais estão intimamente relacionados à melhoria nos indicadores de produtividade. Por outro lado, **os conflitos disfuncionais promovem barreiras emocionais**, agressividade e afetam negativamente o desempenho do grupo – são as formas destrutivas de conflito. Os conflitos disfuncionais atrapalham o desempenho do grupo, pois têm como base a ausência de respeito, a agressão e a violência. Como resultado, todos os envolvidos na questão perdem. Eles podem levar, em casos extremos, até mesmo à destruição do grupo. Observe a Figura 2.2.

Figura 2.2 – **Tipos de conflitos e suas implicações**

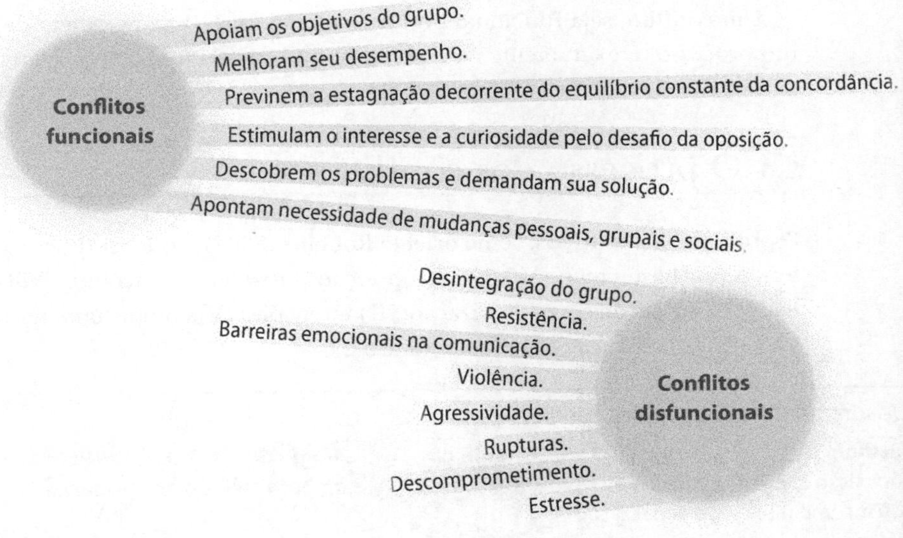

Conflitos funcionais
- Apoiam os objetivos do grupo.
- Melhoram seu desempenho.
- Previnem a estagnação decorrente do equilíbrio constante da concordância.
- Estimulam o interesse e a curiosidade pelo desafio da oposição.
- Descobrem os problemas e demandam sua solução.
- Apontam necessidade de mudanças pessoais, grupais e sociais.

Conflitos disfuncionais
- Desintegração do grupo.
- Resistência.
- Barreiras emocionais na comunicação.
- Violência.
- Agressividade.
- Rupturas.
- Descomprometimento.
- Estresse.

Fonte: Elaborado com base em Robbins, 2002, p. 375

Assim, podemos nos questionar:
O que diferencia os conflitos funcionais dos conflitos disfuncionais?
Para esclarecer, Robbins (2002) nos provoca a identificar o tipo de conflito com o qual estamos lidando. Segundo o autor, existem três tipos de conflitos: de tarefa, de relacionamento e de processo, os quais são oriundos dos comportamentos conflituosos produzidos por questões individuais e/ou psicológicas, ou relacionados aos processos organizacionais. Veja o Quadro 2.5.

Quadro 2.5 – **Tipos de conflito**

Tipos	Características
Relacionamento	Conflito com base nas relações interpessoais.
Tarefa	Conflito relacionado a conteúdo e objetivos do trabalho.
Processo	Conflito relacionado à forma como o trabalho é realizado.

Fonte: Elaborado com base em Robbins, 2002, p. 375.

Um conflito, seja funcional ou disfuncional, instala-se por meio de um processo. É exatamente esse processo que passaremos a apresentar na sequência.

2.6 O processo dos conflitos

O processo dos conflitos, como orienta Robbins (2002), pode ser descrito tendo por base cinco estágios: I) oposição potencial ou incompatibilidade; II) cognição e personalização; III) intenções; IV) comportamento; e V) consequências. Observe o Quadro 2.6.

Quadro 2.6 – **O processo dos conflitos**

Estágio I: oposição inicial ou incompatibilidade	Estágio II: cognição e personalização	Estágio III: intenções	Estágio IV: comportamento	Estágio V: consequência
Condições antecedentes: • comunicação; • estrutura; • variáveis pessoais.	Conflito percebido	Intenções para a administração de conflitos: • competição; • colaboração; • compromisso; • não entendimento; • acomodação.	Conflito aberto: • comportamento das partes; • reação dos outros.	Melhoria no desempenho
	Conflito sentido			Piora no desempenho

Fonte: Elaborado com base em Robbins, 2002, p. 376.

2.6.1 Estágio I: oposição inicial ou incompatibilidade

No estágio I, encontramos a presença de condições que criam oportunidades para a produção de conflitos, mas que não precisam necessariamente levar ao conflito. No entanto, ao menos uma das seguintes condições deve existir para que ele aconteça: comunicação, estrutura ou processos organizacionais e variáveis pessoais.

a) Comunicação
   Observe o caso a seguir:

> "Definitivamente as pessoas desta empresa não sabem o que querem! Meu chefe me pede uma coisa, aí eu faço; ele me diz que pediu outra e que eu entendo tudo errado! Aí eu vou e faço o que me foi solicitado, mas nunca está bom! Na empresa que eu trabalhava antes, isso nunca acontecia! Não dá para agradar essa gente daqui!"

Esse é um exemplo potencial que envolve barreiras emocionais na comunicação, produzidas tanto por uma distorção perceptiva, que é o **efeito de contraste**, quanto pela evidência de um lócus de controle externo por parte da funcionária. Além do mais, o potencial de conflito aumenta quando existe escassez ou excesso de informações.

b) Estrutura
   Observe o caso a seguir:

> Carmina e Tertuliana trabalham na CasaNova, uma grande loja de departamentos especializada em mobiliários. Carmina é vendedora da loja e Tertuliana é gerente de crédito. As duas se conhecem há muitos anos e têm muitas coisas em comum: são vizinhas de bairro e suas filhas mais velhas são colegas de escola e amigas íntimas. Na verdade, se Carmina e Tertuliana tivessem empregos diferentes, poderiam ser amigas, mas estão constantemente em guerra uma com a outra. O trabalho de Carmina é vender móveis, e ela é excelente nisso. No entanto, a maioria das suas vendas é feita a crédito. Como a função de Tertuliana é minimizar as possíveis perdas da empresa com crediários, frequentemente ela recusa os pedidos de crédito dos clientes de Carmina. Não há nada de pessoal nessa disputa, apenas exigências dos cargos, que são a fonte dos conflitos.

Fonte: Adaptado de Robbins, 2002, p. 376.

Esse é um exemplo de conflito de natureza estrutural. Os grupos inseridos em uma organização possuem metas e objetivos diferentes. Se tais objetivos e metas entrarem em rota de colisão, teremos os conflitos estruturais. Robbins (2002) observa que, quanto maior for a ambiguidade na definição das responsabilidades pelas ações, maior a probabilidade de surgirem conflitos. Tais ambiguidades fomentam a luta interna no grupo pelo controle de recursos e territórios. Observe também o impacto da análise e da descrição de cargos, bem como o mapeamento de competências na geração de conflitos estruturais.

O estilo rígido de liderança, a exemplo de uma observação atenta e constante, aliada ao controle rigoroso do comportamento dos colaboradores, também pode aumentar significativamente o potencial de conflito. No entanto, Robbins (2002) explica que a participação das pessoas nas decisões também encoraja a promoção de diferenças. A questão aqui é acertar na dose entre um aspecto e outro.

c) Variáveis pessoais

Determinados tipos de personalidade, assim como indivíduos altamente beligerantes, autoritários, dogmáticos ou excessivamente sistemáticos ou, por outro lado, aqueles com baixa autoestima, tendem a produzir conflitos, como observa Robbins (2002). Portanto, as diferenças na estrutura de crenças e no sistema de valores das pessoas são uma fonte altamente potencializadora de conflitos.

2.6.2 Estágio II: cognição e personalização

As emoções desempenham papel importante na percepção dos conflitos. Se, por exemplo, as condições mencionadas anteriormente afetarem negativamente o interesse de umas das partes, o potencial de oposição ou incompatibilidade se estabelece nesse segundo estágio. O conflito está diretamente relacionado ao fator **percepção**, ou seja, só existe conflito se uma das partes envolvidas for afetada e estiver consciente disso, como explica Robbins (2002). Assim, é importante diferenciar conflito percebido de conflito sentido.

O **conflito percebido** é aquele em que uma das partes envolvidas tem a consciência da existência das condições que produzem oportunidades para o surgimento de um conflito. No entanto, o fato de um conflito ser percebido não significa que ele será personalizado. Por exemplo: Maria pode estar consciente de que ela e João estão em sério desacordo sobre uma questão que envolve a contratação de um funcionário. No entanto, isso não deixa Maria tensa ou ansiosa e não promove nenhum impacto na afeição que nutre por João.

Por outro lado, é no nível do sentimento, no campo das emoções, que as partes experimentam ansiedade, medo, frustração e hostilidade; e é onde aparece o conflito sentido. O **conflito sentido** é aquele em que as partes se envolvem emocionalmente, gerando uma profusão de emoções voltadas ao medo, à tristeza ou à raiva, ou seja, perda, perigo, obstáculos ou invasão de território.

2.6.3 Estágio III: intenções

De acordo com Robbins (2002), as intenções encontram-se em um "estágio" entre as percepções, as emoções e o comportamento. Com isso, podemos nos questionar: Por que separar as intenções em um estágio próprio? A questão é que, muitas vezes, é importante inferirmos as intenções dos outros para sabermos como "responder" a seus comportamentos.

Veja o Quadro 2.7.

Quadro 2.7 – **As intenções primárias na administração de conflitos**

Intenções	Manifestações
Competir	Desejo da pessoa em satisfazer seus próprios interesses, independentemente do impacto sobre a outra parte envolvida no conflito.
Colaborar	Situação em que as partes conflitantes pretendem satisfazer os interesses dos envolvidos.
Evitar	Desejo de fugir de um conflito ou tentar suprimi-lo.
Acomodar	Disposição de uma das partes em conflito de colocar os interesses do oponente acima dos seus próprios.
Conceder	Situação na qual cada uma das partes de um conflito está disposta a abrir mão de alguma coisa.

Fonte: Adaptado de Robbins, 2002, p. 380.

Antes de passar ao estágio IV, queremos propor uma reflexão a respeito das consequências da supressão de um conflito. Aparentemente, suprimir um conflito pode significar a ausência do problema, mas o que ocorre na realidade? Veja o Quadro 2.8.

Quadro 2.8 – **Consequências da supressão de conflitos**

Sabotagem	Pode ser aberta ou velada.
Deslealdade	Tanto para com a organização quanto para com os superiores e colegas.
Autopreservação	Fuga das responsabilidades, busca pelo anonimato.
Acomodação	Renúncia em nome de um suposto "bem comum".
Alienação	Busca de outros interesses, descomprometimento, desligamento.
Segregação adaptativa	Significa: sempre que possível, evitar o contato direto.
Lócus de controle externo	Tendência a sempre atribuir a responsabilidade ou a "culpa" aos outros.

Fonte: Elaborado com base em Attender, 2012.

2.6.4 Estágio IV: comportamento

É no estágio do comportamento que os conflitos tornam-se visíveis. Esse estágio inclui a declaração, as ações e as reações das partes envolvidas no conflito. Os comportamentos geralmente são tentativas de implementar, de concretizar as intenções de cada uma das partes conflitantes. No entanto, é preciso lembrar que, às vezes, os comportamentos explícitos acabam sendo desviados de suas intenções originais (ver a Figura 2.3 adiante).

Com isso, surgem as seguintes questões:

Se um conflito é disfuncional, como as partes envolvidas podem atuar para diminuir sua intensidade ou conduzi-lo a um patamar de conflito funcional?

O que pode ser feito para estimular o conflito em um grupo que, aparentemente, apresenta um nível de conflito funcional muito baixo?

É exatamente nesse ponto que são utilizadas as técnicas para gerenciamento de conflitos, que têm por finalidade tanto gerir conflitos quanto estimulá-los e mantê-los, quando necessário (Robbins, 2002).

Figura 2.3 – *Continuum* de intensidade dos conflitos

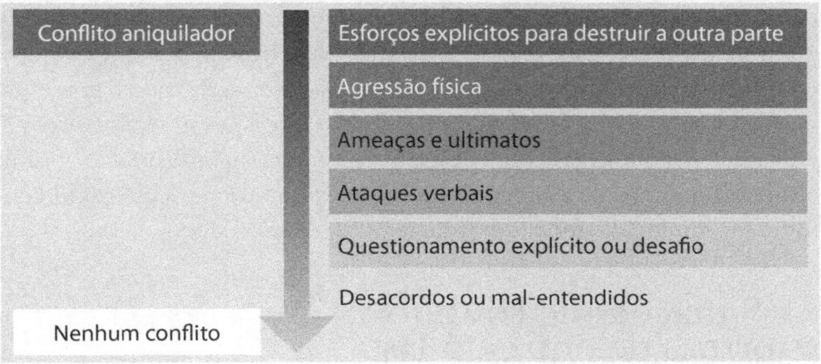

Conflito aniquilador	Esforços explícitos para destruir a outra parte
	Agressão física
	Ameaças e ultimatos
	Ataques verbais
	Questionamento explícito ou desafio
	Desacordos ou mal-entendidos
Nenhum conflito	

Fonte: Elaborado com base em Robbins, 2002, p. 381.

A administração de conflitos consiste exatamente na escolha e na implementação das estratégias mais adequadas para lidar com cada tipo de situação.

2.6.5 Estágio V: consequências

A dinâmica de ação e reação provoca consequências, que podem ser funcionais ou disfuncionais. Veja o Quadro 2.9.

Quadro 2.9 – **Consequências dos conflitos**

Funcionais	Disfuncionais
Melhoram a qualidade das decisões, estimulam a criatividade e a inovação, encorajam o interesse e a curiosidade dos membros do grupo, oferecem um meio para o arejamento dos problemas e para a liberação das tensões e estimulam mudanças.	Reduzem a eficácia dos grupos, podem causar deficiências de comunicação, promovem fissuras na coesão do grupo e subordinação de metas. Podem paralisar o grupo e ameaçar sua sobrevivência.

Fonte: Elaborado com base em Robbins, 2002, p. 383-384.

Os conflitos encontram-se a serviço da produtividade organizacional, do crescimento e do desenvolvimento do grupo, mas, por outro lado, podem promover, na organização, "rachaduras" emocionais que dificilmente fariam o grupo voltar ao estado de confiança e companheirismo que um dia possa ter existido. Portanto, para trabalhar a questão dos conflitos, é importante que tenhamos conhecimento de todo o processo, que se inicia nos mecanismos da percepção, ativa as emoções básicas e tem como resultado a escolha de uma emoção inteligente ou não. Assim, é fundamental ter flexibilidade de comportamento para que todo conflito seja conduzido ao patamar de conflito funcional.

2.7 Situações de conflito e formas de enfrentá-las

Você já deve ter se encontrado em uma situação de conflito em que uma das partes ganhou tudo enquanto a outra perdeu tudo. Em outras situações, sobretudo naquelas cujo resultado foi um conflito disfuncional, as duas partes, por inabilidade na gestão dos conflitos, acabaram perdendo; há ainda situações em que, com inteligência, boa vontade, criatividade e estratégia, as duas partes saíram ganhando. Essas são algumas das formas pelas quais podemos enfrentar os conflitos.

Martinelli e Almeida (2009) apresentam um modelo mental de conflito elaborado por Sparks (1992). O desenho desse modelo se origina da pesquisa psicológica relativa à administração das interações do grupo e, com ele, o negociador ou as partes envolvidas podem tomar duas decisões-chave em relação ao conflito: a primeira consiste em classificar o conflito conforme a sua solubilidade – conflito terminal, conflito paradoxal e conflito litigioso; a segunda consiste em classificar o conflito com base em sua intensidade, ou seja, em conflitos mais intensos ou menos intensos. O Quadro 2.10 contribui para a visualização e a compreensão dessas ideias.

É importante ressaltar ainda que os gestores de conflitos eficazes, bem como os negociadores que exercerem uma disciplina apropriada, apenas reagirão aos conflitos após tomarem as duas decisões já citadas. Caso contrário, incorrerão no risco de agir de maneira incompatível quanto à gestão do conflito (Sparks, citado por Martinelli; Almeida, 2009).

Quadro 2.10 – **Decisões-chave em relação aos conflitos**

Decisões	Percepção	
Solubilidade	Terminal	Parece impossível de ser solucionado por meio de um acordo. Uma parte ganha e a outra perde.
	Paradoxal	Parece obscuro; sua solubilidade é questionável. Em regra, descobre-se posteriormente que o conflito estava relacionado a um ponto fora de sequência, foi definido de modo insuficiente ou fazia parte de outro ponto e deveria ter sido analisado de forma sistêmica, e não isoladamente ou em partes.
	Litigioso	Parece ser solúvel e, por suas características, pode ser conduzido a uma situação de "ganha-ganha".
Intensidade	Muito intensos	Os interesses envolvidos têm muita importância para ambas as partes envolvidas no conflito. Nessa situação, os envolvidos no conflito tendem a ser mais enérgicos e ativos.
	Menos intensos	Os interesses dos envolvidos são de menor importância; com isso, os envolvidos tendem a assumir comportamentos moderadamente enérgicos e passivos.

Fonte: Elaborado com base em Martinelli; Almeida, 2009, p. 53-54.

2.7.1 A mediação de conflitos

Não são raras as situações de conflito em que nos deparamos com a necessidade de introduzir uma terceira parte, para contribuir na busca por um resultado eficaz ou uma solução satisfatória para todas as partes envolvidas. Essa terceira pessoa (ou parte) tem como característica fundamental a imparcialidade, podendo ser alguém que não esteja envolvido diretamente no processo, mas que possa ajudar na busca por alternativas que tragam resultados aceitáveis às partes originais. A **mediação** e a **arbitragem** são as principais espécies de participação de uma terceira pessoa na solução de conflitos em uma negociação.

Segundo Martinelli e Almeida (2009), a mediação é uma intervenção pacífica, que busca resolver um conflito por meio de um acordo, sendo que a solução é sugerida e, em hipótese alguma, imposta às partes. A mediação baseia-se em regras preestabelecidas, segundo as quais

O objetivo do mediador é auxiliar na busca de uma negociação eficaz que satisfaça as necessidades de ambas as partes. Conforme Lima (1999, p. 12), "o mediador tem a função de aproximar as partes, tão só, para que elas negociem diretamente a solução desejada de sua divergência". Assim, o que se observa é que o mediador detém o controle do processo, não do resultado, uma vez que este depende inteiramente da decisão das partes envolvidas no conflito. Já na arbitragem, de acordo com Lima (1999, p. 12), "o árbitro recebe a missão de solucionar o conflito substituindo as partes, que não conseguiram resolver, por si mesmas, a divergência que a separa". O autor informa também que, ao exercitarem o seu direito de se valer da arbitragem e ao designar o árbitro, os conflitantes se comprometem a cumprir o que for decidido.

Como você já deve não apenas ter observado, mas também sentido pessoalmente, as organizações são "usinas" de conflitos. As partes envolvidas podem ser coordenadas ou interdependentes, mas o que acaba ocorrendo é a tendência de que cada uma das partes se veja como mais importante do que as demais (Martinelli; Almeida, 2009).

Podemos assinalar que a maior contribuição oferecida pela adoção de um mediador é auxiliar na comunicação entre as partes. Cada departamento ou unidade de uma organização estabelece seus objetivos e metas e atribui uma hierarquia de valores que esteja em consonância com sua missão. Na mediação, as partes apresentam uma solução inicial que será analisada pelo mediador, que tem sempre um papel ativo em todo o processo.

A Figura 2.4 oferece reflexões relevantes sobre as vantagens e as desvantagens da utilização de uma terceira pessoa na mediação de conflitos. Tomando-a como base, a ideia que podemos observar é que, dependendo da situação, aplicar a mediação de conflitos pode oferecer muito mais vantagens do que desvantagens, e isso se deve ao fato de que, ao se ganhar tempo para elaborar a situação e trabalhar, sobretudo, as respostas emocionais, o relacionamento melhora e, então, como consequência, ocasionará uma melhoria na qualidade da comunicação. Com isso, as partes estarão mais dispostas a ouvir o que o outro lado tem a dizer. Esse é o primeiro passo para conduzir conflitos aos resultados em que todas as partes envolvidas possam identificar seus ganhos.

Figura 2.4 – **Vantagens e desvantagens da mediação de conflitos**

VANTAGENS

- As partes ganham tempo para se acalmar, já que elas interrompem o conflito e o descrevem para uma terceira parte.
- O clima organizacional como um todo pode ser melhorado.
- As partes podem melhorar o relacionamento.
- A comunicação pode ser melhorada, visto que a terceira parte influencia na comunicação, auxiliando as pessoas a serem claras e a ouvirem melhor a outra parte.
- As partes devem determinar, com mais frequência, as questões que são realmente importantes.
- As resoluções efetivas para a disputa e para o seu desfecho podem ser atingidas.

DESVANTAGENS

- As partes enfraquecem e podem transmitir a ideia de que não conseguem resolver, sozinhas, o conflito que se estabeleceu.
- Pode incorrer na percepção da perda de controle do processo ou do próprio resultado pelas partes.

Fonte: Elaborado com base em Lewicki; Bunker, 1996, p. 114-139.

2.8 Técnicas de estímulos de conflitos

> *A oposição dos contrários é condição da transformação das coisas e, ao mesmo, tempo, princípio e lei.*
>
> Heráclito de Éfeso (citado por Fustier, 1982, p. 11)

Como já mencionamos, a visão interacionista de conflito é relativamente nova e trabalhar com base nela significa abandonar velhos paradigmas da representação de conflito como algo negativo e adotar o paradigma de que o **conflito é um movimento para produzir mudanças**. A simples adoção dessa representação mental diferente pode afetar diretamente o comportamento das pessoas em relação à percepção e ao resultado dos conflitos dentro de uma organização.

Então, você deve estar se perguntando:

O que um gestor de talentos poderia fazer para estimular os conflitos?

Robbins (2002) apresenta como estratégias a comunicação, a inclusão de estranhos no grupo, a reestruturação da organização, e a nomeação de uma figura conhecida como "advogado do diabo". Acompanhe essas descrições no Quadro 2.11.

Quadro 2.11 – **Técnicas para estimular conflitos**

Técnica	Ações
Comunicação	Utilizar mensagens ambíguas ou ameaçadoras para aumentar os níveis de conflito.
Inclusão de estranhos	Incluir no grupo de trabalho pessoas que tenham históricos, valores, atitudes ou estilos gerenciais diferentes daqueles com os quais seus membros estão acostumados a trabalhar.
Reestruturação da organização	Realinhamento dos grupos de trabalho, alteração de regras e regulamentos, aumento da interdependência e outras mudanças estruturais similares que rompam o *status quo*.
Nomeação do "advogado do diabo"	Designar um crítico que argumente, discuta e questione propositalmente as posições defendidas pela maioria dos integrantes do grupo. O "advogado do diabo" pode ajudar a identificar lacunas nos planos e nas decisões que, se não percebidas, poderiam ser danosas para a organização.

Fonte: Adaptado de Robbins, 2002, p. 382.

2.9 Os paradigmas da interação humana e a gestão de conflitos

A gestão de conflitos consiste na aplicação da estratégia mais inteligente (inteligência racional e emocional) para conduzir as partes a resultados que sejam, em algum nível, satisfatórios para os envolvidos. Além disso, sabemos que o desfecho dos conflitos está em consonância com os paradigmas da interação humana. Segundo Covey (2008, p. 248-259), esses paradigmas são:

- vencer/vencer → perder/perder;
- vencer/perder → vencer;
- perder/vencer → vencer/vencer.

Para o autor, o "vencer/vencer" não é uma técnica, mas sim uma filosofia completa de interação humana e, por isso, pode ser agregada aos valores e às crenças de uma organização e constituir uma base sólida para a cultura organizacional.

Para Covey (2008), o modelo "vencer/vencer" é a única alternativa viável entre os paradigmas e o modelo "vencer/perder" não é viável porque, apesar de uma parte sair aparentemente como vencedora de um conflito ou uma negociação, todo o relacionamento será prejudicado. Além disso, será apenas uma solução de ganho de curto prazo, mas que, no entanto, significa uma perda significativa no longo prazo, uma vez que tem impacto negativo na imagem e, principalmente, nas possibilidades de parcerias ou negociações futuras. Na realidade, esse modelo apenas vem "disfarçado" de um ganho, mas, em termos de gestão de conflitos, promove o modelo "perder/perder" no longo prazo.

Nos conflitos disfuncionais, todas as partes envolvidas perdem. Quando um conflito termina no modelo "perder/ perder", existe uma oportunidade para trabalhar as emoções de uma forma, talvez, mais inteligente. Se retornarmos às dimensões da inteligência emocional, identificamos aqui uma boa oportunidade de exercitar o autocontrole e a empatia, escolhendo as respostas comportamentais adequadas diante da situação. Quando nos deparamos com conflitos em que todas as partes perdem no final, nos damos conta de que, na realidade, aquela situação não foi gerenciada: os sentimentos foram reprimidos.

Quadro 2.12 – **Técnicas para estimular conflitos**

	Vencer/perder	Perder/vencer	Vencer	Vencer/vencer
Objetivo	Eu ganho, você perde.	Eu perco para você ganhar.	Eu ganho e você que procure seus interesses.	Nós ganhamos. Busca o benefício mútuo.
Resultado	Promove situações verdadeiramente competitivas e de pouca confiança mútua.	As pessoas preferem ceder ou concordar. Elas buscam força na popularidade ou na aceitação. Têm pouca coragem para expressar seus sentimentos e suas opiniões e se intimidam facilmente com a força da personalidade alheia.	Pensa em termos de alcançar os seus objetivos – e os outros que se arranjem sozinhos.	As partes se sentem bem com a decisão e comprometidas com o plano de ação.
Paradigma	"Eu sigo em frente, você fica para trás." "Se eu ganho, você perde."	Tem como base crenças limitantes de merecimento e capacidade: "Eu perco, você ganha." "Vá em frente. Faça o que quiser comigo." "Pise em mim de novo. Todo mundo faz isso." "Sou um fracassado. Sempre serei um fracassado." "Sou pacífico. Faço qualquer coisa para manter a paz."	Só importa às pessoas conseguir o que pretendem, sem necessariamente que outros percam.	Há bastante para todos; o sucesso de uma pessoa não se conquista com o sacrifício ou a exclusão da outra.
Consequências	As pessoas que seguem este modelo são propensas a utilizar a posição, o poder, o cargo, os bens ou a sua personalidade para avançar e obter vantagens nas situações de conflito e nas negociações.	Neste modelo, as pessoas ocultam muitos sentimentos. Os colaboradores podem reagir com raiva ou fúria desproporcional; reações extremadas às menores provocações e cinismo constituem representações das emoções contidas.	Quando não há uma noção de disputa ou competição, "vencer" é provavelmente a abordagem mais comum para as negociações cotidianas.	Respeito mútuo estimula a confiabilidade e, principalmente, abre novas possibilidades para futuras negociações e parcerias.

Fonte: Elaborado com base em Covey, 2008, p. 248-259.

Covey (2008, p. 251) explica que "um sentimento reprimido nunca morre. É 'enterrado vivo', e retorna mais tarde, muito pior". Esse autor alerta ainda que uma série de doenças psicossomáticas, especialmente dos sistemas respiratório, nervoso e circulatório, podem ser ocasionadas pelo ressentimento acumulado, pelos desapontamentos profundos e pelas desilusões reprimidas por essa mentalidade.

Qual é, então, a relação que existe entre o modelo "vencer/vencer" e a aprendizagem e a cultura organizacionais? Vimos que as organizações aprendem por meio das pessoas. Uma vez que, se se instituir na organização esse paradigma ao se gerenciar conflitos, as partes só podem se dar por satisfeitas quando houver um ganho percebido para todos os lados envolvidos na situação. Até que uma saída mutuamente benéfica seja identificada, talvez seja interessante manter o processo aberto, utilizando ferramentas para a gestão desse conflito. A cultura organizacional é um conjunto de crenças e valores de uma organização, que confere identidade a ela. Quando a crença "vencer/vencer" for estimulada, as pessoas na organização poderão "colocar as cartas na mesa", exercitar a empatia e disponibilizar-se para ao menos tentar compreender os problemas e as emoções mais profundas que existem por trás das posições assumidas. Dessa forma, os paradigmas da interação humana se relacionam com a gestão de conflitos.

> A cultura organizacional é um conjunto de crenças e valores de uma organização, que confere identidade a ela.

2.10 Criatividade e gestão de conflitos

> *O homem criativo não é o homem comum ao qual se acrescentou algo; o homem criativo é o homem comum do qual nada se tirou.*
> Abraham Maslow (UOL, 2012c)

Um conflito pode significar um desafio pessoal, uma forma de a pessoa se autotestar e se autoavaliar. Para Deutsch (1969), citado por Moscovici (2008), as características da resolução produtiva de conflitos tendem a ser similares, no plano individual, aos processos envolvidos no **pensamento criativo** e, no plano social, aos processos envolvidos na **resolução colaborativa de problemas em grupo** (*cooperative group problem solving*).

Contudo, o que vem a ser *pensamento criativo* e *resolução colaborativa de problemas*?

A criatividade está relacionada à capacidade de criar, de produzir ideias novas, de olhar para uma situação e encontrar uma forma diferente de pensar sobre ela. A base da criatividade é o conhecimento e, por isso, é difícil sermos criativos em uma área que não conhecemos. William Plomer é o autor de uma frase célebre que diz: "A criatividade é o poder de conectar o aparentemente desconectado" (citado por Imotion Frases, 2012). Observe o texto a seguir que, embora bastante informal, conduz à reflexão de que o conhecimento é a matéria-prima da criatividade.

> Uma vez, perguntei a Carl Ally (o fundador da Ally & Gargano, uma das agências de publicidade mais inovadoras dos EUA) o que faz uma pessoa criativa "funcionar". Ally respondeu: "O criativo quer ser um sabe-tudo, quer saber todo tipo de coisas: história antiga, matemática do século XIX, técnicas modernas de produção, arranjos florais, preços do porco no mercado futuro. Porque nunca se sabe quando as informações vão se juntar para formar uma nova ideia. Pode acontecer dali a seis minutos, seis meses ou seis anos. Mas ele tem certeza de que vai acontecer".

Fonte: Oech, 1988, p. 18.

Nesse sentido, concordamos com George Kneller, que afirma que "criatividade consiste no total rearranjo do que sabemos, com o objetivo de descobrir o que não sabemos" (Webfrases, 2012). Para o indivíduo criativo, todo problema leva a uma oportunidade para pensar diferente. Você já deve ter se deparado com a frase, creditada a autor desconhecido, de que "todo problema é uma oportunidade disfarçada". Nesse sentido, a questão não é o problema, mas sim a forma como este é encarado pelo colaborador ou por sua equipe. É por essa razão que nós aderimos à ressignificação da palavra *problema* para **desafio** ou **oportunidade**.

2.10.1 A atmosfera social e a criatividade na gestão de conflitos

O ambiente, ou seja, a atmosfera social, é outro ponto para o qual o gestor de talentos pode olhar. Um ambiente em que imperam emoções como o medo, a tristeza e a raiva dificilmente manifestará soluções criativas. Decorre daí a importância de se construir um ambiente que, embora tenha pressões como todo ambiente de trabalho, possibilite que as pessoas se sintam à vontade. Você se lembra das emoções básicas? A tristeza retira o ânimo e o medo paralisa, tolhe toda e qualquer iniciativa ante o receio das ameaças. Como escreve Moscovici (2008, p. 155),

> as condições sociais exercem influência acentuada pelas oportunidades de comunicação com outras pessoas criativas, atmosfera social que valoriza a inovação e originalidade e que encoraja o intercâmbio de ideias, tradição social que alimenta a visão otimista de que, com esforço e tempo, soluções construtivas podem ser encontras para resolver problemas que pareciam inicialmente indissolúveis.

Dessa forma, podemos observar que a criatividade, no que diz respeito às questões de condução e gestão de conflitos, favorece a identificação de possibilidades, o que resulta em maior flexibilidade por parte dos envolvidos na questão. Tal flexibilidade faz toda a diferença nos resultados do conflito, pois a mente se volta para a solução, não para o problema. Ao desenvolver a criatividade, o líder ou o gestor de talentos se fortalece, no sentido de empregar as estratégias mais eficazes, embasadas nas premissas do modelo "ganha-ganha", ao lidar com comportamentos e situações conflituosas. Criatividade e estratégia, na gestão de conflitos, são elementos fundamentais para atrair e manter os talentos na organização.

Para refletir

Estratégia e criatividade na resolução de conflitos
Nos tempos atuais, as lendas surgem mais rápidas e podem nascer e crescer fermentadas pelo impulso da internet em breve espaço de tempo. Na última década, uma história que tem circulado por meio de inúmeros *blogs* e *sites* das mais diversas tendências (http://www.iepes.com.br/web/Dicas/Dica%20Empresarial_32.html, por exemplo) é a de "um senhor que vivia sozinho em Minnesota...". Provavelmente, esse trecho já começou a ativar sua memória. Verdade ou pura invenção, é uma preciosidade para entendermos o valor de uma estratégia.

> **Reza a dita história que...**
> Um senhor vivia sozinho em Minnesota (EUA). Ele queria virar a terra de seu jardim para plantar flores, mas era um trabalho muito pesado. Seu único filho, que o ajudava nessa tarefa, estava na prisão. O homem então escreveu a seguinte carta ao filho: "Querido filho, estou triste, pois não vou poder plantar meu jardim este ano. Detesto não poder fazê-lo, porque sua mãe sempre adorava as flores, e esta é a época do plantio. Mas eu estou velho demais para cavar a terra. Se você estivesse aqui, eu não teria esse problema, mas sei que você não pode me ajudar, pois está na prisão. Com amor, Seu pai." Pouco depois, o pai recebeu o seguinte telegrama: "Pelo amor de Deus, pai, não escave o jardim! Foi lá que eu escondi os corpos". Como as correspondências eram monitoradas na prisão [...], às quatro da manhã do dia seguinte uma dúzia de agentes do FBI e policiais apareceram e cavaram o jardim inteiro, sem encontrar nenhum corpo. Confuso, o velho escreveu uma carta para o filho, contando o que acontecera. Esta foi a resposta: "Pode plantar seu jardim agora, pai. Isso é o máximo que eu posso fazer no momento." Estratégia é tudo! Nada como uma boa estratégia para conseguir coisas que parecem impossíveis. Assim, é importante repensar sobre as pequenas coisas que muitas vezes nós mesmos colocamos como obstáculos em nossas vidas.
>
> Fonte: Adaptado de Iepes, 2012.

Estudo de caso

Desafios: oportunidades disfarçadas

A Pedra Azul é uma das maiores prestadoras de serviços de telefonia, com um total de vendas anuais de 10 bilhões de reais. Dois anos atrás, Rogério Tenot, diretor de *marketing* e vendas, reorganizou a equipe de vendas. Antes, a equipe era composta por representantes internos (que cuidavam dos pedidos feitos pelo telefone) e representantes externos (que visitavam os clientes). A reorganização dividiu a equipe externa em dois grupos: vendas diretas e contas principais. Os representantes das vendas diretas ficaram responsáveis pelos pequenos clientes comerciais e contas individuais. Como faziam antes, eles prestariam serviços aos clientes atuais e procurariam novas contas. Três pessoas, que eram representantes de vendas diretas, foram promovidas a executivos de contas principais. Esses executivos prestariam serviços às maiores contas da Pedra Azul, incluindo buscar novos negócios dentro dessas contas. Para promover o trabalho em equipe e a cooperação, Rogério Tenot designou aos representantes cotas de vendas por grupo. Coletivamente, a meta era conseguir 21 grandes contas novas por mês. Como a cota era do grupo, os representantes deveriam trabalhar juntos no sentido de desenvolver uma estratégia para atrair novas contas. Se determinado executivo não tivesse a habilidade técnica para lidar com os problemas de seus clientes, outro executivo deveria ajudá-lo.

Depois de 19 meses da reorganização da equipe de vendas, Luiza Eknah, uma executiva de contas principais, estava almoçando com Humberto Reldats, o diretor de produção da Pedra Azul, quando desabafou:

— Eu não aguento mais. Estou cansada de carregar a equipe sozinha.

— O que você quer dizer com carregar a equipe sozinha?, perguntou Humberto.

— Eu confio em você. Portanto explicarei os fatos. Cada mês, o grupo deve trazer 21 novas vendas. Se não atingimos essa quantidade a cada mês, não recebemos o nosso bônus semestral. Isso representa 25% da minha renda. Portanto, uma grande parte do meu dinheiro vem do esforço do grupo. A minha aquisição média de novas contas nos últimos 12 meses foi 11; e estamos atingindo a média de 18 novas contas por mês. Isso quer dizer que os outros executivos estão atingindo 7 entre eles. Eu estou carregando o grupo, mas as vendas totais ainda estão abaixo da cota, o que significa que eu não ganhei o bônus no mês passado. Os outros executivos são amigáveis e ajudam criando propostas, mas eles não conseguem cumprir a sua meta.

— O que o seu chefe falou sobre isso?, perguntou Humberto.

— Já conversamos várias vezes sobre o problema. Ele me diz para ser paciente e me lembrar que o desenvolvimento de uma equipe equilibrada leva tempo. Ele também me disse que eu devo desenvolver um espírito de equipe mais forte. O problema é que eu não consigo pagar as contas com "espírito de equipe".

Questões do estudo de caso

1. Identifique se o conflito existente na equipe é um conflito interpessoal, de estrutura ou de tarefa.

2. O conflito está sendo produzido pela equipe ou pela própria Luiza?

3. Se a estratégia para gerenciar esse conflito não for modificada, esse conflito pode comprometer todo o programa? Explique.

4. O que você identifica ao analisar o lócus de controle de Luiza? Quais são as consequências no desempenho e no resultado da equipe?

5. Coloque-se no papel de Luiza e identifique cinco possibilidades para gerenciar essa questão.

6. Que estratégia poderia ser adotada para que todos os envolvidos nessa situação pudessem ganhar com os resultados?

7. Que oportunidades de desenvolvimento de equipes essa situação apresenta?

Síntese

A comunicação está para a organização assim como o sangue está para o corpo humano. Pode gerar vida, sinergia, satisfação, aprendizado e oportunidades, mas pode conduzir a conflitos disfuncionais, resistências, barreiras emocionais e toda sorte de patologias, cujo resultado final é ineficiência e ineficácia organizacional.

Assim, o processo de comunicação é composto por: fonte/emissor; codificação; mensagem; canal; decodificação; receptor e *feedback*. Como o significado da comunicação é dado pelo receptor, deve-se atentar para as barreiras à comunicação interpessoal eficaz.

Com isso, uma incompatibilidade comportamental ocorre quando as ações de uma pessoa não satisfazem as expectativas de outra, e isso acontece em razão de que cada pessoa vê o mundo à sua maneira, sob pontos de vista, valores, crenças e motivos diferentes. A incompatibilidade comportamental pode provocar custos à organização, em função da rotatividade de pessoal, falhas de execução e menor produtividade, assim como moral baixo e baixa autoestima dos colaboradores. Ainda que, em determinado nível, a rotatividade de pessoal seja saudável à organização, uma vez que estimula novas ideias, pessoas desprovidas de crenças limitantes quanto ao desempenho da empresa; por outro lado, produz custos financeiros relacionados aos desligamentos, substituições e treinamento dos novos colaboradores.

Verificamos que os conflitos podem ser internos e interpessoais. Apesar da visão tradicional, em que os conflitos devem ser evitados, o conflito é um estado de tensão que produz uma mobilização para operar mudanças e obter melhores resultados.

Dessa forma, os conflitos funcionais são poderosos promotores de mudanças positivas, uma vez que geram ideias, criam novas oportunidades e produzem movimento e inovação. Também aprimoram a qualidade das decisões, estimulando a criação de um ambiente de autoavaliação e mudanças.

Já os conflitos disfuncionais promovem barreiras emocionais, agressividade e afetam negativamente o desempenho do grupo; aí, temos as formas destrutivas de conflito. Os conflitos disfuncionais atrapalham o desempenho do grupo. Eles têm como base a ausência do respeito, a agressão e a violência.

Por isso, a gestão de conflitos é a aplicação da estratégia mais inteligente (inteligência racional e emocional) para conduzir as partes a resultados que sejam, em algum nível, satisfatórios para os envolvidos.

Questões para revisão

1. "Só depois que a tecnologia inventou o telefone, o telégrafo, a televisão, todos os meios de comunicação a longa distância, foi que se descobriu que o problema de comunicação mais sério era o de perto" (Fernandes, 2005, p. 31). Considerando essa frase, atribua "C" para as afirmativas congruentes e "I" para as afirmativas incongruentes:
    ( ) A comunicação tem aplicações em todas as funções administrativas, pois representa o intercâmbio de pensamento e informações para proporcionar compreensão mútua e confiança, além de boas relações humanas.
    ( ) A comunicação envolve troca de ideias, fatos, opiniões e emoções entre as pessoas, e pode apenas ser definida por meio das palavras.

( ) Toda comunicação é redundante, uma vez que a pessoa expressa a mensagem tanto por palavras quanto por sinais sensoriais mínimos.
( ) O *feedback* pode ser aberto e velado. Este último é obtido por meio da prática de observar a reação (sinais sensoriais) do ouvinte a estímulos externos.

Assinale a alternativa correta:

a) C, C, C, C.
b) I, C, C, I.
c) C, I, C, I.
d) C, I, C, C.

2. Quando as pessoas se sentem ameaçadas, a tendência é uma reação para reduzir a capacidade de entendimento mútuo. Com isso, elas assumem comportamentos como ataques verbais, comentários sarcásticos, excesso de julgamentos e questionamentos sobre os motivos dos outros.

Considere as seguintes afirmativas:

I) Quando uma pessoa interpreta a mensagem de outra como ameaçadora, a resposta geralmente prejudica a comunicação interpessoal eficaz.
II) Quando as pessoas se gostam, nem mesmo as agressões verbais podem prejudicar a comunicação interpessoal.
III) Este é um exemplo de algo que pode desencadear um conflito disfuncional.
IV) A agressão não deixa de ser um tipo de *feedback* e é aceitável na busca de conflitos funcionais.

Pode-se afirmar que estão corretas as afirmativas:

a) I e II.
b) II e III.
c) I e III.
d) II e IV.

3. Dois membros do comitê de gestão dos Jogos Estudantis no Brasil discordam quanto ao local onde devem ser realizadas algumas das provas. Pode-se afirmar que o conflito entre esses dois membros será prejudicial para o desempenho do comitê.

PORQUE

O conflito não é possível de ser administrado, uma vez que resulta da incompatibilidade interpessoal ou de relacionamento entre dois ou mais membros de um grupo.

A respeito dessas duas afirmações, é correto afirmar que:

a) as duas afirmações são verdadeiras, e a segunda não justifica a primeira.
b) as duas afirmações são verdadeiras, e a segunda justifica a primeira.
c) a primeira afirmação é falsa, e a segunda é verdadeira.
d) as duas afirmações são falsas.

4. Explique as consequências funcionais e disfuncionais de um conflito.

5. Quais são as possibilidades de gerenciamento de conflitos?

Questões para reflexão

1. Estabeleça as relações entre a inteligência emocional e a gestão eficaz de conflitos.

2. Que estratégias podem ser aplicadas à equipe para mudar o paradigma de conflito – como sendo uma coisa ruim e desgastante com consequências disfuncionais – para o paradigma de conflito – como um movimento que produz mudanças positivas e vantagens competitivas para a organização?

3. Observe a sua organização e identifique as placas de comunicação, seja nos banheiros, seja na planta da fábrica, seja nos corredores ou no refeitório. Observe quantas dessas placas estão representadas

em linguagem proibitiva e negativa. Transforme essa comunicação baseada em proibições em frases que utilizem a linguagem positiva, por exemplo: "Não use o elevador em caso de incêndio", para "Em caso de incêndio, use as escadas".

4. Qual o papel da criatividade na gestão de conflitos e no desenvolvimento de talentos? Quais estratégias podem ser utilizadas para estimular a criatividade da sua equipe?

Para saber mais

HOMENS de honra. Direção: George Tillman Jr. EUA: Fox Home Entertainment, 2000. 128 min.

LINGUAGEM PROATIVA. Audiovisual. Disponível em: <http://www.vestibular1.com.br/video/aula/pnl/aula_71_motivacao_linguagem_proativa.htm>. Acesso em: 2 dez. 2011.

MANCILHA, J. Linguagem e imagens mentais. Disponível em: <http://www.cdrh-consultores.com/news_letter/pnl/edicao3/Jairo%20Mancilha.pdf>. Acesso em: 2 dez. 2011.

NO LIMITE. Direção: Lee Tamahori. EUA: Fox Filmes, 1997. 117 min.

O ÚLTIMO samurai. Direção: Edward Zwick. EUA: Warner Home Video. 2003. 154 min.

VIDA de inseto. Direção: John Lasseter. EUA: Buena Vista, 1998. 107 min.

3 O planejamento de talentos

Conteúdos do capítulo:

- A cultura organizacional e o planejamento de talentos;
- A cultura organizacional nas empresas brasileiras;
- Planejamento, modelagem e mudança da cultura nas organizações;
- Planejamento da organização para atrair talentos;
- Atributos das empresas para a atração de talentos;
- Planejamento estratégico de gestão de pessoas e talentos.

Após o estudo deste capítulo, você será capaz de:

- compreender a relação entre a cultura organizacional e o planejamento de talentos;
- reconhecer os principais efeitos da cultura brasileira nas organizações nacionais;
- identificar estratégias para planejar, moldar e mudar a cultura nas organizações;
- verificar os elementos utilizados pelas empresas no planejamento com o objetivo de atrair talentos;
- compreender o processo de planejamento estratégico de gestão de pessoas e talentos.

A partir de agora, passaremos a enfocar os aspectos técnicos da gestão de talentos. Este capítulo tem como objetivo apresentar os elementos envolvidos no planejamento de talentos, tais como o ambiente organizacional, a cultura da empresa, como essa cultura é definida e como podemos mudá-la ou moldá-la. Também enfocamos a necessidade das organizações conceberem um planejamento para atrair talentos, por meio de mecanismos de identificação de talentos externos e internos à empresa, bem como possuir uma visão geral dos elementos que compõem o planejamento estratégico da gestão de pessoas e talentos.

Nos capítulos anteriores, mergulhamos no estudo das relações humanas e das relações interpessoais, partindo das questões individuais para entender seus reflexos nas organizações. A partir deste capítulo, abordaremos aspectos técnicos e instrumentais da gestão de talentos. Para tanto, tomamos emprestadas as funções da administração, que serão utilizadas como base conceitual da gestão de talentos. Assim, nos próximos capítulos vamos estudar:

- o planejamento de talentos – da função *planejar*;
- a organização de talentos – da função *organizar*;
- a direção de talentos – da função *dirigir*;
- o controle de talentos – da função *controlar*.

Neste capítulo, ocuparemo-nos do planejamento de talentos, iniciando com algumas considerações acerca da cultura da organização, que fornece a base de valores e crenças que irão nortear o planejamento. Com isso, o nosso objetivo é entender como se instala a cultura em uma organização e quais são as possibilidades de se moldar a essa cultura ou modificá-la, o que é essencial para direcionar os esforços a fim de atrair determinados perfis de profissionais. Também ofereceremos elementos para orientar a elaboração de políticas e estratégias de gestão de pessoas e talentos.

Antes de abordarmos os aspectos intrínsecos ao planejamento, cabe apresentar a visão estratégica da gestão de talentos. Gerenciar talentos significa lançar um olhar tanto para o ambiente externo quanto para o interno, bem como para os *stakeholders* (partes interessadas). Significa, também, pensar estratégias inteligentes para a captação e a retenção dos talentos; requer um programa de desenvolvimento das pessoas na organização para que elas criem valor tanto para si mesmas quanto para os *shareholders* (acionistas) e para a sociedade. Observe a Figura 3.1.

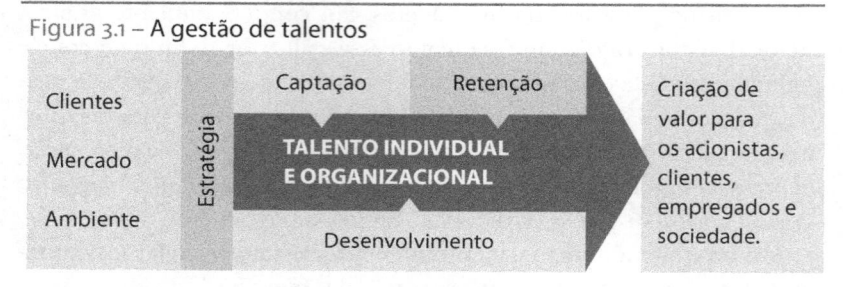

Figura 3.1 – A gestão de talentos

Estratégia		
Clientes	Captação → Retenção TALENTO INDIVIDUAL E ORGANIZACIONAL Desenvolvimento	Criação de valor para os acionistas, clientes, empregados e sociedade.
Mercado		
Ambiente		

Fonte: Adaptado de Almeida, 2004, p. 107.

Considerando o escopo apresentado na Figura 3.1, convidamos você a compreender as questões envolvidas no planejamento de talentos.

3.1 A cultura organizacional e o planejamento de talentos

Ter problemas na vida é inevitável, ser derrotado por eles é opcional.
Roger Crawford (UOL, 2012d)

Quando pensamos em cultura organizacional, estamos nos referindo a como uma organização, ao longo de seu ciclo de vida, passa a conceber suas práticas com base nos valores – estabelecidos pelo conjunto de pessoas –, procedimentos e recursos destinados ao desenvolvimento de sua atividade-fim.

Inicialmente, podemos questionar:
Você tem ideia de como essa cultura é estabelecida?
Todas as empresas possuem uma cultura?
Por que uma empresa consegue, por exemplo, ser mais flexível do que outra?

Por que algumas empresas são excelentes para se trabalhar enquanto outras nem tanto?
O que determina isso?

Dubrin (2003) afirma que são várias as forças que modelam a cultura de uma organização e que, normalmente, a origem dessas forças se encontra nos valores compartilhados, nas práticas de gestão e na personalidade do fundador ou dos fundadores. Será que isso quer dizer que, quando resolvemos abrir um negócio, estabelecemos o tipo de cultura que nossa empresa irá adotar? A verdade é que a cultura é forjada por escolhas conscientes, escolhas inconscientes e, também, pelo comportamento dos proprietários ou dos executivos que estão na liderança da organização. É natural que as regras da sociedade na qual a empresa está inserida ajudem a determinar a cultura, assim como a tecnologia e o ramo de atuação contribuem para estabelecer um determinado padrão cultural. Por exemplo, se sua empresa pertence a um ramo de atuação com uma forte concorrência, ela só sobreviverá se assumir uma cultura de luta para ocupar o seu espaço no mercado. Quanto mais conhecemos e temos consciência da cultura que se encontra instalada em uma empresa, maiores chances teremos de orientar nossos esforços de liderança para provocar impactos positivos nos funcionários. O profundo conhecimento da cultura da organização também favorece a implementação de mudanças. Logo mais, trataremos especificamente da questão da mudança da cultura.

Estamos falando de cultura de uma forma geral, mas, se olharmos para a organização, podemos ver sua cultura? Como podemos identificá-la? Para responder a essas questões, tomamos a pesquisa de O'Reilly, Chatman e Caldwell, citados por Robbins (2002, p. 681), em que esses autores estabeleceram um conjunto de **7 características** que, juntas, formam a essência da cultura organizacional.

Essas características, segundo os pesquisadores, estarão presentes em todos os tipos de organização, variando apenas no grau em que elas estão combinadas. Pense em sua organização, na empresa em que você trabalha: você consegue identificar essas características? Qual delas é predominante? Com base nas respostas a esses questionamentos, você começa a entender a cultura que predomina nesse ambiente. Veja o Quadro 3.1.

Quadro 3.1 – As características que identificam a cultura das organizações

Características	Indicador
1. Inovação e capacidade de assumir riscos	Grau em que os empregados são encorajados a ser inovadores e assumir riscos.
2. Atenção aos detalhes	Grau de precisão, análise e atenção aos detalhes que se espera de cada empregado.
3. Orientação para resultados	Grau em que a administração prioriza resultados, antes das técnicas e processos utilizados para atingi-los.
4. Orientação para as pessoas	Grau em que as decisões gerenciais consideram o efeito das consequências das decisões sobre as pessoas na organização.
5. Orientação para as equipes	Grau em que o trabalho é organizado em equipes, ao contrário de indivíduos.
6. Agressividade	Grau em que as pessoas são agressivas e competitivas, ao contrário de complacentes ou descuidadas.
7. Estabilidade	Grau em que as atividades organizacionais enfatizam a manutenção do *status quo*, em contraste com o crescimento.

Fonte: Adaptado de O'Reilly; Chatman; Caldwell, citados por Robbins, 2002, p. 681.

Ao final deste capítulo, conheceremos alguns exemplos e aproveitaremos para fazer um exercício, analisando um caso.

Você deve estar se perguntando "o que isso tem a ver com o planejamento de talentos?" Você pode perceber que, dependendo da predominância desse ou daquele elemento, varia o modo como a empresa irá planejar, organizar, dirigir e controlar seus talentos.

3.1.1 A cultura organizacional nas empresas brasileiras

> *Uma instituição é como uma canção; não é formada por sons individuais, mas pelas relações entre eles.*
> Peter Drucker (RH.COM.BR, 2012)

Ao discutirmos sobre cultura, de imediato você deve se perguntar: Os elementos da cultura são os mesmos em países diferentes?

E no Brasil, qual é o impacto das nossas origens indígenas, portuguesas e africanas na cultura das organizações? Agora, vamos descobrir se e como as crenças, os valores e os costumes legados desses povos impactam nas empresas. Para explicar de forma ilustrativa, utilizaremos a pesquisa realizada por Motta e Caldas (1997, p. 44), em que os autores resumiram os traços brasileiros que incidem com maior força nas organizações, os quais apresentamos na Figura 3.2.

Figura 3.2 – **Traços brasileiros e características-chave**

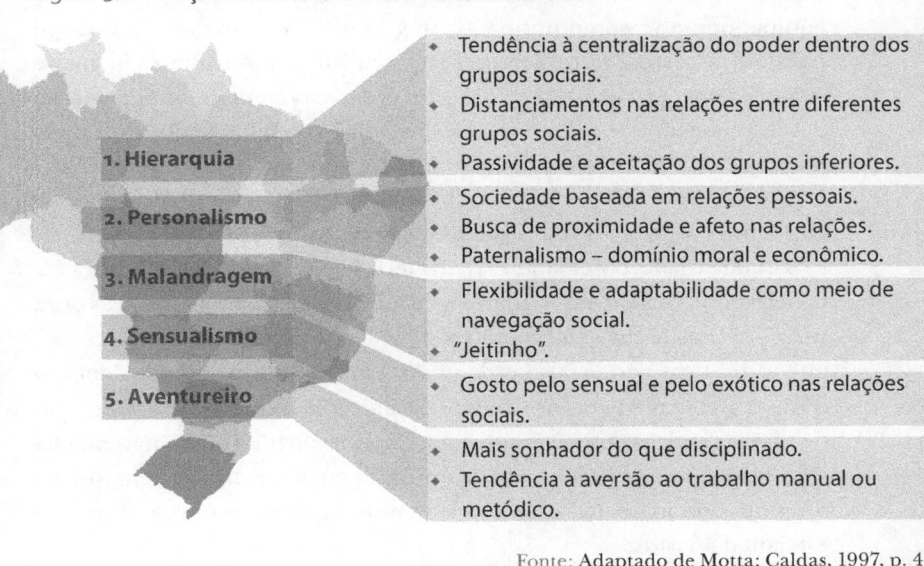

1. Hierarquia	• Tendência à centralização do poder dentro dos grupos sociais. • Distanciamentos nas relações entre diferentes grupos sociais. • Passividade e aceitação dos grupos inferiores.
2. Personalismo	• Sociedade baseada em relações pessoais. • Busca de proximidade e afeto nas relações. • Paternalismo – domínio moral e econômico.
3. Malandragem	• Flexibilidade e adaptabilidade como meio de navegação social. • "Jeitinho".
4. Sensualismo	• Gosto pelo sensual e pelo exótico nas relações sociais.
5. Aventureiro	• Mais sonhador do que disciplinado. • Tendência à aversão ao trabalho manual ou metódico.

Fonte: Adaptado de Motta; Caldas, 1997, p. 44.

A análise desses traços nos remete a uma característica que remonta à colonização e ao desenvolvimento do Brasil e que, na atualidade, ainda se faz muito presente nas organizações: o **paternalismo**. Como esse elemento tem impacto na gestão de talentos?

O paternalismo é observado com mais frequência nas pequenas empresas, até mesmo pela proximidade das relações entre o dono da empresa e seus funcionários. Imagine um indivíduo que, depois de passar um longo período desempregado, passa a trabalhar em uma empresa e, após alguns dias, procura o patrão com o intuito de obter um adiantamento, trazendo as contas atrasadas nas mãos. Prontamente, o empresário se propõe a pagar as contas. O que parece ser um gesto altruísta, digno de admiração, pode representar um sério problema para a organização. O tratamento especial dado a um funcionário pode acarretar outras disfunções, que vão desde a falta de alcance de metas até a desmotivação dos demais colaboradores, que podem sentir-se preteridos.

O líder paternalista é, em princípio, autocrático, pois sente que deve tomar as decisões que julga mais importantes em nome de sua equipe, pelo próprio bem dela. Minicucci (2001) afirma que o líder paternalista, especialmente se ele tiver mais de 50 anos, é estimado e respeitado pela equipe, que o vê como um pai. Esse gestor teme entregar o seu cargo para outra pessoa, por não saber se o seu substituto tratará seu grupo com a mesma proteção e carinho. Tal comportamento tem impacto no desenvolvimento de todo o grupo, em função da falta de oportunidade para este tomar decisões, cometer erros e aprender com suas experiências. Esse gestor paternalista pode até ter mais oportunidades, mas ele também está sujeito a ficar estagnado pela postura que adota.

Por outro lado, observando as características relacionadas na Figura 3.2, concordamos com o autor quando ele afirma que, cada vez mais, as organizações brasileiras caminham na direção da excelência, fazendo com que as práticas gerenciais herdadas do passado percam espaço em um mundo que exige padrões de eficiência globais. Isso significa dizer que, de modo geral, as empresas sofrem o impacto de tais traços, mas não há dúvida de que eles podem ser minimizados ou neutralizados, em função do grau e da maneira como os elementos da estrutura organizacional estejam dispostos.

O que uma empresa pode fazer para obter uma cultura que favoreça ou possibilite que ela conquiste e retenha os melhores talentos?

Ou para investir no desenvolvimento de seus talentos?

Como isso pode se tornar uma vantagem competitiva?

Para responder a essas questões, precisamos discutir um pouco sobre mudança organizacional.

3.1.2 Planejar, moldar e mudar a cultura nas organizações

> *Só existem duas maneiras de mudar a cultura de uma organização: mudando as pessoas ou mudando de pessoas.*
> Autor desconhecido (GESTOR.ORG, 2012)

Inicialmente, fazemos os seguintes questionamentos: Será possível planejar ou moldar a cultura de uma organização? Na busca de melhores resultados, devemos promover mudanças ou ajustes na cultura?

Segundo Kisil (1998), para que uma empresa sobreviva e se desenvolva, para que ela se revitalize e possa inovar, deve-se estabelecer mudanças na cultura da organização. Para elaborar um planejamento de equipes com perfil variado, de modo a favorecer a gestão de seus talentos, é necessário que a organização realize uma adequação no enfoque cultural, promovendo mudanças ou introduzindo padrões que garantam o esforço de entendimento mútuo. Contudo, como isso pode ser feito na prática? Criando-se uma cultura organizacional em que os valores e os princípios sejam claros e estejam disseminados entre todas as pessoas que trabalham naquela organização. Além disso, **deve-se integrar as pessoas em torno de um compromisso único e desafiador**, para que todos possam ter orgulho de fazer parte de uma organização transparente, com foco no sucesso e no desenvolvimento e em que todos possam ter a oportunidade de ganhar.

E quais são os principais passos ou elementos a serem observados como aliados para minimizar os impactos e gerar comprometimento ao se moldar ou promover mudanças na cultura organizacional? Pesquisando autores como Kisil (1998), Robbins (2002), Dolan e Pineda (2008) e Serra, Torres e Torres (2004), percebemos que o elemento-chave do processo é o **planejamento**, que, aliado a uma comunicação eficaz, estabelece o alcance de resultados a curto, médio e longo prazos. Sem a pretensão de esgotar as alternativas, passamos a discorrer sobre sete ferramentas mencionadas em boa parte da literatura, como aliadas do processo de planejamento, com especial predomínio dos estudados por Kisil (1998), a saber:

1. **Estabelecimento de critérios para recrutamento, seleção e promoção de funcionários** – Com resultados que poderão ser obtidos a longo prazo, o alinhamento dos objetivos e dos valores do indivíduo que se candidata a uma vaga com os objetivos da organização é fundamental para a bem-sucedida parceria entre empresa e funcionário. Nas organizações paternalistas, deve-se tomar cuidado para não favorecer determinados elementos, pois essa falha pode ocasionar o descrédito das práticas organizacionais relativas ao planejamento de carreira. Para evitar esse tipo de situação, recomendamos que profissionais devidamente qualificados assumam a função de selecionar e recrutar outros profissionais.
2. **Clareza de propósitos** – Com resultados de médio prazo, os objetivos, os valores e os princípios devem estar perfeitamente claros, além de formalmente estabelecidos e orientados para o curto, médio e longo prazos. Isso significa dizer que a empresa deve possibilitar que todos os seus funcionários tenham amplo acesso a essas informações; além disso, elas devem ser constantemente relembradas em comunicados e reuniões periódicas.
3. **Percepção da imagem** – A maneira como os vários públicos ou *stakeholders* (partes interessadas) percebem a qualidade dos produtos ou serviços que uma empresa oferece é fundamental para criar sinergia e espírito de pertencimento. Para isso, é importante que os projetos que estão sendo executados, as conquistas alcançadas e os detalhes sobre a qualidade sejam informados e compartilhados com todos os envolvidos, externa e internamente, permitindo que todos tenham consciência e conhecimento sobre a estratégia e os caminhos que estão sendo trilhados. Os resultados do investimento na imagem da organização podem ser obtidos a longo prazo.
4. **Estímulo a novas ideias** – O posicionamento da empresa diante das oportunidades de inovação, bem como o estabelecimento de objetivos desafiadores e ousados, servem como estímulo e criam um ambiente motivador, trazendo resultados tanto imediatos quanto de médio e de longo prazos. Valorizar e incentivar novas ideias, por parte de seus colaboradores, com o estabelecimento de

incentivos financeiros, como premiações por economia decorrente de mudança em algum processo, implantar e incentivar sugestões, promover reuniões e discussões periódicas nos núcleos/setores ou entre eles e criar equipes de melhorias são exemplos de ações que podem ser promovidas. Mais uma vez, essas ações dependem de uma comunicação aberta, a ponto de permitir que os funcionários ousem se expor e criar novos métodos e procedimentos, como se fossem "gerentes-donos" daquela organização.

5. **Valorização profissional** – A atividade deve ser estimulante para os funcionários, oferecendo possibilidades de crescimento, valorização pessoal e desafios profissionais. O incentivo e o acolhimento de novas ideias – que promove desafios constantes –, o fato de a empresa possuir um plano de carreira – mesmo em empresas menores –, de ter indicadores e avaliar constantemente o desempenho, bem como práticas como o *job rotation*[1], para que todos os funcionários entendam os processos e as necessidades envolvidos em cada função, são desafios que impulsionam o desenvolvimento profissional. Aqui, os resultados aparecerão a médio ou a longo prazo.

6. **Aprendizado** – Quando a empresa não apenas cobra a qualificação de seus funcionários, mas também estimula e propicia oportunidades de desenvolvimento profissional aos seus colaboradores. Isso pode ser feito com o desenvolvimento de uma cultura de incentivo aos estudos, visando ao aprendizado constante, com a adoção de uma política de valorização do profissional, seja por meio da oferta de cursos internos, seja mediante o auxílio financeiro para se cursar línguas, para a realização de cursos profissionalizantes, graduações ou especializações ou, mesmo, de cursos de atualização técnica ou de gestão. Os resultados podem ser vistos a curto prazo, o que propicia um círculo virtuoso de aprendizado.

7. **Integração e comunicação** – A estrutura da organização deve permitir que a comunicação ocorra de modo simples e direto

---

1   *Job rotation* significa "rodízio" ou rotação, quando o profissional passa por diversas áreas ou funções dentro de uma mesma empresa, tendo a oportunidade de conhecer os processos inerentes a cada uma das atividades.

entre os diversos níveis, tanto interna quanto externamente. A comunicação flexível entre gestores e subordinados, com a adoção de uma política de "portas abertas", pode facilitar os processos de mudança nas organizações, trazendo resultados a curto, longo e médio prazos.

Naturalmente, o grau e o alcance da aplicação desses processos devem passar por uma minuciosa avaliação diagnóstica, para então ser elaborado um plano de ação. Além disso, também é preciso observar o tamanho e a estrutura da organização, para adequar a ferramenta de acordo com a complexidade ou simplicidade exigida.

Então, vamos realizar novamente o exercício de pensar em nossa organização?

As ferramentas mencionadas podem ser aplicadas para moldar a cultura da empresa?

Vamos analisar, agora, a questão de se moldar ou mudar uma organização, visando à gestão de talentos. A pergunta é: Que necessidades a empresa deve atender no planejamento e na estruturação de sua gestão de pessoas?

Potts e Sykes (1994) sugerem que a empresa deve planejar meios para identificar e desenvolver talentos, cercando-se de mecanismos que:

- ajudem a identificar seus melhores talentos, acompanhando de perto seu desempenho;
- procurem otimizar cada passo de progresso na carreira, para aquelas posições mais críticas e valiosas;
- assegurem o crescimento e o desenvolvimento constante dos gestores, com vistas à retenção desses recursos gerenciais mais valiosos;
- detenham o compromisso da alta direção de que o plano seja garantido e eficaz.

No Capítulo 6, estudaremos a respeito do banco de talentos, momento em que encontraremos mais subsídios para a gestão dos talentos na organização, bem como os mecanismos para conhecê-los e desenvolvê-los.

3.2 Como planejar a organização para atrair talentos

> *Quando os ventos da mudança sopram, algumas pessoas levantam barreiras, outras constroem moinhos de vento.*
> Erico Veríssimo (UOL, 2012e)

Agora que estudamos as influências da cultura da organização e aprendemos sobre as possibilidades de mudança de cultura nas empresas, vamos entender a questão da relação do funcionário com a empresa, vínculo que se estabelece no momento em que se inicia o processo de recrutamento, com expectativas de ambas as partes.

Você se lembra de quando se candidatou para trabalhar na sua empresa atual?
Você imaginou como seria trabalhar nessa organização?
Tudo se passou da forma como você imaginou?

Dolan e Pineda (2008) levantaram em sua pesquisa a possibilidade de conduzir uma seleção de funcionários com base em valores, relacionando-os com a visão, a missão e a cultura da empresa, sugerindo categorias e exemplos de perfis de valores pessoais a serem considerados em um processo de seleção, conforme o Quadro 3.2.

Quadro 3.2 – **Valores a serem considerados na seleção**

Categoria de valores	Exemplos de práticas
Valores pessoais em sintonia com a visão e a missão da empresa.	Inovar, ser o melhor, visão internacional, apoiar-se no desenvolvimento local etc.
Valores pessoais em sintonia com a cultura operacional da empresa.	Adaptabilidade, cordialidade, respeito, transparência, iniciativa, espírito de equipe, confiança em si mesmo, economia etc.
Valores pessoais requeridos para posições de trabalho específicas	
Habilidades pessoais	Competências técnicas
Impacto pessoal, capacidade de liderança, tolerância ao estresse, capacidade de delegação, habilidade de falar em público, negociação etc.	Análise de dados, planos de *marketing*, técnicas de mudanças de valores etc.

Fonte: Adaptado de Dolan; Pineda, 2008, p. 304.

Quando buscamos uma oportunidade em uma empresa, uma das questões mais importantes refere-se às chances de crescimento dentro da organização. Isso significa dizer que um profissional preocupado com sua carreira pode abrir mão de um salário mais atrativo, em uma empresa que não tem uma política de desenvolvimento profissional, em favor de uma organização que mostre a possibilidade de oferecer um planejamento de carreira.

No que diz respeito à empresa, quando busca um colaborador, o que ela deve avaliar? Como selecionar e contratar os melhores e os mais talentosos? Prestowitz, citado por Potts e Sykes (1994, p. 45), aponta que existem basicamente dois estilos de contratação: o dos norte-americanos e o dos japoneses, em que os primeiros contratam um novo empregado, enquanto os segundos adotam um novo membro na família. A espécie de relação dos norte-americanos é contratual, enquanto a dos japoneses é intensamente pessoal. Vamos entender um pouco cada um desses estilos?

No modelo japonês, o potencial futuro e a capacidade de aprender são considerados muito mais importantes do que as aptidões por ocasião da contratação; além disso, posteriormente, são realizados investimentos pesados em treinamento para buscar as aptidões necessárias. Isso significa dizer que a capacidade de aprendizagem do candidato tem um peso significativo no processo de seleção, atributo esse que compensa a falta de experiência. Na verdade, os japoneses selecionam e contratam cada funcionário com a expectativa de toda uma carreira pela frente. Os norte-americanos, por sua vez, baseiam a contratação nas qualificações do candidato e contam com os processos normais de desgaste e de competição para eliminar aqueles que não se adaptam.

Após revisar diversas publicações de livros e artigos sobre as questões relacionadas à seleção, à contratação e ao desenvolvimento de talentos, Potts e Sykes (1994) realizaram uma comparação entre os estilos japonês e norte-americano, conforme resumido na Figura 3.3 adiante.

3.2.1 Atributos das empresas para a atração de talentos

As revistas *Exame* e *Você S/A* publicam anualmente uma lista das melhores empresas para se trabalhar, com base em critérios estabelecidos por Levering em seu livro *A Great Place to Work* (1988)[2], cujas ideias, com o passar do tempo, foram se aprimorando e acabaram se tornando uma metodologia. Na pesquisa realizada pelas revistas *Você S/A* e *Exame* em 2010, foi analisado o desenvolvimento das práticas das melhores empresas para se trabalhar, dividindo-as em três estágios: a) práticas em que as empresas já atingiram certo grau de maturidade; b) práticas que já são preocupação das empresas, mas ainda não estão bem estruturadas; c) práticas que precisam de reavaliação e ação urgentes. Esquematizamos os resultados da pesquisa no Quadro 3.3.

Carmello (2006), em entrevista ao *site* RH.com, comentando sobre o que o talento espera de uma organização, afirmou que as empresas precisam ter cuidado com incentivos do tipo "modelo único", que servem para todos os funcionários. O pacote de salários e benefícios é o básico, mas as necessidades dos profissionais são muito específicas, sendo que o desafio atual é criar significado. Os talentos são atraídos por causas sociais e humanistas e querem trabalhar de maneira comprometida, mas dentro de seu horário de trabalho, prezando pela qualidade e pelo tempo para a vida pessoal.

A investigação sobre os elementos que atraem os talentos para uma determinada organização nos leva a pensar na estrutura ou no conjunto formal de práticas, que deve ser minuciosamente planejado. Esse instrumento é comumente denominado *plano de cargos e salários*, mas, para os propósitos desta obra, chamaremos de **planejamento estratégico de gestão de pessoas e talentos**. Tal planejamento inclui a criação de modelos, o desenho de processos e o estabelecimento de práticas de gestão.

---

[2] A Great Place to Work é uma empresa de consultoria com sede nos Estados Unidos e escritórios afiliados em diversos países do mundo. O Great Place to Work Institute produz várias listas de Melhores Empresas na América do Norte, incluindo a lista da revista *Fortune*, "As 100 Melhores Empresas para Trabalhar", que tem como coautor Robert Levering e Milton Moskowitz, e a lista "Melhores Pequenas e Médias Empresas para Trabalhar", que aparece na *HR Magazine* (Great Place to Work, 2012).

Figura 3.3 – Comparação entre o modelo japonês e o modelo norte-americano, no que se refere ao planejamento de talentos[3]

Os candidatos são considerados com base em seu potencial para carreiras longas.
Cultura oriental com visão de longo prazo.
Com o envelhecimento da força de trabalho, existe o risco de escassez de candidatos qualificados.
Preferência pela homogeneidade, buscando um empregado que seja compatível e similar ao grupo, primando pela coletividade.
Ênfase no aprendizado, proporcionando educação e treinamento com vistas ao desenvolvimento gerencial.
Tendência ao emprego vitalício, proporcionando promoções internas e formando seus executivos.
Empregados contratados combinam mais com a cultura, as necessidades e os objetivos da organização, produzindo um maior grau de comprometimento pessoal.
Baixo *turnover*[3], com consequente redução de custos.
Maior retorno sobre o investimento realizado em treinamento e educação.
Processo de seleção mais dispendioso, exigindo maiores recursos e uma gerência comprometida.
Processo de demissão mais demorado – tanto empregador quanto empregado relutam em demitir ou pedir demissão.
Sensação de segurança do empregado gera complacência.

3   *Turnover* significa rotatividade, troca de funcionários.

| Os candidatos são considerados prioritariamente com base em seu potencial para o cargo inicial. |
| Cultura orientada para resultados imediatos. |
| Força de trabalho dinâmica, mais facilmente adaptável às mudanças. |
| Preferência pela heterogeneidade, reforçando o conceito da diversidade, em que cada um tem ideias próprias, com sua criatividade e sua singularidade. |
| A gerência é menos comprometida com a filosofia da aprendizagem permanente. |
| Comumente recruta altos executivos oriundos de outras empresas, o que propicia uma visão mais ampla. |
| Contrata empregados que não se adéquam necessariamente a um molde, com tendência a construir organizações mais saudáveis. |
| Maior *turnover*, propiciando a renovação de ideias e experiências. |
| Tendência a recrutar profissionais com experiência, não possuindo uma cultura intensiva de treinamento. |
| Processo de seleção mais rápido e direto e, consequentemente, menos dispendioso. |
| Permite maior flexibilidade e agilidade na correção de erros de contratação. |
| Empregados e empregadores permanecem atentos aos movimentos do mercado. |

Fonte: Elaborado com base em Potts; Sykes, 1994, p. 43-47.

Quadro 3.3 – Estágio de desenvolvimento das práticas de gestão de talentos

Estratégia

Prática desenvolvida
- Quase todas as empresas adotam programas formais de comunicação com a equipe.
- Têm práticas formais para disseminar as estratégias e ações para envolver os funcionários no cumprimento dos objetivos.

Prática em desenvolvimento
- Comunicação com muitos ruídos – falta transparência.

Prática a desenvolver
- Poucas conduzem reuniões e mantêm grupos de discussão permanente, possibilitando aos funcionários participarem da formulação da estratégia.

Desenvolvimento

Prática em desenvolvimento
- Menos de 75% das organizações formam parcerias com instituições de ensino superior (IES) que beneficiem todos os seus funcionários.
- As empresas ainda necessitam de sistemas formais de gestão que estimulem a troca e o compartilhamento de experiências entre seus empregados.
- Os processos de aprendizagem também carecem de maior atenção por parte dos gestores.

Prática a desenvolver
- Ainda é reduzida a utilização da tecnologia aplicada à educação e ao desenvolvimento dos funcionários.

Remuneração

Prática desenvolvida
- Praticamente todas as empresas oferecem assistência médica a todos os empregados, e 84% dessas organizações oferecem também assistência odontológica.
- A consulta salarial é uma prática adotada por quase todas as empresas.

Prática em desenvolvimento
- Os programas de subsídio à especialização profissional dos funcionários existem, mas não são para todos.

Prática a desenvolver
- São raras as empresas que subsidiam o estudo de idiomas e auxiliam na educação dos filhos de funcionários.
- Poucas empresas adotam programas de *stock options*[4].

Saúde

Prática a desenvolver
- Todas as empresas afirmam ter programas de qualidade de vida e dizem adotar práticas formais visando ao maior equilíbrio entre a vida profissional e a pessoal; entretanto, somente 36% têm iniciativas para que volume e tempo de trabalho não prejudiquem a vida pessoal dos funcionários. Como resultado, têm profissionais esgotados e estressados (quesito com a menor nota na pesquisa respondida pelos funcionários).

---

[4] *Stock options* são opções de ações, ou seja, é o direito, conferido a diretores e funcionários de empresas, de adquirir ações da companhia, mediante determinadas condições estabelecidas pela empresa, como uma forma de incentivo.

Carreira

Prática desenvolvida
- Muitas adotam programas formais de recrutamento interno e mecanismos para informar os funcionários sobre as possibilidades de carreira.

Prática em desenvolvimento
- Falta melhorar os programas de preparação dos funcionários para a aposentadoria.

Prática a desenvolver
- A avaliação da chefia imediata pelo funcionário ainda está longe de ser realidade, assim como a avaliação "360 graus" (360°).
- Menos da metade das empresas oferece para todos os empregados cursos e eventos sobre planejamento de carreira.
- Apenas 22% possuem grupos de mentores ou aconselhamento de carreira.
- Faltam políticas contínuas de recolocação de funcionários demitidos. As ações são pontuais.

Liderança

Prática desenvolvida
- Na maioria das empresas, os líderes monitoram o clima de suas equipes e são realizadas pesquisas periódicas de clima organizacional com todos os funcionários.
- As competências para lideranças estão bem definidas na maioria das empresas e o perfil é levado em consideração nas avaliações de desempenho.
- É realizada a identificação de potenciais lideranças nas equipes de trabalho e os líderes recebem treinamentos específicos para o desenvolvimento de competências.

Prática em desenvolvimento
- Nem sempre o perfil de liderança é levado em consideração nos processos de remuneração e promoção.

Prática a desenvolver
- Poucas empresas atrelam a remuneração variável ao clima dos times de trabalho.

Cidadania

Prática desenvolvida
- Avançam as práticas de separação de lixo e as campanhas internas para preservação do meio ambiente.

Prática em desenvolvimento
- Há muitas boas ações de responsabilidade social, mas ainda falta envolver os funcionários e criar mecanismos formais de avaliação dos resultados desses programas.

Prática a desenvolver
- Poucas empresas têm políticas voltadas às mulheres, tais como aconselhamento e suporte ao planejamento familiar; instalações para atendimento e cuidado dos filhos; programas educacionais e de complementação educacional para os filhos; orientação para o desenvolvimento da carreira da mulher; e comitês específicos para discutir a ascensão das mulheres aos cargos de liderança.
- Ações formais de prevenção de ocorrências de assédio moral e sexual ainda são tabus.

Fonte: Elaborado com base em Revista Você S/A/Exame, 2010, p. 31-32.

3.3 Planejamento estratégico de gestão de pessoas e talentos

Quando falamos em *planejamento*, existe uma infinidade de variáveis que podem ou devem ser consideradas no processo, a começar pelo ambiente em que a empresa está inserida. Estamos nos referindo aqui ao macro ambiente, considerando a situação de oferta de recursos humanos disponíveis, passando pelo ambiente organizacional com todas as questões culturais e estruturais, até chegar aos objetivos da organização. Quando nos referimos ao planejamento de pessoas, por ser estratégico, ele traz consigo todas as considerações do planejamento estratégico da empresa, em especial sua missão, sua visão, seus valores e seus objetivos.

Para Villas-Boas e Andrade (2009), o planejamento da gestão de pessoas deve contemplar uma análise qualitativa e uma análise quantitativa, de modo a abranger toda a organização. O conjunto de atividades, tarefas, funções e cargos deve ser avaliado qualitativamente. O número de funcionários e colaboradores, bem como as possíveis necessidades futuras, devem ser avaliados de forma quantitativa, considerando volume de trabalho, incremento da informatização e programas de capacitação, possibilitando assim o desenvolvimento de programas de recrutamento e seleção para atender tais necessidades.

França (2008) enfatiza os aspectos comportamentais e os administrativos envolvidos na gestão de pessoas. Os aspectos comportamentais, que podem ser observados na Figura 3.4, sugerem que a gestão de pessoas deve ocorrer com base na visão integrada do indivíduo e nos aspectos fundamentais relacionados com suas expectativas sobre a relação de trabalho, ou seja, o contrato psicológico entre o que o funcionário deseja da organização e o que esta quer de seus empregados. O autor considera ainda o perfil e o tipo de personalidade, os grupos, as equipes, as lideranças, a cooperação e a competição, os valores e as questões éticas, entre outros aspectos inerentes à pessoa.

Figura 3.4 – **Aspectos comportamentais da gestão de pessoas**

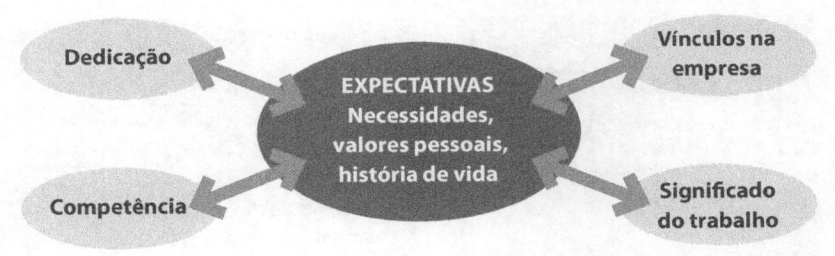

- Dedicação
- Vínculos na empresa
- EXPECTATIVAS: Necessidades, valores pessoais, história de vida
- Competência
- Significado do trabalho

Fonte: Adaptado de França, 2008, p. 6.

Os aspectos administrativos, por sua vez, ocupam-se das questões práticas, inerentes às atividades e aos processos desenvolvidos na organização, conforme ilustrado na Figura 3.5.

Figura 3.5 – **Aspectos administrativos relacionados à gestão de pessoas**

- Contratação
- Manutenção
- Preparação
- Reconhecimento
- Uniformização
- Proteção

➡

- Recrutamento
- Seleção
- Treinamento e desenvolvimento
- Salários e remuneração
- Carreira e competências
- Avaliação de desempenho
- Saúde e segurança
- Qualidade de vida no trabalho
- Comunicação interna e *endomarketing*

Fonte: Adaptado de França, 2008, p. 6.

Uma ilustração que nos auxilia no entendimento do processo de planejar a gestão de pessoas é dada por Tachizawa, Ferreira e Fortuna (2006), em que os autores sugerem iniciar o planejamento com base nas estratégias genéricas da organização, conforme podemos verificar na Figura 3.6.

Figura 3.6 – **Modelo de gestão de pessoas**

Princípios	Estratégias genéricas
Gestão estratégica Processos sistêmicos Gestão de Pessoas (GP)	• Planejamento de pessoal. • Recrutamento, seleção e contratação. • Administração de cargos e salários. • Planejamento de carreira. • Avaliação de desempenho. • Treinamento e desenvolvimento.

Fonte: Adaptado de Tashizawa; Ferreira; Fortuna, 2006, p. 75.

Quando estudamos sobre cultura organizacional, falamos a respeito dos modelos japonês e norte-americano de gestão de pessoas. França (2008) afirma que aspectos como autoridade, obediência, liderança, disciplina e autonomia são fatores que podem ser combinados de diversas maneiras dentro das organizações e que esses ingredientes estão presentes em todas elas, em menor ou maior proporção. Nos extremos, encontram-se os modelos participativo e diretivo, conforme ilustrado na Figura 3.7.

Figura 3.7 – **Modelos de gestão**

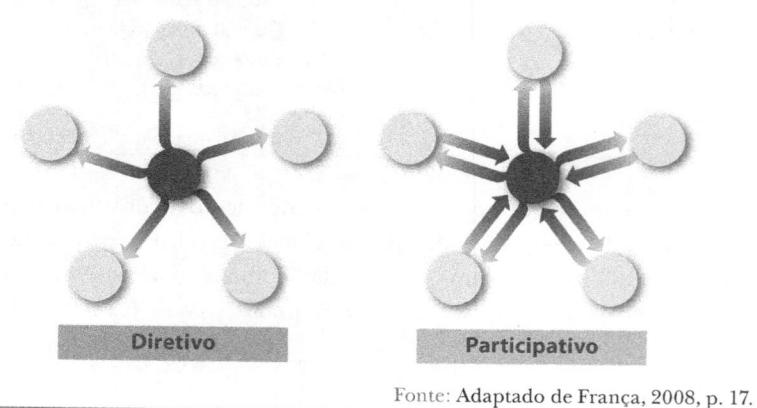

Fonte: Adaptado de França, 2008, p. 17.

Podemos observar que, basicamente, o **modelo diretivo** utiliza como mecanismo a **autoridade formal** e a **burocracia**, gerenciando a organização de forma centralizada, com baixa autonomia e pouca flexibilidade. Por outro lado, no **modelo participativo**, predomina a **autonomia** e a **liderança flexível**, em que todos são responsáveis pelos resultados.

Mas quais são as atividades que devem ser contempladas e como estabelecer uma divisão que facilite a gestão de todas as ações inerentes à gestão de pessoas? De modo geral, todos os subsistemas de recursos humanos devem ser contemplados. O nível de detalhamento irá depender do tamanho e/ou da complexidade da organização. Encontramos, na organização de Chiavenato (2009b), o mais abrangente detalhamento do subsistema de aplicação de recursos humanos. O autor dividiu a administração de recursos humanos em cinco subsistemas:

1. **Provisão** – Trata do planejamento de recursos humanos, do recrutamento e da seleção de pessoal.
2. **Aplicação** – Refere-se ao desenho e à descrição de cargos e à avaliação do desempenho humano.
3. **Manutenção** – Considera os aspectos de compensação, benefícios sociais, higiene, segurança e relações sindicais.
4. **Desenvolvimento** – Abrange o treinamento e o desenvolvimento de pessoas e o organizacional.
5. **Monitoração** – Contempla o banco de dados e os sistemas de informações, a auditoria de recursos humanos.

Com base nesses subsistemas, o autor sugere o detalhamento das políticas de gestão de pessoas, considerando os subsistemas, as atividades e os instrumentos ou ações necessários à operacionalização dessas políticas.

Ao modelo mostrado acima, acrescentaríamos ainda uma dimensão que acreditamos ser bastante relevante e estratégica para a gestão de pessoas e que tem levado algumas organizações a preocupar-se, buscando desenvolver políticas: a **retenção de recursos humanos**. No Quadro 3.4, apresentamos o detalhamento proposto e na Figura 3.8, mostramos a base da política de recursos humanos.

Figura 3.8 — Base da política de recursos humanos

Provisão de recursos humanos	Pesquisa de mercado de recursos humanos	Pesquisa e análise do mercado de recursos humanos.
		Fontes de recrutamento (onde recrutar).
	Recrutamento	Técnicas de recrutamento (como recrutar).
		Prioridade do recrutamento interno sobre o externo.
	Seleção	Critérios de seleção e padrões de qualidade.
		Grau de descentralização das decisões sobre a seleção de pessoal.
		Técnicas de seleção.
	Integração	Planos e mecanismos (centralizados e descentralizados) de integração de novos participantes no ambiente interno da organização.
Manutenção de recursos humanos	Administração de salários	Avaliação e classificação de cargos visando ao equilíbrio salarial interno.
		Pesquisas salariais visando ao equilíbrio salarial interno.
		Política salarial.
	Plano de benefícios sociais	Planos e sistemáticas de benefícios sociais adequados à diversidade das necessidades dos participantes da organização.
	Higiene e segurança do trabalho	Critérios de criação e desenvolvimento das condições físicas ambientais de higiene e segurança que envolvem os cargos.
	Relações sindicais	Critérios e normas de procedimentos sobre relações com empregados e com sindicatos.

Aplicação de recursos humanos	Análise e descrição de cargos	Determinação dos requisitos básicos da força de trabalho (requisitos intelectuais, físicos, responsabilidades envolvidas e condições de trabalho) para o desempenho da função.
	Planejamento e alocação de recursos humanos	Determinação da quantidade necessária de recursos humanos e alocação desses recursos em termos de planejamento em cargos dentro da organização.
	Plano de carreiras	Determinação da sequência ótima das carreiras, definindo as alternativas de oportunidades possíveis dentro da organização.
	Avaliação do desempenho	Planos e sistemáticas para a contínua avaliação da qualidade e adequação dos recursos humanos.
Desenvolvimento de recursos humanos	Treinamento	Diagnóstico e programação da preparação e reciclagem constante dos recursos humanos para o desempenho dos cargos.
	Desenvolvimento de recursos humanos	Aprimoramento em médio e longo prazos dos recursos humanos disponíveis, visando à contínua realização do potencial existente em posições mais elevadas na organização.
	Desenvolvimento organizacional	Aplicação de estratégias de mudança visando à saúde e à excelência organizacional.
Monitoração de recursos humanos	Banco de dados	Registros e controles que possibilitem a análise quantitativa e qualitativa dos recursos humanos disponíveis.
	Sistemas de informação	Meios e veículos de informação adequados às decisões sobre recursos humanos.
	Auditoria	Critérios de avaliação e adequação permanentes das políticas e dos procedimentos de recursos humanos.

Fonte: Adaptado de Chiavenato, 2009b, p. 4.

Quadro 3.4 – **Retenção como política de recursos humanos**

Política	Atividades	Instrumentos/ações
Retenção de recursos humanos	Satisfação e qualidade de vida	Pesquisas de clima organizacional que contemplem mecanismos de medição da satisfação, da motivação e da qualidade de vida dos recursos humanos.
		Mecanismos que possibilitem a participação dos funcionários em programas de responsabilidade socioambiental.
		Instalação e manutenção de programas que incentivem a participação dos recursos humanos na implantação de projetos e melhorias em todos os níveis da organização.
	Retenção do profissional	Planos de benefícios extras, extensivos aos familiares, tais como incentivos a cursos universitários e de línguas, bem como auxílio para a educação dos filhos, entre outros.
		Participação dos funcionários nos resultados, com a criação de política de participação nos lucros.
		Elaboração de sistemas de recompensa ou de participação dos funcionários e das equipes nos resultados de projetos sugeridos e implementados por eles.
		Plano de carreiras desafiador, que possibilite aos funcionários traçar um programa para galgar posições nos sentidos horizontal e vertical na organização.
		Oferta de programas de *coaching*, *counseling* e *mentoring* aos profissionais.
	Aprendizagem e disseminação do conhecimento	Desenvolvimento de programas de educação corporativa, com oferta de cursos e palestras.
		Criação de programas de desenvolvimento de equipes.
		Implantação de planos de rotação de funções, possibilitando que toda a equipe conheça as atividades de determinada área ou departamento.
		Desenvolvimento de banco de melhores práticas profissionais e outros programas de valorização da disseminação do conhecimento.

Fornecidas as bases e os *insights*[5] para o planejamento da gestão estratégica de pessoas, cabe a cada organização escolher o conjunto de políticas e práticas, considerando sua estratégia organizacional, sua estrutura, seu porte, o mercado em que está inserida e outros requisitos internos, como capacidade e disponibilidade de recursos. Com base no planejamento realizado, a organização, a direção e o controle da gestão dos talentos da organização serão estabelecidos.

No próximo capítulo, detalharemos as questões inerentes à função de organização de talentos, com base na definição das competências profissionais, na definição do que é talento – no âmbito de nossa obra –, bem como em mecanismos para identificar talentos.

Estudo de caso 1

Valores que passam de pai para filho

Ao longo dos seus 55 anos, a empresa formou gerações de profissionais. No entanto, quem quer entrar para esse seleto time tem de cultivar os mesmos valores da organização. Na Caterpillar, fabricante de máquinas industriais e agrícolas, localizada em Piracicaba, no interior de São Paulo, não é difícil encontrar quem foi levado a trabalhar na empresa pelas mãos do pai e se orgulhe por ver o filho dar, lá dentro, os primeiros passos na carreira profissional. E não é por falta de oportunidades, já que a região na qual a companhia se encontra é rica em indústrias de vários setores. Trata-se de um caminho natural, percorrido por quem quer garantir para aqueles de quem gosta as mesmas oportunidades que teve. "Aqui, a gente fala que nosso sangue é amarelo", diz um funcionário, ao referir-se à cor das máquinas produzidas pela empresa. Ao contrário de muitas outras organizações, a Caterpillar estimula essa prática. E até já fez uma edição do Candidate-se, seu programa de recrutamento exclusivo para funcionários. Isso tem uma explicação: a companhia leva a sério o seu código de conduta, que explicita os valores que considera importantes e deseja cultivar em seus empregados. Estes, por sua vez, acabam disseminando esses princípios para a família e as pessoas de seu convívio. Então, quando o parente chega à empresa, a relação fica mais fácil e tem se mostrado muito mais duradoura. O próprio presidente da Caterpillar, Luís Carlos Calil, começou há mais de 40 anos como *office-boy*, estimulado por seu pai, empregado na época. "Quem

---

5 *Insight* significa percepção interna, intuição, compreensão, percepção advinda do entendimento, descoberta repentina para solucionar uma questão ou um problema.

entra aqui, não sai mais", diz um funcionário. Prova disso é o tempo médio de casa, que é de 9,5 anos. Se for descontado o grande número de contratações feitas em 2007/2008, a média passa a 18 anos. Uma das causas do grande poder de retenção da empresa é o clima interno. Como boa parte dos gestores foi formada dentro de casa, o relacionamento entre chefe e subordinado é bem próximo. Isso ocorre em todos os níveis hierárquicos, mesmo no operacional. Nesse nível, por sinal, as mudanças implementadas há três anos com a implantação do sistema de produção Caterpillar são motivo de elogios por parte da equipe. "Antes, havia um coordenador para mais de 100 pessoas", diz um funcionário. "Hoje, cada gestor comanda uma equipe de no máximo 35 pessoas". A mudança permitiu maior agilidade na troca de informações entre chefe e subordinado. Hoje, são 150 gestores. E, o que é melhor, 80% deles veio do chão de fábrica. A comunicação é, de fato, um ponto levado a sério na empresa e é fundamental para manter o nível de orgulho da equipe, que se sente prestigiada quando o presidente compartilha com ela, por exemplo, as curiosidades que vê durante suas viagens de negócios. Os valores da empresa são integridade, excelência, trabalho em equipe e comprometimento.

Fonte: Adaptado de Izidoro, 2010, p. 64.

Questão do estudo de caso 1

1. Quais são os pontos desse estudo de caso que podem ser relacionados com os conceitos apresentados no texto?

2. Que ideias você pode extrair do texto e aplicar na sua organização, independentemente do porte ou do ramo de atuação desta?

3. Qual é o impacto dessas práticas na satisfação do colaborador, no seu desempenho na organização e no desenvolvimento de talentos?

Estudo de caso 2

Conduzindo para uma cultura organizacional forte

Para melhor compreender a cultura organizacional, buscamos inspiração no modelo de customização no qual cada um pode elaborar o seu próprio estudo de caso e analisar os resultados, possibilitando a ação corretiva. Com base na observação das práticas conduzidas em sua organização, responda às afirmações, dando notas de 5 a 1, onde 5 indica "concordo plenamente" e 1 indica "discordo veementemente".

	Discordo veementemente			Concordo plenamente	
1. Praticamente todos os gerentes e a maioria dos empregados podem descrever os valores da organização, os propósitos e a importância que tem o cliente.	1	2	3	4	5
2. Existe clareza entre os membros da organização sobre como o seu trabalho contribui para as metas da organização.	1	2	3	4	5
3. É bastante raro que um gerente aja de forma contrária aos valores incorporados na cultura organizacional.	1	2	3	4	5
4. Camaradagem e apoio a outros colaboradores é uma norma valorizada, mesmo entre departamentos.	1	2	3	4	5
5. A empresa e seus gerentes valorizarão mais o que é melhor para a organização no longo prazo do que os resultados no curto prazo.	1	2	3	4	5
6. Os líderes têm como ponto de honra desenvolver e orientar os funcionários.	1	2	3	4	5
7. O recrutamento é um processo conduzido com cuidado, com muitas entrevistas e com o objetivo de encontrar traços do colaborador que se adequem à cultura da empresa.	1	2	3	4	5
8. Candidatos recebem informações positivas e negativas sobre a empresa, de forma a escolher livremente onde trabalhar.	1	2	3	4	5
9. Espera-se que os empregados adquiram conhecimento real e que dominem com profundidade os assuntos – sem alianças políticas – antes de serem promovidos.	1	2	3	4	5
10. Os valores da organização enfatizam o que a empresa valoriza mais dentro de um ambiente de mudanças.	1	2	3	4	5

	Discordo veementemente			Concordo plenamente	
11. Conformidade aos valores e missão da empresa são mais importantes do que os procedimentos e a forma de se vestir.	1	2	3	4	5
12. Você tem ouvido histórias sobre líderes ou heróis da organização que auxiliaram a empresa a tornar-se grande.	1	2	3	4	5
13. Solenidade e eventos especiais são utilizados para reconhecer e premiar os indivíduos que contribuíram para a empresa de maneira significativa.	1	2	3	4	5

Fonte: Adaptado de Daft, 1999, p. 316.

Questões do estudo de caso 2

Primeira etapa: aplique a pesquisa, tabule e analise os dados. Identifique os pontos fortes e as oportunidades de melhoria.

Segunda etapa: elabore um plano de ação utilizando a ferramenta do plano de ação 5W2H (O quê? Por quê? Como? Quem? Quando? Onde? Quanto vai custar?), que contemple ações para produzir mudanças nos pontos que precisam ser modificados para fortalecer a cultura da sua organização.

Síntese

Neste capítulo, iniciamos a abordagem técnica da gestão de talentos apresentando o modelo de gestão estratégica, que considera a captação, a retenção e o desenvolvimento de talentos, com vistas à criação de valor para a organização. Estudamos sobre a cultura organizacional e aprendemos que ela se forma com base nos valores compartilhados pelas pessoas que dela fazem parte, pelas práticas de gestão e pelo comportamento dos gestores. Outro aspecto a ressaltar é que a cultura é influenciada também pelo ambiente, assimilando elementos de determinada região ou país. Nesse contexto, evidenciamos alguns traços da cultura brasileira, que são mais frequentemente encontrados nas organizações e que estabelecem o "jeito brasileiro" de gerenciar talentos.

O PLANEJAMENTO DE TALENTOS

Verificamos também que, com base na conhecimento ou no reconhecimento da cultura que predomina em uma organização, é possível planejar e realizar esforços no sentido de orientar a modificação de elementos indesejados instalados naquela cultura, ou seja, criar uma cultura organizacional em que os valores e os princípios sejam claros e estejam disseminados entre todas as pessoas que trabalham naquela organização. Além disso, deve-se integrar as pessoas em torno de um compromisso único e desafiador, em que todos possam ter orgulho de fazer parte de uma organização transparente, com foco no sucesso e no desenvolvimento, e na qual todos possam ter a oportunidade de ganhar.

Quanto ao planejamento de talentos, inicialmente a empresa precisa dispor de meios para identificar e desenvolver talentos, cercando-se de mecanismos que:

- ajudem a identificar seus melhores talentos, acompanhando de perto seu desempenho;
- procurem otimizar cada passo de progresso na carreira, para aquelas posições mais críticas e valiosas;
- assegurem o crescimento e o desenvolvimento constante dos gestores, com vistas à retenção desses recursos gerenciais mais valiosos;
- detenham o compromisso da alta direção de que o plano seja garantido e eficaz.

Observamos ainda as diferenças entre os modelos norte-americano e japonês, no que se refere às características valorizadas por cada uma dessas culturas, bem como verificamos quais são os principais atributos das empresas para atração de talentos e o nível de desenvolvimento das práticas entre as melhores empresas para se trabalhar. Também destacamos algumas sugestões para melhorar a efetividade dos processos seletivos.

Finalmente, apresentamos a gestão estratégica de pessoas na organização e como os aspectos da cultura e da gestão podem ser combinados para planejar políticas de recursos humanos, considerando os subsistemas, as atividades e os instrumentos ou as ações necessários à operacionalização dessas políticas.

Questões para revisão

1. No que se refere à gestão estratégica de talentos, leia as afirmativas a seguir e assinale (V) para verdadeiro e (F) para falso:
   ( ) A gestão de talentos deve considerar tanto o ambiente interno quanto o externo.
   ( ) Na perspectiva da gestão de talentos, a organização deve assumir integralmente a responsabilidade pelo desenvolvimento do colaborador.
   ( ) A criação de valor para a empresa e para o colaborador, bem como para os acionistas e a sociedade, é uma das estratégias da gestão de talentos.
   ( ) Gerenciar talentos significa possuir estratégias de captação e retenção de pessoas.

   A sequência correta é:
   a) V, V, F, F.
   b) V, F, V, V.
   c) V, V, V, F.
   d) F, V, F, V.

2. Considerando os estudos a respeito da cultura de uma organização, analise as seguintes afirmações:
   I) Valores compartilhados, práticas de gestão e personalidade do fundador são elementos que fazem parte da cultura de uma organização.
   II) A tecnologia e o ramo de atuação não contribuem para o estabelecimento de um padrão cultural na organização.
   III) O conhecimento da cultura organizacional facilita a implementação de mudanças na organização.
   IV) As crenças, os valores e os costumes do país ou da região onde a organização está instalada interferem na cultura organizacional.

   As seguintes afirmativas estão corretas:
   a) I, III e IV.
   b) II, III e IV.

c) I, II e III.
d) Todas as afirmativas estão corretas.

3. Classifique as afirmações abaixo como corretas (C) ou incorretas (I):
   ( ) Um profissional preocupado com sua carreira pode abrir mão de um salário mais atrativo em uma empresa, que não tem uma política de desenvolvimento profissional, em favor de uma organização que mostre a possibilidade de oferecer um planejamento de carreira.
   ( ) Segundo o modelo japonês de gestão de pessoas, o potencial futuro e a capacidade de aprender do candidato são considerados muito mais importantes do que as aptidões por ocasião da contratação.
   ( ) O modelo norte-americano busca contratações de empregados que combinem mais com a cultura, as necessidades e os objetivos da organização, gerando maior grau de comprometimento pessoal.
   ( ) Os talentos são atraídos por causas sociais e humanistas e querem trabalhar de maneira comprometida, mas dentro de seu horário de trabalho, prezando pela qualidade e pelo tempo para a vida pessoal.

   A sequência correta é:
   a) C, C, C, I.
   b) C, I, I, C.
   c) C, C, I, C.
   d) I, C, I, C.

4. Como se pode planejar elementos de cultura organizacional desejados ou promover mudanças na cultura organizacional?

5. Considerando a divisão dos subsistemas de RH proposta por Chiavenato (2009b), cite as políticas de recursos humanos e suas respectivas atividades.

Questões para reflexão

1. Identifique os valores da cultura de uma empresa em que você tenha trabalhado. Esses valores estavam alinhados com os valores dos colaboradores? O que pode acontecer com uma organização quando os valores desta diferem dos valores das pessoas que nela trabalham?

2. Você considera que a cultura organizacional com valores fortes é melhor para a eficiência da organização do que a cultura com valores fracos? Existem momentos em que uma cultura organizacional forte pode reduzir a eficiência?

3. "Devemos nos opor à manipulação dos indivíduos em benefício da organização, mas um certo grau de uniformidade capacita a empresa a trabalhar melhor" (Dolan; Pineda, 2008). Você concorda com essa afirmação? Quais são as suas implicações para a cultura organizacional?

4. Estabeleça a relação entre valores, cultura e mudanças. É possível mudar o comportamento organizacional sem mudar os valores que permeiam a cultura da organização?

Para saber mais

MAMEDE, A. A. do C. *A influência da cultural organizacional nos processos de mudança*. Disponível em: <http://www.biblioteca.sebrae.com.br/bds/bds.nsf/4AD4782E13B055CB03256EF600506F48/$File/NT00090F7A.pdf>. Acesso em: 3 fev. 2012.

ADMINISTRADORES. *Gestão de talentos, desafio e tanto*. Disponível em: <http://www.administradores.com.br/informe-se/informativo/gestao-de-talentos-desafio-e-tanto/9701>. Acesso em 30 jan. 2012.

O AUTO da Compadecida. Direção: Guel Arraes. Brasil: Sony Pictures, 2000. 104 min.

SOCIEDADE dos poetas mortos. Direção: Peter Weir. EUA: Walt Disney, 1989. 129 min.

4 Organização de talentos

Conteúdos do capítulo:

- As competências profissionais;
- Modelos de competências;
- Conceito de talento;
- Identificação de talentos;
- Banco de talentos.

Após o estudo deste capítulo, você será capaz de:

- definir competências profissionais;
- reconhecer e identificar modelos de competências;
- compreender o que é um talento;
- reconhecer ferramentas para identificação de talentos.

Neste capítulo, trataremos da função da organização de talentos, discorrendo sobre as competências profissionais e apresentando modelos de competências, bem como as ferramentas utilizadas no mapeamento dessas competências. Discutiremos também sobre os conceitos de talento no âmbito do nosso estudo e as ferramentas para identificá-los.

4.1 As competências profissionais

Para iniciar nossa discussão acerca de competências, primeiramente vamos entender o que é um **profissional**. Para tal, tomamos emprestada a definição de Le Boterf (2003), que afirma que "o profissional é aquele que sabe administrar uma situação profissional complexa". Mas o que significa saber administrar uma situação? Ainda segundo Le Boterf (2003), **saber administrar** consiste em:

- saber agir com pertinência;
- saber mobilizar saberes e conhecimentos em um contexto profissional;
- saber integrar ou combinar saberes múltiplos e heterogêneos;
- saber transpor;
- saber aprender, e aprender a aprender;
- saber envolver-se.

Você já deve ter conhecido outras definições para a "arte" de administrar, mas utilizamos a linha de pensamento de Le Boterf (2003) para compreender a questão da competência profissional, pensando na organização de talentos dentro de uma instituição. O autor refere-se especialmente à capacidade do sujeito para enfrentar uma situação, que está relacionada com os recursos que se encontram à sua disposição e à capacidade que ele tem de mobilizá-los em ações pertinentes. Isso significa dizer que o profissional deve saber lidar com a complexidade. Uma vez estabelecida uma **meta** (missão, objetivos, resultado desejado etc.) e as regras de "condução" (eficiência, eficácia, desempenho global, qualidade total etc.), esse profissional deve saber elaborar e conduzir um projeto, considerando o campo de forças e as imposições diversas, muitas vezes opostas.

Isso posto, vamos investigar cada um dos componentes dessa ação profissional, sempre pensando em sua atividade e buscando associá-los com o dia a dia de nossas empresas, independentemente da função ou cargo que cada um ocupe. Com isso, podemos nos indagar:

Será que, quando um indivíduo adota esse comportamento, podemos dizer que estamos diante de um talento?

Vamos descobrir a resposta conhecendo cada um dos itens dessa definição, segundo a visão de Le Boterf (2003) e de outros pesquisadores:

a) **Saber agir com pertinência** – Significa saber ir além do prescrito. Diante dos imprevistos e da complexidade, o profissional deve saber tomar iniciativas, negociar e arbitrar, fazer escolhas, assumir riscos, reagir a contingências, inovar-se diariamente e assumir responsabilidades. Mais do que isso: além de agir diante de um incidente, também deve saber antecipá-lo. Saber agir é saber reagir, saber interpretar, saber o que fazer, saber inovar, saber julgar.

b) **Saber mobilizar saberes e conhecimentos em um contexto profissional** – A premissa dessa ação é a instrumentalização de saberes e capacidades dentro de determinado contexto, com a alocação dos recursos disponíveis, ou seja, o profissional demonstra sua capacidade no momento da ação. Vale ressaltar que o saber-fazer de um profissional está ligado a uma rede de relações pessoais, de pessoas-recursos, de banco de dados, de livros e anotações.

c) **Saber integrar ou combinar saberes múltiplos e heterogêneos** – Refere-se a saber selecionar os elementos necessários entre os recursos disponíveis, organizá-los em empregá-los para resolver um problema, conduzir um projeto ou desenvolver uma atividade profissional, combinando os diversos ingredientes de forma consciente, criando uma competência. Para ilustrar de forma simples a combinação de diversos recursos, tomemos o ato de andar de bicicleta, que implica saber pedalar, frear, acelerar, iniciar e parar. Podemos perceber que existe uma dinâmica de inter-relação dos diversos componentes do ato, combinando os conhecimentos gerais e os conhecimentos profissionais.

d) **Saber transpor** – Vai além da execução, possibilitando que o profissional tenha a capacidade de resolver problemas e enfrentar situações, e não apenas um problema ou uma situação. Significa possuir a condição de saber aplicar, em um novo ambiente, conhecimentos ou habilidades que foram adquiridos ou executados em contextos distintos. A facilidade para transpor exige que o profissional tenha capacidade de distanciar-se e de analisar seus próprios procedimentos e sua experiência acumulada, bem como de tratar situações novas aplicando o que já é conhecido e dominado.

e) **Saber aprender, e saber aprender a aprender** – Ocorre quando o profissional faz de sua prática uma oportunidade de criação de saberes. Senge (2000) decreta que é necessário construir organizações de aprendizagem em que as pessoas expandam continuamente sua capacidade de criar os resultados que almejam, fazendo emergir novos e elevados padrões de raciocínio, e nas quais as pessoas aprendam continuamente a aprender em grupo.

f) **Saber envolver-se** – Para adquirir todas as características apresentadas nos itens anteriores, é fundamental o envolvimento do profissional. Além da questão da inteligência, também estão em jogo a personalidade e a ética do indivíduo. É preciso querer agir, para saber e poder agir. O envolvimento do profissional depende da relação afetiva dele com a situação, que será avaliada considerando sua coragem e os recursos pessoais que tem para investir naquele momento.

Quadro 4.1 – **Competências utilizadas no mapeamento de talentos**

Níveis de ação	Vida pessoal	Comunicação	Trabalho industrial	Vida artística
Microação	Deglutir.	Colocar um ponto em um "i".	Dar uma volta em um parafuso.	Dar uma pincelada em um quadro.
Miniação	Comer uma banana.	Colar um selo.	Encaixar a ferramenta na broca.	Colorir uma superfície.
Ação	Almoçar.	Enviar uma carta.	Fazer um furo rosqueado.	Preparar um fundo.
Maxiação	Receber amigos para jantar.	Resolver um assunto por correspondência.	Montar um motor.	Pintar uma casa sobre um fundo.
Macroação	Receber o presidente da República para jantar.	Fazer uma contabilidade.	Construir um carro.	Pintar um quadro.

Fonte: Adaptado de Moles; Rohmer, citados por Le Boterf, 2003, p. 45.

Então, qual é a sua competência? Para ajudar a responder a essa questão, vamos verificar alguns modelos de mapeamento de competências.

4.2 Modelos de competências

Pesquisando em livros e artigos de diversos autores, verificamos que os modelos de competências propostos se iniciam considerando as competências individuais para, depois, construir as profissionais, corroborando as discussões e os estudos apresentados até aqui. Para representar as diversas etapas do modelo de gestão por competências, apresentamos o esquema desenvolvido por Villas-Boas e Andrade (2009), que resume e abrange de maneira prática o rol de atividades necessárias à consecução do modelo, conforme a Figura 4.1.

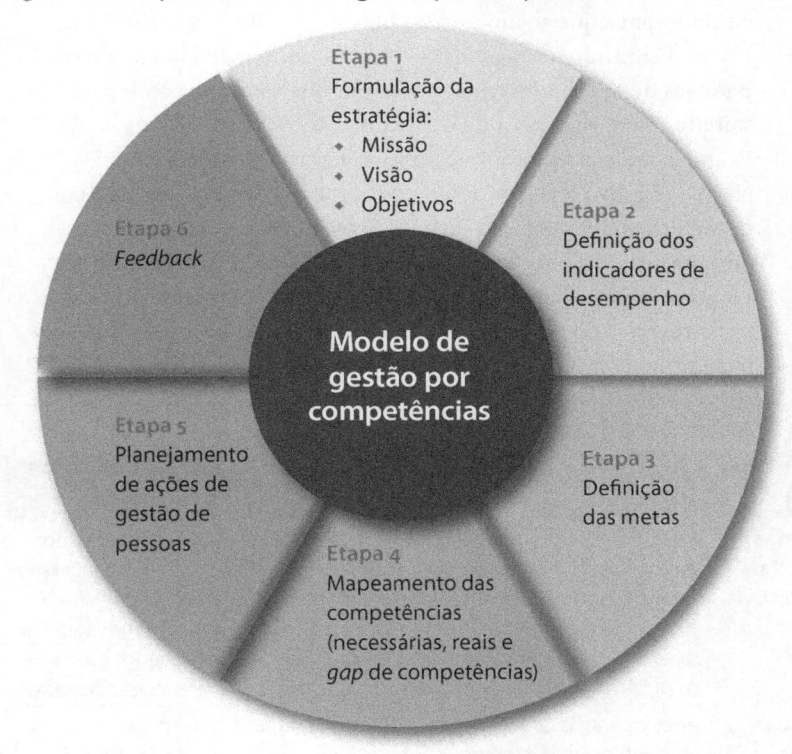

Figura 4.1 – Etapas do modelo de gestão por competência

Etapa 1
Formulação da estratégia:
* Missão
* Visão
* Objetivos

Etapa 2
Definição dos indicadores de desempenho

Etapa 3
Definição das metas

Etapa 4
Mapeamento das competências (necessárias, reais e *gap* de competências)

Etapa 5
Planejamento de ações de gestão de pessoas

Etapa 6
Feedback

Modelo de gestão por competências

Fonte: Adaptado de Villas-Boas; Andrade, 2009, p. 194.

Os autores detalham as etapas da seguinte forma:

a) **Etapa 1: formulação da estratégia** – A elaboração do planejamento estratégico de uma organização deve anteceder a definição das competências que são desejadas pelos colaboradores e deve emanar da missão, da visão de futuro e dos objetivos organizacionais. Com base em todos esses aspectos é que são definidas as ações para o alcance das metas.

b) **Etapa 2: definição dos indicadores de desempenho** – São os elementos que permitem verificar como e se os objetivos estão sendo atingidos. O conjunto de indicadores dever ser definido pela organização de acordo com suas capacidades e recursos, tomando cuidado para que sejam pertinentes, relevantes e mensuráveis.

c) **Etapa 3: definição das metas** – São os pontos de chegada e os padrões de resultados, que permitem que todos os colaboradores saibam o que se espera de cada um.

d) **Etapa 4: mapeamento das competências** – É a identificação clara e objetiva das competências organizacionais e individuais necessárias, bem como a verificação das competências que a empresa dispõe naquele momento. Tal mapa deve permitir a identificação de lacunas existentes entre as competências reais e as necessárias ou desejadas, permitindo orientar a tomada de ações para reduzir tais diferenças. Nesse sentido, observe o Quadro 4.2.

Quadro 4.2 – **Mapeamento de competências**

Mapeamento de competências	
Definição das competências necessárias	Identificar as competências dos funcionários, aquilo que o profissional ou a empresa é capaz de realizar. Entre as técnicas utilizadas para essa tarefa, incluem-se: análise dos documentos da empresa (planejamento estratégico); entrevistas com os funcionários (em especial com aqueles que conhecem bem a empresa); e aplicação de questionários em que os próprios respondentes avaliam o grau das competências utilizadas.
Definição das competências reais	Após definir as competências necessárias, identificam-se as competências existentes. A avaliação de desempenho é a mais importante das ferramentas, uma vez que monitora os indicadores de desempenho. As técnicas utilizadas são as escalas gráficas, a avaliação "360 graus" (360°), o *balanced scorecard*, a pesquisa de campo, a avaliação por objetivos, entre outras, detalhadas no Capítulo 6.
Lacunas ou *gap* de competências	É a discrepância ou a diferença entre as competências necessárias e as competências reais. Com base na identificação destas, elaboram-se estratégias e planos de ação para reduzir ou preencher as lacunas.

Fonte: Villas-Boas; Andrade, 2009, p. 127.

e) **Etapa 5: planejamento de ações de gestão de pessoas** – Com base nos resultados e nas necessidades identificadas no mapeamento de competências, devem ser planejadas ações para desenvolver as competências internas por meio de treinamentos (individuais) e investimentos em pesquisa (organizacionais), para captar competências externas por meio de novas contratações (individuais) ou parcerias e *benchmarking* (organizacionais), bem como para realizar a movimentação interna de pessoas, promovendo ou transferindo colaboradores.

f) **Etapa 6:** *feedback* – Verificação da eficácia das ações adotadas na etapa anterior, ou seja, se elas resultaram no desenvolvimento das competências desejadas. Após essa etapa, reinicia-se o ciclo do modelo de gestão por competências.

Sobre a gestão de pessoas por competências, Gramigna (2002) propõe um modelo composto por quatro blocos de intervenção: I) definição de perfis; II) avaliação do potencial e formação do banco de talentos; III) realinhamento e capacitação por competências; e IV) gestão das competências com avaliação 360°. Segundo a autora, como consequências desse processo, a organização obtém maior produtividade, cria um ambiente participativo e motivacional, produz comprometimento, fortalece gerências e equipes, enfoca os resultados, melhora a competitividade e consegue obter diferenciais de mercado. As competências elencadas nesse modelo são apresentadas na Figura 4.2.

Mais uma vez, cabe-nos observar que os modelos, como o próprio nome estabelece, não são ferramentas predeterminadas e, assim, cada organização deve elaborar e adotar aquele que atende melhor a suas necessidades, permitindo a flexibilidade de excluir ou incluir outras competências relacionadas à cultura do mercado em que a empresa atua.

4.3 Conceito de talento

O que é considerado um talento e como se identificam os talentos? Você é considerado um talento na sua empresa?

Segundo o Dicionário Houaiss (Houaiss; Villar; Franco, 2001, p. 2.661), *talento* é a aptidão natural ou habilidade; inteligência, engenho, força física, pulso e vigor.

Figura 4.2 – Competências utilizadas no mapeamento de talentos

Capacidade empreendedora
Verificar se o funcionário identifica novas oportunidades de ação, propõe e implementa soluções aos problemas e às necessidades que se apresentam, de forma assertiva, inovadora e adequada.

Capacidade de trabalhar sob pressão
Avaliar a capacidade para selecionar alternativas de forma perspicaz e implementar soluções tempestivas diante de problemas identificados, considerando suas prováveis consequências.

Comunicação
Medir a capacidade de ouvir, processar e compreender o contexto da mensagem, expressar-se de diversas formas e argumentar com coerência, utilizando o *feedback* de forma assertiva e positiva, para facilitar a interação entre as partes.

Cultura da qualidade
Observar a postura orientada para a busca contínua da satisfação das necessidades e para a superação das expectativas dos clientes internos e externos.

Criatividade
Analisar a capacidade de elaborar soluções inovadoras, viáveis e vantajosas para as situações apresentadas.

Dinamismo e iniciativa
Avaliar a capacidade para atuar de forma proativa e arrojada diante das situações.

Flexibilidade
Verificar a habilidade para adaptar-se oportunamente às diferentes exigências do meio e a capacidade de rever a postura diante de argumentos convincentes.

Liderança: Perceber a capacidade para catalisar esforços grupais, a fim de atingir ou superar os objetivos organizacionais, estabelecendo um clima motivador, formando parcerias e estimulando o desenvolvimento da equipe.

Motivação – energia para o trabalho: Observar a demonstração de interesse pelas atividades a serem executadas, tomando iniciativas e mantendo atitude de disponibilidade e de aceitação, e tônus muscular, que indica energia para os trabalhos.

Negociação: Medir a capacidade de expressar-se e de ouvir, buscando equilíbrio de soluções satisfatórias nas propostas apresentadas pelas partes, quando há conflitos, e de observar o sistema de trocas que envolve o contexto.

Planejamento: Verificar a capacidade para planejar o trabalho, atingindo resultados por meio do estabelecimento de prioridades, metas tangíveis, mensuráveis e dentro de critérios de desempenho válidos.

Organização: Avaliar a capacidade de organizar as ações de acordo com o planejado, para facilitar a execução.

Tomada de decisão: Avaliar a capacidade para selecionar alternativas de forma sistematizada e perspicaz, obtendo e implementando soluções adequadas diante de problemas identificados, considerando limites e riscos.

Relacionamento interpessoal: Observar a habilidade de interagir com as pessoas de forma empática, inclusive diante de situações conflitantes, demonstrando atitudes positivas e comportamento maduro que evite o combate.

Visão sistêmica: Medir a capacidade para perceber a integração e a interdependência das partes que compõem o todo, visualizando tendências e possíveis ações capazes de influenciar o futuro.

Fonte: Elaborado com base em Gramigna, 2007, p. 44-45.

Considerando as competências relacionadas anteriormente, podemos afirmar que um profissional talentoso é aquele comprometido com a empresa, mas que vai além do comprometimento: ele comunga dos mesmos valores, está sempre disposto a aprender, investe em sua formação e está sempre estudando e se atualizando, além de ser ousado e criativo. Além disso, esse indivíduo gosta de desafios, de inovações, lida bem com a complexidade e demanda *feedback* constante. Entretanto, isso tudo isoladamente não leva a nada, se não resultar em eficiência e eficácia, ou seja, deve estar ligado a resultados.

De acordo com Chowdhury (2002), as pessoas talentosas não são apenas "profissionais do conhecimento"; são agentes livres, capazes de trazer enorme valor às empresas das quais fazem parte. Na verdade, elas sabem disso. As empresas que almejam maximizar o valor dos talentos devem agir de maneira completamente nova.

Para o diretor de recursos humanos do Banco Votorantim, Celso Marques de Oliveira (2010a), "talento é aquele que tem um desempenho diferenciado e potencial para ocupar posições de maior responsabilidade". Ele afirma ainda que "é um profissional que tem uma inquietação interna, consegue colocar seu potencial em prática e precisa estar inserido em um ambiente de desafios, não pode ficar preso à rotina do dia a dia".

> "talento é aquele que tem um desempenho diferenciado e potencial para ocupar posições de maior responsabilidade" (Oliveira, 2010a).

O modelo de *work levels*, mencionado anteriormente, é uma metodologia desenvolvida pelo francês Elliott Jacques, citado por Bruno (2012) e trazida e aplicada no Brasil pelo Instituto Pieron. Nesse modelo, o autor separa o talento em sete níveis de qualidade, organizados em três campos de ação, conforme a Figura 4.3.

Em artigo publicado pelo Instituto Pieron, Bruno (2012), discorre sobre sete teorias que remetem à natureza dos talentos, as quais organizamos e comparamos na Figura 4.4.

Figura 4.3 – Níveis de qualidade dos talentos

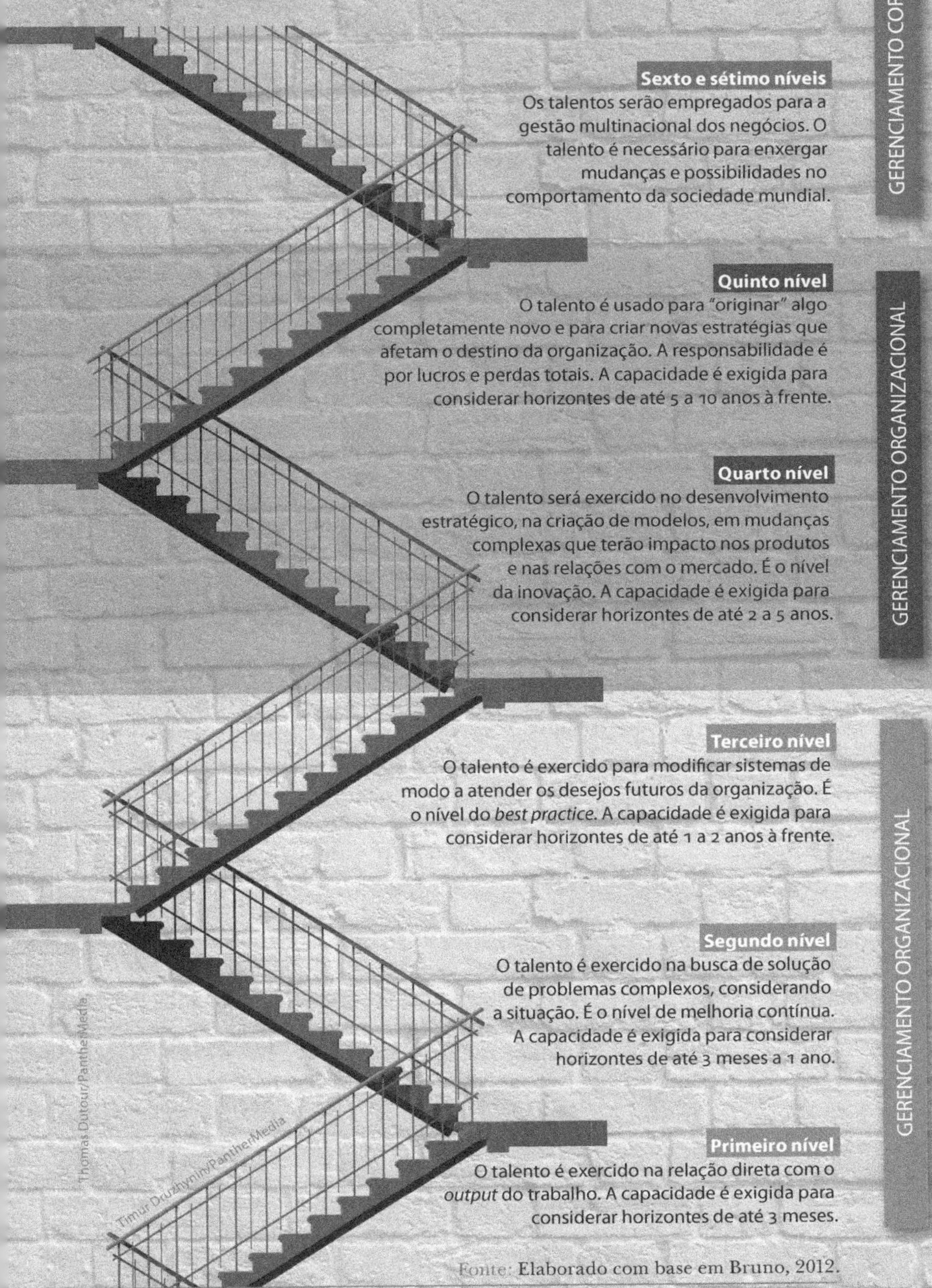
GERENCIAMENTO CORPORATIVO
Sexto e sétimo níveis
Os talentos serão empregados para a gestão multinacional dos negócios. O talento é necessário para enxergar mudanças e possibilidades no comportamento da sociedade mundial.
GERENCIAMENTO ORGANIZACIONAL
Quinto nível
O talento é usado para "originar" algo completamente novo e para criar novas estratégias que afetam o destino da organização. A responsabilidade é por lucros e perdas totais. A capacidade é exigida para considerar horizontes de até 5 a 10 anos à frente.
Quarto nível
O talento será exercido no desenvolvimento estratégico, na criação de modelos, em mudanças complexas que terão impacto nos produtos e nas relações com o mercado. É o nível da inovação. A capacidade é exigida para considerar horizontes de até 2 a 5 anos.
GERENCIAMENTO ORGANIZACIONAL
Terceiro nível
O talento é exercido para modificar sistemas de modo a atender os desejos futuros da organização. É o nível do *best practice*. A capacidade é exigida para considerar horizontes de até 1 a 2 anos à frente.
Segundo nível
O talento é exercido na busca de solução de problemas complexos, considerando a situação. É o nível de melhoria contínua. A capacidade é exigida para considerar horizontes de até 3 meses a 1 ano.
Primeiro nível
O talento é exercido na relação direta com o *output* do trabalho. A capacidade é exigida para considerar horizontes de até 3 meses.
Thomas Dutour/PantherMedia
Timur Druzhynin/PantherMedia

Fonte: Elaborado com base em Bruno, 2012.

Figura 4.4 – **Teorias sobre a natureza dos talentos**

Teoria do dom natural

Beethoven, Picasso e Da Vinci são exemplos de talentos natos. A teoria procura explicar o talento e toma o da liderança como exemplo, uma característica natural, mas que pode ser desenvolvida por pessoas que realmente o quiserem. Dons naturais nem sempre são os necessários para o sucesso em uma organização. O que uma empresa precisa é de qualidades humanas mais "comuns". Sem dúvida, certos traços são distintivos, mas uma empresa não precisa de genialidades para resolver seus problemas.

Teoria da inteligência

Temos capacidades especiais demonstradas por nossa habilidade lógica, de abstração etc. As teorias da inteligência sofreram duros reveses no início dos anos 1970 e 1980. O sucesso na vida prática não está mais associado ao QI, mas a atributos explicáveis por um conjunto de competências cognitivas, experienciais e contextuais.

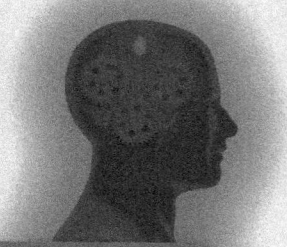

Teoria da formação acadêmica

Os estudos sobre inteligência (mencionados anteriormente) afirmam que não existe relação entre sucesso acadêmico e uma vida profissional bem-sucedida. Elliott Jacques (autor da teoria dos sistemas estratificados) é taxativo ao concluir que a capacidade das pessoas para decidir e conduzir planos não se aprende nos bancos escolares.

Teoria da criatividade

É a capacidade de *insight* distintiva, que faz com que tenhamos uma percepção nova a respeito de um fato ou de um problema. Toda pessoa é criativa, pois essa é uma característica distintiva do ser humano: produzir objetivos, enxergar a longo prazo, sonhar soluções. A criatividade pode ser bloqueada, reprimida ou mal utilizada, se não conseguirmos alocar pessoas de acordo com suas capacidades. Entretanto, ser criativo é uma condição humana. A questão é o que fazer para permitir sua manifestação. Isolada, não distingue o nível do talento.

Teorias dos traços da personalidade e dos tipos psicológicos

Alguns estudos mostram que não há correlação entre talento e tipos psicológicos ou traços de personalidade. Portanto, não é possível estabelecer correlação entre estilos (intuitivo, perceptivo, pensamento, sentimento) ou traços (dominante, agressivo, sociável) e o sucesso em diferentes posições na organização.

Teoria da competência

Os conceitos de McClelland influenciaram o pensamento das ciências humanas quando este questionou a relação entre o QI e o sucesso na vida prática. Ele ainda propôs um modelo de identificação de competências que nos auxilia a perceber o talento para o sucesso e o desempenho imediatos. Afinal, toda avaliação por competências tem o foco nos comportamentos passados. Contudo, quando falamos de *talento*, precisamos também estimar o comportamento futuro, em que nível se poderá desempenhar.

Teoria do crescimento da capacidade e níveis de complexidade no trabalho

Elliott Jacques, autor do conceito do *work levels* (níveis de trabalho) sobre a organização natural do trabalho e o crescimento da capacidade das pessoas, apresenta três conceitos: a) níveis de complexidade no trabalho, que preconiza que cada nível de complexidade dentro de uma organização requer diferentes talentos para compreender e conduzir o trabalho; b) trabalho, que é a "aplicação do conhecimento e o exercício do próprio discernimento e julgamento, para alcançar um objetivo dentro de um tempo de realização definido", e não se trata de percorrer caminhos conhecidos, mas de escolher caminhos, construir novos ou, ainda, adaptá-los quando se encontram dificuldades inesperadas; e c) capacidade, que tende a crescer ao longo do tempo. É possível compreender a capacidade atual das pessoas e estimar seu crescimento ao longo do tempo, de modo a antever os níveis de complexidade de trabalho futuro de alguém. Isso é fundamental para qualquer atividade planejada de desenvolvimento e sucessão. Afeta o gerenciamento dos talentos.

Fonte: Elaborado com base em Bruno, 2012.

Chowdhury (2002), por outro lado, pesquisou a relação da contribuição eficaz dos talentos de várias organizações e criou o conceito "XYZ", no qual demonstra a importância que deve ser atribuída ao diferenciar as três classes, no que se refere à produção do conhecimento e das competências, ao gerenciamento do comprometimento dos talentos e à avaliação de seus desempenhos. Os pressupostos de cada elemento do conceito estão esquematizados no Gráfico 4.1.

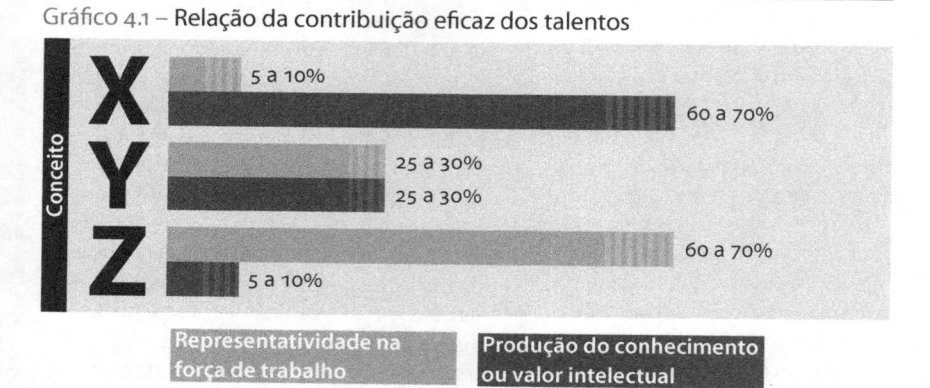

Gráfico 4.1 – **Relação da contribuição eficaz dos talentos**

Conceito
X: 5 a 10% | 60 a 70%
Y: 25 a 30% | 25 a 30%
Z: 5 a 10% | 60 a 70%

Representatividade na força de trabalho | Produção do conhecimento ou valor intelectual

Fonte: Elaborado com base em Chowdhury, 2002, p. 133.

Como representam níveis diferentes, cada classe ("X", "Y" e "Z") deve ser gerenciada de forma específica, uma vez que contribuem de maneira diferente para os resultados alcançados. Chowdhury (2002) menciona que, ao se remunerar a força de trabalho considerada na referida análise, é importante não distanciar as classes economicamente, pois tal atitude pode causar preconceitos, competição e desmotivação. A melhor alternativa é proporcionar um aumento médio do desempenho, possibilitando a diminuição da variabilidade de competências entre os níveis e provocando, assim, um aumento da criação de valor.

Então, agora que conhecemos as teorias que procuram explicar e definir o talento, vamos conhecer as ferramentas para identificar e desenvolver esses talentos.

4.4 Identificação de talentos

Identificar e contratar profissionais de talento é algo que as empresas buscam rotineiramente, pois, no mundo corporativo, já se adquiriu consciência de que o diferencial do negócio está no potencial humano. Contudo, como se pode identificar um profissional de talento?

Atualmente, é comum as empresas utilizarem programas de estágio e de *trainee* para recrutar profissionais que tenham perfil de talento. Outra prática fundamental são as avaliações de desempenho, realizadas preferencialmente com periodicidade semestral e utilizadas para mapear os profissionais de alto desempenho. Nesse sentido, os gestores são os principais atores da identificação de talentos.

Outras ferramentas podem ser utilizadas para colaborar com a identificação de talentos, como o exemplo encontrado na empresa Caterpillar, em que os colaboradores da área administrativa têm uma página pessoal no sistema da empresa, que atualizam uma vez por ano. Nela, os funcionários informam os cursos que realizaram; os projetos que desenvolveram; suas grandes realizações no último ano, suas ansiedades e seus sonhos. Na avaliação, os gestores conversam com os colaboradores sobre a atualização dessas páginas e comentam sobre lacunas e oportunidades de melhoria, criando assim um banco de potenciais talentos.

Pesquisando no Guia Você S/A/Exame das melhores empresas para trabalhar (Revista Você S/A/Exame, 2010), identificamos as competências mais valorizadas por algumas das empresas, e como o profissional deve se preparar para despertar o interesse da empresa no momento da contratação, conforme apresentando na Figura 4.5.

Refletindo sobre as características desejadas, vemos que o profissional, percebendo em uma organização oportunidades de crescimento e desenvolvimento, deve desempenhar suas funções da maneira mais proativa possível, com espírito de equipe e *hands on*[1]. Nós acrescentaríamos a essa lista a característica de *resiliência*, termo que emprestamos da física e que, segundo o Dicionário Aurélio (Ferreira, 1999, p. 566), é "a propriedade pela qual a energia armazenada em um corpo deformado é devolvida

---

1 Hands on é a pronta disponibilidade, a disposição do funcionário para desenvolver qualquer atividade que a empresa necessite.

Figura 4.5 – O que as melhores empresas buscam

Perfil que a empresa valoriza	Competências desejadas
Capacidade de trabalhar em equipe	Saber liderar e ser liderado.
Motivação	Capacidade e desejo de crescer na empresa.
Comprometimento	Engajamento com a organização.
Visão do todo	Olha o conjunto da empresa, não apenas o seu setor.
Prazer em ser desafiado	Gosta de se superar.
Empreendedorismo	Tem capacidade de empreender, de criar, de buscar novos projetos.
Capacidade de realização	Consegue colocar seu potencial em prática, é uma pessoa realizadora.
"Brilho nos olhos"	Está estampado na face do profissional.
Sede de conhecimento	Quer aprender e fazer melhor.
Desempenho superior	Provado por meio das avaliações de desempenho.
Atitude diferenciada	Profissional positivo, colaborativo, curioso e contributivo.
Valores	Coerentes com os valores da organização.

Como se sair bem na entrevista de emprego

Mencionar exemplos de projetos em que foi líder e liderado; contar como fez para entregar um objetivo ao seu superior e quem o ajudou.

Comportamento do candidato diante dos desafios profissionais e pessoais. Motivação tem a ver com a reação às adversidades.

Contribuições do profissional em projetos passados. Demonstrar paixão pelo que faz, que não é movido apenas pelo salário ou por benefícios.

Não falar apenas de sua área, mas perceber as conexões e as interfaces de sua área com os demais setores da empresa.

É o profissional que não troca de empresa para fazer a mesma coisa, que não tem medo de desafios.

Mostrar as oportunidades que identificou, os planos de negócios e as novas propostas que apresentou à empresa. É quem vê o negócio como se fosse seu.

Ao comentar seus projetos, mostrar que "põe a mão na massa", que é tático, mas também operacional, que não fica esperando acontecer, que sabe o que tem de fazer para chegar lá e faz.

Mostrar entusiasmo ao contar suas experiências e realizações. O brilho nos olhos é a expressão corporal do entusiasmo.

É o profissional que vai sempre em busca de algo que não domina, que não sabe fazer.

Características relacionadas às realizações que o candidato obteve na carreira. Ele reestruturou sua empresa, fez um *start up* de área, trabalhou em um projeto de internacionalização: Deu certo? Deu errado? Ele soube sair do errado?

É o profissional assertivo, que não "foge da raia", que não diz que isso ou aquilo não vai dar certo, mas diz "vamos tentar". Para verificar essa característica, o recrutador pergunta sobre as situações mais complexas enfrentadas no trabalho e como ele lidou com os obstáculos.

Depende da cultura da empresa. Não existe o certo ou errado, o bom ou o ruim.

Fonte: Adaptado da Revista Você S/A/Exame, 2010, p. 27.

quando cessa a tensão causadora de tal formação elástica". Na gestão, está relacionada com a capacidade de transformar problemas em oportunidades, em não se ficar lamentando a situação, mas sim buscar por soluções e não criar resistências, diminuindo o estresse e enfrentando melhor as tensões do ambiente organizacional. Cabe ressaltar que a resiliência é diferente de acomodação ou descaso. **Significa direcionar o foco para a resolução do problema e não para o problema em si.** É entender que não é possível mudar a situação nem procurar os culpados, mas, sim, encontrar a melhor solução no menor tempo possível.

No que se refere aos aspectos processuais da captação e da seleção de talentos, é importante que a empresa tenha sua estratégia bem definida, de modo a adequar cada necessidade de contratação, considerando a posição que o profissional irá ocupar. Adler (2003) propõe quatro estágios, em um processo integrado, tendo cada um deles objetivos específicos, detalhados por Almeida (2004):

1. **Atração** – Refere-se a qualquer tipo de ação para atrair candidatos, incluindo estudos e pesquisas do mercado, disponibilização de informações sobre a cultura e os valores da empresa no *site* corporativo e a utilização de múltiplas fontes de captação.
2. **Triagem** – São as ações relacionadas à eliminação de candidatos não qualificados, aplicando-se algum tipo de filtro, que pode ser um questionário ou testes padronizados, realizados *on-line* ou pessoalmente, ou, então, trabalhar por amostragem, procedimento em que, uma vez identificados candidatos suficientes, passa-se para o próximo estágio. A análise do currículo, preferencialmente em equipe, também eleva a precisão do processo.
3. **Avaliação** – Ações destinadas a avaliar as qualificações dos candidatos, que incluem a combinação de diferentes técnicas de seleção, de modo a proporcionar maior oportunidade de avaliar as mesmas competências em momentos diferentes. A utilização de entrevistas estruturadas e baseadas em competências e desempenho, bem como realizadas em equipe ou sequenciais, também ajudam a refinar o processo. Outra estratégia é a atribuição de uma tarefa antes da entrevista, para que seu

resultado possa ser discutido naquele momento. Além disso, maximizar a busca por referências mais aprofundadas sobre o candidato auxilia na obtenção de informações mais precisas.

4. **Decisão** – Ações para decidir entre os candidatos finais, quando estes podem ser solicitados a desenvolver algum tipo de projeto que possibilite a análise de habilidades de resolução de problemas e/ou a proposição de soluções. Também é possível contratar o candidato por um período de tempo, como um estágio probatório, que pode servir para validar a contratação.

O tempo que cada organização irá despender em cada um dos estágios pode variar, de acordo com Almeida (2004), dependendo do perfil da vaga e do objetivo da empresa, bem como do planejamento realizado antes de iniciar o processo de recrutamento e seleção. Esse planejamento deve considerar a antecipação às demandas e a prospecção de talentos para atender demandas futuras, passando pela análise da real necessidade de contratação, depois de esgotadas as hipóteses de treinamento, rodízio, recolocação de pessoal e formação de equipes. Outra consideração do planejamento é a identificação do perfil ideal do candidato que a empresa deseja agregar à equipe.

Até aqui, referimo-nos ao processo de recrutamento e seleção externo à empresa. Mas, como identificar talentos dentro da organização? As avaliações de desempenho devem prever avaliação de potenciais talentos, e isso deve acontecer desde que o profissional é contratado. Para tanto, é necessário que a empresa possua um plano de carreira, conforme estudamos no Capítulo 3, sobre o planejamento de talentos. A avaliação deve permitir a identificação de pontos fortes, pontos a melhorar ou oportunidades de melhoria, bem como as posições futuras que o funcionário pode ocupar, variáveis estas que devem ser minuciosamente avaliadas para se fornecer um *feedback* estruturado ao profissional. Nessas avaliações, devem ser levadas em consideração informações como o histórico do profissional, seu desempenho e seu potencial de crescimento, criando assim um banco de informações. A partir daí, pode-se estruturar um plano de desenvolvimento individual, com vistas à ocupação de posições futuras dentro da organização.

4.4.1 Banco de talentos

Que ferramentas podem ser utilizadas para organizar talentos dentro da empresa? Pense na força de trabalho da sua organização: Se você tivesse de tomar uma decisão hoje sobre quem promover ou enviar para um programa de desenvolvimento, como *coaching*, por exemplo, você saberia quem indicar? E se um gerente de nível tático, muito importante para a sua organização, deixasse a empresa, você saberia quem indicar, com base no talento, para substituí-lo? E para outros cargos, você teria um *replacement* – um substituto – imediato? Será que apenas as grandes empresas podem ter instrumentos que auxiliem na tomada desse tipo de decisão?

Conhecer a força de trabalho é o ponto de partida para a gestão de talentos de uma organização. Isso significa identificar os pontos de excelência e as oportunidades de desenvolvimento, bem como as melhorias das competências profissionais. Sabemos que, em função da competitividade, as empresas se encontram, em geral, em situação de maximizar a sua força produtiva, buscando resultados por meio do desempenho de suas equipes. Muitas vezes, essa mesma força de mercado leva a organização, por uma questão de sobrevivência, a operar com mão de obra muito aquém do necessário para produzir os resultados desejados. Se, *a priori*, isso pode parecer ruim, abrem-se novas oportunidades para potencializar os talentos existentes na organização. Nas palavras de Gramigna (2007, p. 98), "os investimentos em tecnologias de última geração, o preço do produto e a marca não são mais fatores de decisão do cliente. Estão ganhando a preferência do consumidor as organizações cujos profissionais demonstram preparo para exercer sua função de forma diferenciada".

O banco de talentos serve, justamente, para identificar talentos, oferecer informações acerca de quais talentos desenvolver e como desenvolver, apoiar as decisões gerenciais, sem contar o efeito sobre a motivação do colaborador, que tem sua capacidade produtiva aprimorada, o que aumenta o seu nível de satisfação. O Quadro 4.3 apresenta as vantagens do banco de talentos, nos níveis operacional, tático (gerencial) e estratégico.

> Conhecer a força de trabalho é o ponto de partida para a gestão de talentos de uma organização.

Quadro 4.3 – **Vantagens do banco de talentos**

Nível	Ações
Nível operacional	◆ Adotar medidas que estimulem os colaboradores. ◆ Realocar colaboradores em setores, funções e projetos nos quais possam aplicar seus conhecimentos e habilidades. ◆ Ampliar o espaço de autonomia das pessoas, suas responsabilidades e suas participações no processo de decisão da organização. ◆ Detectar talentos existentes para preencher vagas internas. ◆ Acompanhar o desenvolvimento das competências dos profissionais. ◆ A prática do rodízio como estímulo para a aquisição e o desenvolvimento de novas competências. ◆ Aperfeiçoamento do colaborador na função, com consequente aumento da produtividade. ◆ Acompanhamento aos colaboradores que apresentarem desempenhos abaixo do esperado, oferecendo a estes a possibilidade de uma atenção especial.
Nível tático	◆ Elaboração de planos de treinamento e desenvolvimento de pessoal com base nas competências com déficit. ◆ Aproveitamento de potenciais em evidência na formação de equipes multidisciplinares e complementares. ◆ Indicadores de desempenho mensuráveis na elaboração de perfis que permitam o investimento em contratação de novos profissionais. ◆ Elevação do moral e da satisfação de pessoas e grupos, adequando-se novas funções e novas missões aos potenciais dos indivíduos.
Nível estratégico	◆ Utilização de critérios objetivos na escolha de profissionais para a participação em processos sucessórios. ◆ Instrumentalização da empresa para a identificação, a absorção e o aproveitamento máximo das potencialidades dos colaboradores.

Fonte: Elaborado com base em Gramigna, 2007, p. 98-99.

Observe que as ações do **nível operacional** referem-se ao desempenho da tarefa em si, enquanto o **nível tático** trabalha com a tomada de decisões gerenciais, os grupos, os setores e as unidades de negócio. Por fim, no **nível estratégico**, possibilita-se traçar cenários por meio da identificação de oportunidades que podem produzir vantagens competitivas.

O banco de talentos pode ser organizado com o auxílio de sistemas informatizados aos quais os gestores tenham fácil acesso, tanto para consultá-lo quanto para alimentá-lo com informações das avaliações de desempenho e com registros de treinamentos e desenvolvimentos. É importante ressaltar que nada tem menos utilidade que um banco de talentos com falta de dados ou com informações desatualizadas. Na organização, a tarefa de alimentar essa ferramenta é de todos, em especial dos gestores de cada nível, subsidiados pelos gestores de recursos humanos. Partimos do pressuposto, aqui, de que, quando a cultura organizacional assim estimula e permite, os gestores de todos os níveis organizacionais são, por definição, gestores de talentos nas empresas em que atuam.

Estudo de caso

Electrolux: preparando sucessores

Imagine o ânimo de uma empresa que se preparou para enfrentar queda de 10% nas vendas ao longo do ano, mas obteve acréscimo de 20%. Essa foi a história da subsidiária brasileira da fabricante de eletrodoméstico Electrolux, em 2009. A companhia, que possui 7.970 funcionários, começou o ano pessimista com os efeitos da crise financeira internacional e terminou feliz da vida com o inesperado acréscimo das vendas, puxado pela isenção do Imposto sobre Produtos Industrializados (IPI). Um dos resultados desse crescimento foi a ampliação do número de funcionários — só a matriz, em Curitiba, contratou 700 pessoas para instalação do 3º turno. A avaliação de desempenho foi estendida ao chão de fábrica, e o caminho para crescer na empresa tem sido explicado didaticamente pela área de Recursos Humanos. O programa *Talent Review*, realizado anualmente entre janeiro e março, tem o objetivo de identificar pelo menos três possíveis sucessores para cada cargo de gestão e ajudá-los a se preparar com as ferramentas oferecidas pela empresa, como bolsas de estudo. Há também a oportunidade de carreira internacional, já que muitas das vagas executivas do grupo são anunciadas internacionalmente. O programa *Electrolux Leader* treinou mais de 200 gestores e postulantes a cargos de gestão ao longo do ano passado. Outra característica da empresa é a preocupação com a diversidade — existe a meta de chegar, ao final deste ano, a 30% dos cargos de gestão ocupados por mulheres (o percentual em julho era de 24%). O programa para gestantes acompanha toda a gravidez e doa um *kit* completo quando o bebê nasce — 119 funcionárias receberam o presente no ano passado.

Fonte: Adaptado de Oliveira, 2010m, p. 126.

Questões do estudo de caso

1. Quais são os pontos desse estudo de caso que podem ser relacionados com os conceitos apresentados no capítulo?
2. Que ideias você pode extrair e aplicar na sua organização, independentemente do porte ou do ramo de atuação desta?
3. Qual é o impacto dessas práticas na satisfação dos colaboradores, no seu desempenho na organização e no desenvolvimento de talentos?

Síntese

Neste capítulo, tratamos da organização de talentos e, para tanto, procuramos compreender o que é um profissional e quais são as competências profissionais requeridas pelas organizações. Partimos do estabelecimento do conceito de *administrar*, como sendo a capacidade da pessoa para enfrentar uma situação, que está relacionada com os recursos que se encontram à sua disposição e a capacidade que ela tem de mobilizá-los em ações pertinentes. Com base no estudo de Le Boterf (2003), elencamos as seguintes competências profissionais:

- Saber agir com pertinência.
- Saber mobilizar saberes e conhecimentos em um contexto profissional.
- Saber integrar ou combinar saberes múltiplos e heterogêneos.
- Saber transpor.
- Saber aprender, e aprender a aprender.
- Saber envolver-se.

Estabelecidas as competências que o profissional deve ter, apresentamos um modelo de gestão por competências, bem como organizamos uma série de competências e a forma como elas são identificadas, com vistas ao mapeamento de talentos em uma organização.

Definimos, no âmbito de nosso estudo, que *talento* é aquele profissional comprometido com a empresa, mas que vai além do comprometimento, pois comunga dos mesmos valores, está sempre disposto a aprender, investe em sua formação e constantemente estudando e se atualizando, além de ser ousado e criativo. Esse indivíduo gosta de desafios, de inovações, lida bem com a complexidade e demanda *feedback* constante. Entretanto, isso tudo isoladamente não leva a nada, se não resultar em eficiência e eficácia, ou seja, deve estar ligado a resultados. Pesquisamos sobre as teorias a respeito da natureza dos talentos e sobre os níveis de qualidade de talentos que podem coexistir em uma organização, bem como a contribuição relativa destes. Finalmente, abordamos a importância de identificar e contratar profissionais de talento, algo que as empresas buscam rotineiramente, pois no mundo corporativo já se adquiriu consciência de que o diferencial do negócio encontra-se no potencial humano. As estratégias de recrutamento externo devem ser organizadas, bem como as práticas de recrutamento e promoção internas precisam ser estruturadas, em especial com as vantagens da criação e da manutenção de um banco de talentos.

Questões para revisão

1. É correto afirmar que as seguintes ações se referem ao modelo de gestão por competências, **exceto**:
   a) A definição de indicadores de desempenho.
   b) A elaboração do planejamento estratégico da organização, com definição da visão, da missão e dos objetivos.
   c) A realização de pesquisa de clima organizacional.
   d) A identificação das competências da empresa e de cada funcionário.

2. São características do perfil profissional valorizado pelas organizações contemporâneas, **exceto**:
   a) Ter capacidade de trabalhar em equipe.
   b) Ter automotivação e comprometimento.
   c) Ser empreendedor e possuir capacidade de realização.
   d) Ter valores diferentes dos da organização.

3. As afirmações sobre banco de talentos a seguir são verdadeiras, **exceto**:
   a) A manutenção de um banco de talentos requer da empresa a realização de investimentos em tecnologia.

b) Permite acompanhar os colaboradores que apresentarem desempenhos abaixo do esperado, oferecendo a estes a possibilidade de uma atenção especial.
c) Utiliza-se de critérios objetivos na escolha de profissionais para a participação em processos sucessórios.
d) Permite realocar colaboradores em setores, funções e projetos aos quais possam aplicar seus conhecimentos e habilidades.

4. Descreva as etapas do modelo de gestão por competências.
5. O que é um talento e como ele pode ser identificado na organização?

Questões para reflexão

1. Como as informações obtidas em entrevistas de desligamento de colaboradores podem ser utilizadas para a gestão de talentos?
2. Você já ouviu falar de *empregabilidade*, correto? E a sua empresa, tem "empregabilidade"? Pesquise e reflita sobre a questão.
3. Pesquise em sua empresa e verifique se e como é realizado o recrutamento interno. Os colaboradores sentem-se estimulados a buscar oportunidades de progressão de carreira, vertical e horizontalmente, na organização?
4. Reflita sobre a forma como você está gerenciando o desenvolvimento de suas competências. O que você tem realizado em favor da melhoria das habilidades já adquiridas e o que tem feito para desenvolver novas competências?

Para saber mais

DESAFIANDO gigantes. Direção: Alex Kendrick. EUA: Sony Pictures, 2006. 111 min.

MENDES, R. Entrevista de seleção com foco em competência. **Gestão por competências**. Disponível em: <http://www.gestaoporcompetencias.com.br/gestao-competencias/entrevista>. Acesso em: 02 dez. 2011.

O DIABO veste Prada. Direção: David Frankel. EUA: Fox, 2006. 109 min.

5 Direção de talentos

Conteúdos do capítulo:

- Desenvolvimento de talentos e aprendizagem organizacional;
- A aprendizagem;
- Princípios da andragogia;
- A motivação para aprender;
- Metacognição: como a pessoa aprende;
- Estilos de aprendizagem;
- Formas de aprender;
- Treinamento e desenvolvimento;
- Tipos de treinamento;
- O ciclo do treinamento;
- Treinamento, desenvolvimento e tecnologia da informação;
- Desenvolvimento de talentos;
- *Coaching*: abordagem conceitual;
- Os pressupostos do *coaching*;
- O *coach* e as perguntas eficazes;
- *Coaching* e o estabelecimento de metas e objetivos;
- *Mentoring*;
- *Counseling*.

Após o estudo deste capítulo, você será capaz de:

- reconhecer os mecanismos de aprendizagem;
- saber diferenciar *treinamento* e *desenvolvimento*;
- compreender os principais processos que fazem parte do treinamento e do desenvolvimento;
- analisar a importância do subsistema de desenvolvimento para as organizações;
- reconhecer os conceitos de *coaching*, *mentoring* e *counseling*;
- compreender que a aprendizagem organizacional ocorre por meio do treinamento e do desenvolvimento.

Neste capítulo, discutiremos a importância de se investir em talentos, assim como a relação entre talento, desenvolvimento e desenvolvimento organizacional. Aprofundaremos as informações sobre os processos de aprendizagem, a andragogia e a motivação para aprender. Você conhecerá a metacognição, os estilos de aprendizagem, as formas de aprender e como todos esses tópicos se relacionam aos programas de treinamento e desenvolvimento.

Iniciamos esse estudo com alguns questionamentos:

O que vem à sua mente ao ouvir os termos *direção, autoridade, influência, liderança, estímulo* e *monitoramento* para resultados?

Qual o impacto da direção no ambiente organizacional, na gestão do clima organizacional e no aprendizado da equipe?

Como podemos observar, dirigir é uma ação abrangente e altamente impactante nas pessoas e nos resultados da organização. Em primeiro lugar, gostaríamos de convidar você a uma reflexão sobre o significado da palavra *direção*. Lacombe (2004, p. 112) explica que **dirigir** significa liderar, comandar, dar ordens e determinar os rumos da instituição. Stoner e Freeman (1995) salientam que a função dirigir encontra-se intimamente ligada a questões como influenciar e motivar os colaboradores a realizar suas tarefas essenciais. Isso ocorre porque as ações de planejar e organizar lidam com aspectos mais abstratos do processo de gestão: a direção envolve o trabalho com pessoas. É um processo fundamental de dar foco, estimular, fazer manifestar valores e promover estímulos para a aprendizagem organizacional.

Com base no estudo dos capítulos anteriores, vimos que talento refere-se a uma habilidade individual que requer aprendizado contínuo e desenvolvimento constante. Você já se deu conta de quantas horas por dia treina um pianista profissional? Ou uma bailarina? Ou um jogador de futebol? Assim, talentos requerem investimentos. No entanto, você pode perguntar: O que isso tem a ver com a organização? Os talentos de uma organização, seu capital humano, são a base para a construção do capital intelectual dessa organização. Contudo, o que especificamente é considerado *capital humano*? Qual a relação entre capital humano e produtividade? Compreender esse ponto é a chave para desenhar estratégias de desenvolvimento e gerenciamento dos talentos da organização. Para Lacombe (2004, p. 53), *capital humano* tem a seguinte definição:

> Capacidades, habilidades, aptidões e conhecimentos que se adquirem por meio da educação, do treinamento, da experiência bem aproveitada e da leitura, representando um acervo de conhecimento existente na população de um país, entre o pessoal de uma empresa ou um indivíduo. O capital humano tende a proporcionar produtividade mais alta para quem o possui, e esta é a principal razão pela qual as empresas investem em treinamento.

Essa definição nos chama a atenção para a importante relação que existe entre as habilidades individuais e de grupo e a criatividade, o foco na solução dos problemas e a identificação de oportunidades, tanto de melhorias dentro da organização quanto em relação aos *stakeholders* (partes interessadas). O capital humano da organização é a base para a formação do capital intelectual. Entretanto, o que é, de fato, o capital intelectual? Qual é a relevância de desenvolvê-lo? Capital intelectual, no caso de uma empresa, é o valor do material intelectual. Para Lacombe (2004, p. 53): "é o conhecimento que foi formalizado, capturado e alavancado, isto é, disponibilizado em toda a organização, a fim de produzir um ativo de maior valor". Esses conceitos nos levam a considerar a visão sistêmica dos talentos na organização e, dessa maneira, a relação íntima entre desenvolvimento de talentos e aprendizagem organizacional.

> Capital intelectual, no caso de uma empresa, é o valor do material intelectual.

5.1 Por que investir no desenvolvimento de talentos?

Você já ouviu falar em Esopo e sua fábula *A galinha dos ovos de ouro*? Vamos a ela:

> Um fazendeiro muito pobre descobre, no ninho de sua galinha preferida, um reluzente ovo de ouro. A princípio, ele fica desconfiado de algum tipo de brincadeira. Todavia, no momento em que vai jogar o ovo fora, pensa melhor e o leva para ser

> avaliado: o ovo era de ouro maciço! O fazendeiro fica tão surpreso e feliz que mal pode acreditar na sua sorte. Fica ainda mais surpreso no dia seguinte, quando o fenômeno se repete e outro ovo de ouro aparece. Dia após dia ele se levanta e a primeira coisa que faz é correr para o galinheiro para apanhar mais um ovo de ouro. O fazendeiro se torna imensamente rico. Porém, junto com sua boa sorte e fortuna, vieram também a cobiça e a impaciência. O fazendeiro, a certa altura, incapaz de esperar pelo ovo de ouro de cada dia, decide matar a galinha para pegar todos os ovos de uma só vez. No entanto, quando abre a ave, descobre que não havia nada dentro dela, nenhum ovo de ouro! Agora, não havia mais meio de consegui-los. O fazendeiro havia matado a galinha que os produzia.

Fonte: Adaptado de Covey, 2008, p. 69-71.

Com essa fábula, Esopo oferece a mais relevante razão para se investir em talentos: as pessoas são a "galinha dos ovos de ouro" das organizações. Delas provém toda a solução de problemas, a criatividade e a fonte de vantagens competitivas. Para Covey (2008), essa fábula manifesta uma lei natural, um princípio: a definição básica da eficácia. Para o autor, existe uma tendência em enxergar a eficácia com base no paradigma dos ovos de ouro: quanto mais alguém produz, quanto mais faz, mais eficaz a pessoa é. Entretanto, conforme se pode ver na história, a eficácia resulta de duas coisas: o produto (ou seja, os ovos de ouro) e o meio de produção ou a capacidade de produzir (a galinha). Investir em treinamento e desenvolvimento é investir nos talentos que constituem a capacidade produtiva da organização, ou seja, é investir na galinha dos ovos de ouro, na existência da organização a longo prazo, na sustentabilidade organizacional.

> Investir em treinamento e desenvolvimento é investir nos talentos que constituem a capacidade produtiva da organização.

5.2 Desenvolvimento de talentos e aprendizagem organizacional

O treinamento, o desenvolvimento de pessoal e o desenvolvimento organizacional constituem os três níveis de amplitudes diferentes na conceituação do desenvolvimento das pessoas nas organizações, como explica

Chiavenato (2004). Consoante esse autor, tal divisão deve-se ao fato de o treinamento e o desenvolvimento de pessoal (T&D) basearem-se na psicologia industrial, ao passo que o desenvolvimento organizacional (DO), um nível mais amplo, tem suas bases na psicologia organizacional. Em outras palavras, o treinamento e o desenvolvimento tratam da aprendizagem em nível individual, enquanto o nível mais amplo e abrangente trata do modo como as organizações aprendem e se desenvolvem. A Figura 5.1 representa a estreita relação entre os níveis.

Figura 5.1 – **Os estratos do treinamento, do desenvolvimento e do desenvolvimento organizacional**

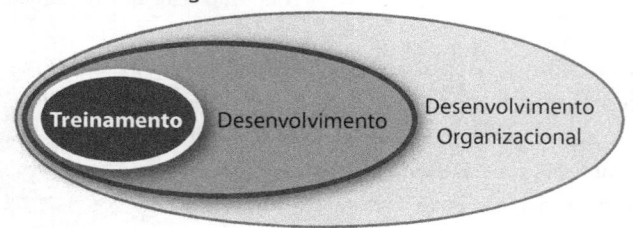

Fonte: Elaborado com base em Chiavenato, 2004, p. 396.

É exatamente nas relações entre treinamento, desenvolvimento e desenvolvimento organizacional que se insere fortemente a questão da aprendizagem, especificamente a aprendizagem de adultos, a **andragogia**, que é a aprendizagem de resultados. Chiavenato (2004, p. 404) ressalta que "treinamento é um ato intencional de fornecer meios para possibilitar a aprendizagem". Para o autor, é de suma importância que o treinamento seja orientado para as experiências de aprendizagem, em um sentido positivo e benéfico de aquisição de novos conhecimentos, habilidades e comportamentos. Dessa forma, podemos perceber que o desenvolvimento de talentos está intimamente relacionado com as questões de aprendizagem. Por isso, é fundamental conhecer esses conceitos para que você possa realizar as escolhas adequadas em treinamento e desenvolvimento para a sua organização.

5.2.1 A aprendizagem

Inicialmente, apresentamos algumas questões pertinentes:
O que é aprendizagem?
Como podemos saber que uma pessoa realmente aprendeu, uma vez que a aprendizagem é um processo que ocorre dentro de um ser e, portanto, difícil de ser mensurado?

Davidoff (1983, p. 712) conceitua aprendizagem como a "mudança em comportamento relativamente duradoura, ocasionada pela experiência. Pela aprendizagem, os sujeitos são modificados: adquirem novas associações, informações, *insights*, aptidões e hábitos". Na perspectiva de Crow e Crow, citados por Haggard (1963, p. 7), a aprendizagem "permite que indivíduos façam ajustes pessoais e sociais. Uma vez que o conceito de mudança é inerente ao conceito de aprendizagem, qualquer mudança de comportamento implica que a aprendizagem está ocorrendo ou já ocorreu". Em síntese, a aprendizagem envolve mudança de comportamentos, como resultado da experiência.

Embora exista um consenso notável entre os estudiosos da área acerca da relação entre aprendizagem e mudança de comportamento, não é raro nos depararmos com uma legião de empresários descrentes de tais práticas. Você já se deu conta de que muitos empresários são céticos em relação a treinamentos e não se envergonham em dizer que estes funcionam apenas nas duas primeiras semanas, sendo que depois disso as pessoas voltam a fazer exatamente igual ao que faziam antes?

> Em síntese, a aprendizagem envolve mudança de comportamentos, como resultado da experiência.

Di Stefano (2005) curiosamente se refere a um artigo publicado no *Training and Development Journal*, em novembro de 1979, que mostrou a diferença de resultados entre treinamentos que são prosseguidos pela atividade de *coaching*, enquanto outros não o são. Nesse artigo, constatou-se que em grupos que participaram de treinamento, mas não receberam *coaching* com foco nos novos comportamentos ou ideias treinadas, a tendência é rapidamente diminuir o uso do que foi aprendido, até que eventualmente o grupo volte aos mesmos hábitos que tinha antes do treinamento. Conforme o mesmo artigo, isso ocorre por dois motivos:

1. Pela tendência natural que o cérebro humano tem de continuar a fazer o que está neurologicamente programado (hábitos/repetição).
2. Pela ansiedade gerada devido à tentativa de implantação de métodos ou hábitos novos.

Sabemos que, quando se instala algo novo, os resultados iniciais são geralmente piores do que os resultados que eram obtidos ao se adotar as práticas anteriores. Di Stefano (2005) relaciona esse quadro de retorno ao comportamento anterior, a "curva de aprendizado", em que uma pessoa obtém temporariamente resultados "piores" do que antes, enquanto está aprendendo algo novo. A questão é que, sem incentivo contínuo, a tendência é que a pessoa volte ao "conforto" do que já conhecia e aos resultados garantidos. Por outro lado, a pessoa que atravessa a curva de aprendizado consegue ter resultados muito melhores, se comparados aos que simplesmente tenham permanecido com os hábitos antigos.

5.2.2 Teoria da aprendizagem significativa

O tema aprendizagem é extremamente envolvente e é por isso que, ao tratarmos de treinamento e desenvolvimento, queremos apresentar a você a **teoria da aprendizagem significativa**: essa teoria foi desenvolvida por David Ausubel e consiste em uma crítica à aplicação mecânica dos resultados obtidos nas tarefas não significativas em laboratórios. Ausubel, citado por Portilho (2009), propõe duas dimensões diferentes da aprendizagem, que se abrem em quatro classes fundamentais. A primeira dimensão diferencia a aprendizagem por recepção da aprendizagem por descoberta. A segunda dimensão estabelece as diferenças entre a aprendizagem mecânica e a aprendizagem significativa. No Quadro 5.1, você encontrará essas explicações.

Portilho (2009) explica ainda que a diferença entre as duas dimensões reside em duas noções: a de se "fazer por fazer", relativa à primeira dimensão, ou seja, a aprendizagem por recepção; e a aprendizagem que tem como base a reflexão diante da informação, ou seja, a aprendizagem por descoberta, com significado ao modelo de mundo do aprendiz. Assim, qualquer tipo de motivação para aprender, ou qualquer significado para a aprendizagem, não atinge seus objetivos quando a forma

Quadro 5.1 – **Teoria da aprendizagem significativa**

Aprendizagem receptiva

O aprendiz recebe o conteúdo que deve "engolir", de forma final e acabada. Não realiza nenhum tipo de exercício mental para descobrir, compreender e assimilar conceitos para poder aplicá-los quando surgir a oportunidade.

Aprendizagem por descoberta

O aprendiz deve descobrir e reorganizar por si mesmo o material apresentado, antes de incorporá-lo à sua estrutura cognitiva prévia, até identificar as relações, as leis ou os conceitos que poderá assimilar.

Aprendizagem mecânica

Proporciona apenas associações puramente arbitrárias, que levam o aprendiz a agir sem a compreensão do conceito, sem sentido para ele ou sem fundamentação lógica, regra ou norma.

Aprendizagem significativa

Produz no aprendiz, sobretudo, a curiosidade e o desejo de aprender. Sua estratégia é propor um conteúdo com significado para quem aprende, relacionando-o à sua estrutura de conhecimento, ou seja, à sua bagagem adquirida ao longo da experiência.

Fonte: Adaptado de Portilho, 2009, p. 52-53.

como é colocada para o aprendiz se baseia na aprendizagem receptiva e mecânica. É lamentável que muitos treinamentos ainda sejam desenvolvidos com base nesses modelos de aprendizagem. Podemos até mesmo nos questionar:

Isso é realmente aprendizagem?

Como podemos desejar mudanças na organização por meio de treinamentos, se investirmos em práticas de treinamento voltadas apenas para a aprendizagem receptiva e mecânica? Essas perguntas nos conduzem à reflexão sobre o cuidado que devemos tomar na área de programas de treinamentos, não apenas em relação ao conteúdo, ou seja, o que se vai ensinar, mas, sobretudo, em como esse processo ocorrerá. Dessa forma, a questão para se compreender a aprendizagem é, primordialmente, a mudança de comportamento.

Tanto o treinamento quanto o desenvolvimento estão diretamente ligados a mudanças comportamentais, que refletem no desempenho e no resultado do indivíduo. A aprendizagem está relacionada à curiosidade, ao interesse, à motivação e ao entusiasmo. É exatamente por isso que, tendo em vista os processos de aprendizagem, gostaríamos de ressaltar a importante diferença entre a pedagogia e a andragogia. Na gestão de talentos, algumas informações são essenciais aos recursos humanos para proceder com as estratégias de treinamento e desenvolvimento de pessoas. Andragogia e metacognição, estilos de aprendizagem e sistemas representacionais são como "baús de pirata", que guardam tesouros inestimáveis que enriquecem sensivelmente a aprendizagem organizacional.

5.3 Conhecimentos importantes sobre a aprendizagem para gerenciar talentos

Nada há de permanente, a não ser a mudança.
Heráclito (citado por Costa, 2009, p. 212)

Você já parou para pensar que aprender é uma decisão interna?

Já lhe ocorreu que podemos ir a uma aula, a uma palestra ou a um treinamento, submetermo-nos a estímulos sonoros e visuais e, ao deixarmos o recinto, darmo-nos conta de que não nos lembramos de absolutamente nada do que foi tratado?

Ou seja, não aprendemos nada! Por outro lado, o que faz com que nos lembremos da riqueza de detalhes de outras aulas, palestras ou treinamentos?

Será que o simples fato de um professor ou instrutor falar por uma hora e meia faz com que você aprenda?

Apenas ouvir é suficiente para que a aprendizagem ocorra?

Como você já sabe muito bem, o significado, a emoção e a experiência são recursos fundamentais para aprendizagem.

Nesse ponto de nosso estudo, vamos diferenciar pedagogia de andragogia. A diferença fundamental encontra-se no ponto de partida: a **pedagogia** é voltada para a educação de crianças: seu foco é o conteúdo; a **andragogia** é voltada para a aprendizagem de adultos, está diretamente ligada à metodologia e ao desenvolvimento do aprendiz e busca compreender e considerar o adulto com base em todos os componentes humanos, além de tomar decisões considerando suas dimensões biológica, psicológica e social. É bastante desinteressante, para um aprendiz adulto, "ter" de aprender uma disciplina e ficar ávido pelo surgimento de um problema para que possa aplicar seus conhecimentos. Assim, a andragogia provoca o aprendiz e desloca a aprendizagem dos conteúdos para a resolução de problemas e desafios da vida cotidiana. Na andragogia, o recurso mais rico de aprendizagem é justamente o aprendiz, que se está envolvido em um processo tanto intelectual quanto emocional. O Quadro 5.2 apresenta as diferenças significativas entre os modelos pedagógico e andragógico.

> A andragogia provoca o aprendiz e desloca a aprendizagem dos conteúdos para a resolução de problemas e desafios da vida cotidiana.

Quadro 5.2 – **Diferenças entre os modelos pedagógico e andragógico**

Premissas	Pedagogia	Andragogia
Autoconceito	Dependência.	Autodireção/autonomia.
Experiência.	De pouco valor.	Aprendizes como fonte de aprendizagem.
Prontidão	Pressão social de desenvolvimento biológico.	Tarefas de desenvolvimento de papéis sociais.
Perspectiva temporal	Aplicação adiada.	Aplicação imediata.
Orientação da aprendizagem	Centrada na matéria/conteúdo.	Centrada na solução de problemas/desafios.

Fonte: Adaptado de Knowles, 2009, p. 67-69.

No Quadro 5.3, veremos o que acontece na prática.

Quadro 5.3 – **A andragogia na prática**

O que acontece na prática	Pedagogia	Andragogia
Clima	◆ Formal. ◆ Competitivo. ◆ Orientado para a autoridade.	◆ Informal. ◆ Respeito. ◆ Colaboração.
Planejamento	◆ Pelo professor.	◆ Compartilhado.
Diagnóstico de necessidades	◆ Pelo professor.	◆ Autodiagnóstico mútuo.
Formulação de objetivos	◆ Pelo professor.	◆ Negociação mútua.
Desenho	◆ Lógica da matéria. ◆ Orientado para o conteúdo.	◆ Unidades de problemas.
Atividades	◆ Técnicas de transmissão.	◆ Técnicas de experiências (dinâmicas, vivências e questionamentos).
Avaliação	◆ Pelo professor.	◆ Rediagnóstico/ avaliação conjunta. ◆ Mensuração conjunta das habilidades e das competências adquiridas e desenvolvidas.

Fonte: Adaptado de Knowles; Holton; Swanson, 1998, p. 122.

Na andragogia, os objetivos e os propósitos da aprendizagem consideram tanto o crescimento individual quando o situacional. Então, mais uma vez questionamos: Treinamentos ainda com base em conteúdos, deixando de lado a experiência e a participação do aprendiz, de fato produzem resultados? É por isso que convidamos você a conhecer os pilares da educação para adultos, para que esse conhecimento sirva como ferramenta na hora de escolher ou desenvolver um programa de treinamento na sua organização.

5.3.1 Princípios da andragogia

Eduard Lindeman, citado por Knowles (2009, p. 45), apresenta-nos algumas ideias introdutórias sobre a andragogia:

A educação de adultos contempla um processo através do qual o adulto se torna consciente de sua experiência e a avalia. Para fazer isso, ele não pode começar a estudar "disciplinas" na esperança de que algum dia as informações sejam úteis. Pelo contrário, ele começa dando atenção a situações onde ele se encontra, a problemas que trazem obstáculos para a sua autorrealização. São usados fatos e informações das diversas esferas de conhecimento, não para fins de acumulação, mas pela necessidade de solucionar problemas.

Foi Lindeman, em sua obra *The Meaning of Adult Education* (1926), que identificou os pressupostos-chave para a educação de adultos, os quais posteriormente transformaram-se em suporte de pesquisas sobre o tema. Tais pressupostos oferecem a base para a compreensão da moderna teoria de aprendizagem de adultos, como você poderá observar no Quadro 5.4.

Então, se considerarmos os pressupostos de Lindemann, com base no estudo de Knowles (2009), identificaremos conceitos importantes para o planejamento de ambientes e processos educacionais voltados para adultos. Por essas razões, convidamos você a considerar os seguintes pontos, quando o assunto é treinamento:

- Aprendizes adultos querem entender o porquê, a razão, o motivo, a importância da necessidade de aprender determinado conhecimento – A diferença no resultado de uma tarefa, quando se sabe o significado e as razões pelas quais realizá-la, é totalmente diferente do resultado de uma tarefa oriunda de um comando cego e mecânico. Os gestores devem compreender isso.
- Aprendizes adultos gostam de aplicar seu conhecimento prévio no processo de aprendizagem – Ao se aprender levando em consideração o referencial de experiência do próprio adulto, a aprendizagem ocorre com base no modelo mental do aprendiz, e não no do professor/instrutor.

Quadro 5.4 – **Pressupostos da teoria moderna de aprendizagem de adultos**

Pressupostos	Aplicação
Adultos são motivados a aprender na medida em que percebem que suas necessidades e seus interesses serão satisfeitos.	• A curiosidade e o desejo do aprendiz são o ponto de partida para a aprendizagem. • A motivação intrínseca tem papel fundamental aqui: não é aprender por que o professor quer, mas sim porque aquilo é importante para o aprendiz. • As motivações internas estão ligadas aos valores e aos objetivos pessoais de cada um. Uma meta é uma força poderosa para colocar um indivíduo em movimento.
A orientação da aprendizagem do adulto está centrada na vida.	• Programa organizado com base em situações da vida, e não de disciplinas. • O conhecimento não como um fim em si mesmo, mas como uma poderosa ferramenta de transformação de determinada situação.
A experiência é a mais rica fonte para o adulto aprender.	• O centro da metodologia da educação do adulto é a análise das experiências. • A experiência acumulada pelos adultos oferece uma excelente base para o aprendizado de novos conceitos e novas habilidades.
Adultos têm uma profunda necessidade de serem autodirigidos.	• O papel do professor/facilitador é engajar-se no processo de mútua investigação com os alunos, e não apenas transmitir-lhes seu conhecimento e depois avaliá-los. • O adulto percebe-se competente para tomar suas próprias decisões, ou seja, plenamente capaz de se autoadministrar e, dessa maneira, quer ser percebido e tratado por seus pares.
As diferenças individuais são características marcantes e se desenvolvem e solidificam com a idade.	• A educação de adultos deve considerar as diferenças de estilo, tempo, lugar e ritmo de aprendizagem.

Fonte: Elaborado com base em Knowles, 2009, p. 70-74.

- Aprendizes adultos interessam-se mais pela aprendizagem de conhecimentos que possam aplicar imediatamente – Compreender a aplicabilidade do que foi aprendido, bem como a possibilidade de usos futuros para aquele conhecimento.
- Os processos de aprendizagem voltados para adultos devem ser centrados em problemas, não em conteúdos – Os adultos desenvolvem-se melhor por meio de desafios do que pela reprodução mecânica de conteúdos.

Um programa de treinamento eficaz deve contemplar, em sua metodologia, todos esses aspectos para, dessa forma, produzir a mudança desejada. Moscovici (2008) observa que a operacionalização da maioria dos programas de treinamento e desenvolvimento, na prática, tem oscilado entre dois extremos: o primeiro é o mito da incapacidade de as pessoas com idade mais avançada aprenderem; o segundo é a crença ingênua de que o adulto aprendiz (treinado) deve ser tratado e conduzido como uma criança, ou seja, "ensinado" com as bases da pedagogia, quando sabemos que as bases para a aprendizagem de adulto são andragógicas. O uso de abordagens, tais como dinâmicas de grupo e outras técnicas que conduzam à aprendizagem vivencial, possibilita a comunicação mais fluente e a troca de experiências entre os participantes, o que cria estímulos para que os aprendizes descubram maneiras de como aprender uns com os outros, como ajudar e serem ajudados, além de como trabalhar com pessoas, independentemente de qual seja a tarefa ou o grupo. Essas são bases fundamentais para o treinamento e o desenvolvimento de pessoas na organização.

Para refletir

Céu e inferno

Certa vez, um samurai procurou um mestre Zen e lhe lançou o seguinte desafio: queria que o monge lhe explicasse o conceito de céu e de inferno. Diante de tal proposta, o monge reagiu de forma inesperada e lhe respondeu: "Tu és um ignorante. Não vou gastar o meu tempo com gente da tua laia!"

Essa resposta provocou o orgulho do samurai e desencadeou o sentimento de honra ferida. O resultado foi um acesso de fúria em que o guerreiro

> bruscamente empunhou a espada e berrou: "Eu poderia te matar por tua impertinência". Ao que o monge calmamente retrucou: "Isso é o inferno". Foi um momento de assombro e de espanto que fizeram o samurai reconhecer a verdade sobre a cólera que o dominara. Então, aquietou-se, embainhou a espada e agradeceu ao mestre a revelação. Diante de tal atitude, o monge sentenciou: "E isso é o céu".

Fonte: Adaptado de Goleman, 1995a, p. 59.

5.3.2 A motivação para aprender

Tudo é novo quando se olha de outra forma.
Vicente Huidobro (RH.COM.BR, 2012)

Existe uma estreita e indissolúvel relação entre a andragogia e os métodos de treinamento. O cerne da questão encontra-se no fator motivação; a palavra *motivação* vem do latim *motivare*, que é aquilo que coloca a pessoa em movimento. O modelo andragógico de aprendizagem de adultos oferece hipóteses fundamentalmente diferentes sobre o que os motiva a aprenderem. De acordo com Knowles (2009, p. 215),

> os adultos se mostram mais motivados a aprender aquilo que os ajuda a resolver problemas em sua vida, ou resulte em recompensas internas. Isso não significa que as recompensas externas (por exemplo, aumento de salário) não tenham relevância, mas sim que a satisfação da necessidade interna é o motivador mais potente.

Wlodowski (1985), citado por Knowles (2009), apresenta uma explicação parcial para essa diferença. O autor sugere que a motivação dos adultos para aprender é a soma de quatro fatores:

1. **Sucesso** – Os adultos desejam ser aprendizes bem-sucedidos.
2. **Vontade** – Os adultos querem sentir que têm escolhas em sua aprendizagem.
3. **Valor** – Os adultos querem aprender algo que valorizam.
4. **Diversão** – Os adultos querem vivenciar a aprendizagem como algo agradável.

Como estamos tratando de aprendizagem, somos convidados a olhar atentamente para a outra ponta do processo. Essa "ponta" pode ser chamada de *professor, instrutor* ou *facilitador*, conforme o público e o propósito do treinamento.

5.3.3 Características e habilidades de instrutores motivadores

Antes de adentrar no tema, apresentamos um pensamento pertinente:

> Antes de qualquer tentativa de discussão de técnicas, de materiais, de métodos para uma aula dinâmica assim, é preciso, indispensável mesmo, que o professor se ache "repousado" no saber de que a pedra fundamental é a curiosidade do ser humano. É ela que faz perguntar, conhecer, atuar, mais perguntar e reconhecer. (Freire, 1996, p. 86)

Se você, gestor de talentos, deseja de fato provocar uma mudança de comportamento em seus colaboradores por meio do treinamento, é imperativo atentar para a questão dos métodos e das características utilizadas pelos instrutores, professores ou facilitadores. Knowles (2009) salienta que pesquisas em treinamento organizacional sugerem que existam três aspectos relativos à necessidade de aprender: a necessidade de saber como a aprendizagem será conduzida, o que será aprendido e por que isso terá valor. Assim, a necessidade de aprender afeta a motivação para aprender, os resultados da aprendizagem e a motivação pós-treinamento para utilizar a aprendizagem.

> Os motivadores estão agrupados em quatro categorias: conhecimento especializado, empatia, entusiasmo e clareza.

Como a emoção e a experiência são pilares da andragogia, é importante considerar as características e as habilidades dos instrutores motivadores. Wlodowski, citado por Knowles (2009), sugere um modelo de características e habilidades para que os instrutores sejam estimuladores eficazes de adultos. Os motivadores estão agrupados em quatro categorias: conhecimento especializado, empatia, entusiasmo e clareza. Os facilitadores, professores ou instrutores de adultos que cultivarem tais habilidades provavelmente serão altamente eficazes em seus treinamentos. O Quadro 5.5 fornece as características e as habilidades dos instrutores motivadores.

Quadro 5.5 – **Características e habilidades de instrutores motivadores**

1. Conhecimento especializado: o poder do conhecimento e preparo
- Conhece algo que é benéfico aos adultos.
- Conhece-o bem.
- Está preparado para transmiti-lo por meio de um processo institucional.

2. Empatia: o poder de compreender e ter consideração
- Tem compreensão realista das necessidades e das expectativas do aprendiz.
- Adaptou a instrução para o nível de experiência e desenvolvimento de habilidade do aprendiz.
- Considera as perspectivas dos aprendizes de forma consciente.

3. Entusiasmo: o poder do comprometimento e da animação
- Preocupa-se e valoriza o que está sendo ensinado.
- Expressa comprometimento em degraus adequados de emoção, animação e energia.

4. Clareza: o poder da linguagem e organização
- Pode ser compreendido e seguido pela maioria dos aprendizes.
- Oferece aos aprendizes uma maneira de compreender o que foi ensinado, se a apresentação inicial não foi clara.

Fonte: Knowles, 2009, p. 217.

Então, o que podemos apreender disso? O coordenador/facilitador do programa de treinamento é essencialmente uma "pessoa-recurso" de conteúdos e, sobretudo, de processos, como você pode ver no Quadro 5.6.

Quadro 5.6 – **Funções e habilidades do professor/instrutor**

Professor / instrutor	
Função	• Abrir canais de comunicação entre os aprendizes.
Habilidades	• Utilizar a experiência das pessoas do grupo como recurso para a aprendizagem. • Envolver os aprendizes, tanto no diagnóstico de necessidades quanto na avaliação da eficácia e eficiência do programa.

Fonte: Knowles, 2009, p. 124-129.

Para encerrar este tópico, tomamos as palavras de Moscovici (2005, p. 29, grifo do original): "vale lembrar que a aprendizagem é um processo complexo que envolve toda a pessoa e não apenas seu intelecto. Toda aprendizagem é finalmente autoaprendizagem, para qual o facilitador contribui através da estimulação (insumos), recursos e estruturação ambiental (*setting*)."

5.4 Metacognição: como a pessoa aprende

Você já ouviu falar em metacognição e em estilos de aprendizagem? E se lhe perguntássemos diretamente: "Como você aprende?" o que você nos diria? Agora, apresentaremos e discutiremos importantes conceitos que, se considerados em um programa de treinamento, podem otimizar os resultados, tanto para os indivíduos quanto para as organizações.

Cada pessoa tem uma impressão digital que lhe é única e característica. Tem também seus traços físicos e de personalidade que a difere dos demais seres humanos. Será que essas diferenças não existem também na forma como cada pessoa aprende? Quando se dá início a um programa de treinamento, é imperativo que o professor, instrutor ou facilitador tenha a clareza de saber que cada pessoa aprende de uma maneira, ou seja, tem seu ritmo, seu tempo e, sobretudo, as suas estratégias de aprendizagem. É aí que entra a questão da **metacognição**. Ludovico et al. (2002, p. 31) explicam que:

> Por definição, a metacognição é a compreensão do indivíduo sobre a sua capacidade de aprender e sobre como funciona a sua estrutura de pensamento e memória no momento em que ele busca aprender alguma coisa. Tendo o entendimento de como se aprende, o indivíduo vai, então, buscar os meios que lhe são próprios para facilitar, estimular e melhorar a capacidade de aprendizagem. Tendo descoberto sua potencialidade cognitiva, o indivíduo vai desenvolver meios que lhe permitam dinamizar a relação de aprendizagem do conhecimento-recuperação do conhecimento-aplicação, na medida em que consiga descobrir como pode aprender melhor.

Segundo Portilho (2009), o conceito de metacognição remete ao que está além da cognição, ou seja, é a faculdade de conhecer, conscientizar-se e avaliar a forma como se aprende. Pessoas aprendem de formas diferentes, e tais diferenças oferecem pistas para a condução de um programa de treinamento eficaz. Por isso, um aspecto que

> Cada pessoa tem uma impressão digital que lhe é única e característica. Tem também seus traços físicos e de personalidade que a difere dos demais seres humanos.

devemos considerar é a relação entre a metacognição e a motivação para aprender. Para Jones (1988), o fato de os alunos poderem controlar e gerenciar os próprios processos cognitivos proporciona-lhes o sentimento de responsabilidade por seu desempenho e produz confiança em suas próprias capacidades. Esse pensamento é também compartilhado por Morais e Valente (1991).

Em suma, a pessoa, quando aprende, precisa desenvolver um conhecimento sobre si mesma, assim como procurar saber quais são os mecanismos que utiliza para aprender. Nas palavras de Portilho (2009, p. 78):

> o ganho ou a consequência da pessoa buscar conhecer suas modalidades de aprendizagem está no fato de isso trazer melhores resultados em sua vida pessoal, acadêmica ou profissional, fazendo com que ela se sinta mais integrada no ambiente em que está inserida, vivendo na e com a diferença e, consequentemente, mais comprometida consigo mesma e com o planeta do qual faz parte.

Dessa maneira, podemos observar a relação direta entre a metacognição e os pressupostos da andragogia. O treinador que conhecer e aplicar esse conceito ao instigar seus aprendizes a pensar na forma pela qual aprendem melhor estará fazendo a diferença em seus treinamentos, na aprendizagem do grupo e, consequentemente, nos resultados para a organização. É nesse sentido que convidamos você a conhecer mais sobre os estilos de aprendizagem.

Para refletir

Os tombos – Como lidar com os erros

Certa ocasião, um mestre conduzia seu jovem aprendiz pela floresta. Este, no entanto, não estava satisfeito com o passeio, pois escorregava e caía, escorregava e caía... Enquanto essa cena se repetia, o mestre, embora mais velho, caminhava sem sufocos e sem tropeços que o fizessem ir ao chão.

A cada tombo, o aprendiz blasfemava, levantava-se, cuspia no chão (escorregadio e cheio de armadilhas) e continuava a acompanhar seu mestre.

A jornada foi longa, mas finalmente chegaram ao lugar sagrado. No entanto, para surpresa do aprendiz, seu mestre não parou. Ele simplesmente deu meia volta e começou a viagem de volta ao ponto de partida.

> O jovem ficou injuriado e, enquanto levava mais um tombo, disse ao mestre: "Você não me ensinou nada hoje".
> O mestre, sem perder a firmeza dos passos, retrucou: "Ensinei sim. Você não percebeu? Aliás, você parece que não aprende. Estou tentando lhe ensinar como se lida com os erros da vida".
> O aprendiz olhou desconfiado e perguntou: "Lidar com os erros da vida? Como se lida com eles?"
> Prontamente, o mestre lhe respondeu: "Como deveria lidar com seus tombos".
> E acrescentou: "Em vez de ficar amaldiçoando o lugar onde caiu, deveria procurar saber o que o fez escorregar".

Fonte: Elaborado com base em Sabedoria Universal, 2011.

5.5 Estilos de aprendizagem

Pensar nos estilos de aprendizagem é o mesmo que pensar sobre como as pessoas gostam de aprender. Dentre os aportes teóricos sobre a questão, damos destaque às experiências de Kolb (1984) que, ao abordar os estilos de aprendizagem, propõe um modelo de aprendizagem experimental cíclica, que passa por quatro estágios:

1. **Experimentação concreta** – O aprendiz deve colocar-se por inteiro na situação proposta, de forma aberta, ou seja, é importante ter sua curiosidade e o seu desejo de aprender despertados.
2. **Observação reflexiva** – Aqui se insere a habilidade do aprendiz em refletir sobre as experiências e observá-las sob diferentes perspectivas. Além de querer aprender, ele deve considerar todas as possibilidades que uma situação oferece.
3. **Conceituação abstrata** – Neste momento, demanda-se que o aprendiz vá além do seu processo habitual de aprendizagem, que seja criativo e construa seus próprios conceitos.
4. **Experimentação ativa** – Ponto em que o aprendiz desenvolve a habilidade de utilizar as teorias para tomar decisões e dar foco às soluções de problemas.

Para Kolb (1984), todo conhecimento é resultado da interação entre teoria, conceitos abstratos e experiência, produzindo com isso a ideia de

educação experiencial. Consideramos essa ideia fundamental para obter resultados eficazes em programas de treinamento e desenvolvimento.
Agora, vamos exemplificar o que expomos. Para compreendermos como ocorre o processo de aprendizagem com base no modelo de aprendizagem experiencial de Kolb (1984), observe a seguinte situação: quando se depara com a tarefa de apresentar uma proposta de treinamento a seus superiores hierárquicos, em primeiro lugar você formula uma teoria sobre a solução do problema, ou seja, aqui aparece a etapa da concepção abstrata. Provavelmente, seu segundo passo será testar essa teoria, o que lhe conduz à experiência concreta; reflete sobre ela e, possivelmente, faz modificações em sua teoria original, ou seja, a reflexão e a observação; e, então, testa seu plano modificado, com base na experiência acumulada da execução do primeiro plano: temos aqui a experimentação ativa! A cada vez que esse ciclo for completado, o aprendiz envolvido nele – nesse caso, você – ganha mais saber e, portanto, está passando por um processo que se considera de educação experiencial. No entanto, podemos nos perguntar: Existe alguma aplicação dessa informação nas práticas de treinamento? Veremos isso na próxima seção.

5.6 Formas de aprender

Cada pessoa tem uma forma preferencial de aprender. Os ativistas têm como preferência a experimentação concreta. Os reflexivos preferem a observação reflexiva. Já os teóricos gostam de conceituações abstratas, enquanto os pragmáticos gostam da experimentação ativa. A Figura 5.2 ilustra os estilos de aprendizagem e suas características e preferências no processo de aprendizagem.

Por que compreender isso é relevante para o gestor de talentos? Moscovici (2005, p. 16) esclarece que "aprender vivendo conceitos, e não apenas ouvindo ou lendo informações, pode significar mudança marcante nos processos cognitivos e emocionais do treinado. Dessa vivência e compreensão podem resultar formas de resolução de problemas de liderança e habilidades de participação em grupo".

Agora, tanto o articulador quanto o gestor que realiza ou contrata um programa de treinamento deve ficar atento para que o programa inclua atividades suficientes que perpassem todas essas fases, de modo que possa, assim, abarcar todos os estilos de aprendizagem. O cuidado que devemos ter aqui diz respeito ao fato de que, em regra, ensinamos da maneira como aprendemos. No entanto, a maneira como o facilitador ou treinador aprende pode não ser a mesma de seus aprendizes. Na dúvida ou na impossibilidade de fazer o levantamento dos estilos de aprendizagem, o treinamento deve passar necessariamente por todos esses estágios.

Figura 5.2 – **Estilos de aprendizagem e suas características**

Ativistas	Aprendem melhor por meio de tarefas relativamente curtas, do tipo "aqui e agora". Podem ser atividades gerenciais no trabalho ou em cursos: coisas como jogos de empresa e tarefas competitivas feitas por equipes de trabalho. Têm mais dificuldade em aprender por meio de situações envolvendo um papel passivo, como ouvir palestras ou leitura.
Reflexivos	Aprendem melhor por meio de atividades em que possam ficar recuados, ouvindo e observando. Gostam de colher informações e que lhes seja dado o tempo para pensar sobre elas. Têm mais dificuldade em aprender quando são atirados sobre as atividades, sem o tempo necessário para planejar.
Teóricos	Aprendem melhor quando podem reavaliar as coisas, como um sistema, um conceito, um modelo ou uma teoria. Interessam-se em absorver ideias, ainda que possam estar distantes da realidade atual. Têm mais dificuldade em aprender por meio de atividades sem este tipo de configuração explícita ou implícita.
Pragmáticos	Aprendem melhor quando existe uma clara ligação entre a visão do sujeito e o problema ou a oportunidade no trabalho. Gostam de confrontos com a técnica e com os processos que podem ser aplicados em suas circunstâncias imediatas. Têm mais dificuldade em aprender por meio de acontecimentos que parecem distantes de sua própria realidade: "isso se aplica a mim?".

Fonte: Adaptado de Kolb, 1984.

5.7 Teoria do reforço

Quantas vezes você já se deparou com reclamações de pessoas sobre outras na organização? Por exemplo: "o João não se emenda mesmo, estou sempre assoberbada de coisas para fazer e ele vive me pedindo para que eu o ajude no trabalho dele!"; ou então: "o Cláudio nunca faz nada, e a gente sempre tem de colocar o nome dele no projeto!". Essas reclamações, em regra, vêm carregadas de peso, descontentamento, frustração, sofrimento e raiva. Contudo, será que essas pessoas é que "não se emendam" mesmo, ou será que, na realidade, o que acontece é que elas sempre recebem reforço positivo para o seu comportamento e, portanto, tendem a repeti-lo? Será que podemos contribuir para que as pessoas "aprendam" uma forma de agir?

A compreensão da teoria do reforço confere ao gestor de talentos as ferramentas adequadas para reforçar o comportamento desejado e inibir o considerado inadequado ou indesejado na organização.

O que é um reforço, no contexto comportamental? Davidoff (1983, p. 728, grifo nosso) explica que *reforço* é "qualquer objeto ou processo que aumente a probabilidade de uma resposta específica ser dada sob circunstâncias semelhantes; usado durante o condicionamento operante e o condicionamento respondente".

E o que é *condicionamento*?

A mesma autora esclarece que o *condicionamento* é um termo usado como sinônimo para tipos simples de aprendizagem, especialmente operante e respondente.

A essa altura você já deve estar curioso para saber o que é condicionamento operante e o que é condicionamento respondente. É simples: o condicionamento operante, como explica Davidoff (1983, p. 714), ocorre "todas as vezes que as consequências que seguem um operante aumentam ou diminuem a probabilidade de que esse operante será desempenhado em uma situação semelhante". O condicionamento respondente é definido como o "procedimento de aprendizagem que ocorre quando um respondente é transferido de uma situação a outra, de modo que um novo estímulo adquire a capacidade de eliciar o respondente" (Davidoff, 1983, p. 714). Aqui, você pode se perguntar: Qual é a relação dessa teoria com a gestão de talentos?

A teoria do reforço, desenvolvida inicialmente pelo psicólogo norte-americano Burrhus Frederic Skinner, considerado um dos pais da psicologia comportamental ou behaviorismo (de *behavior*, palavra de língua inglesa que significa "comportamento"), tem como base a lei do efeito. A teoria do reforço postula que comportamentos com consequências positivas tendem a ser repetidos, ao passo que comportamentos com consequências desagradáveis tendem a ser abandonados. É importante lembrar que as consequências são recompensas ou punições que as pessoas recebem por se comportar de certa maneira, como explica Dubrin (2003). A teoria do reforço segue este esquema:

| Estímulo | Resposta | Consequência | Resposta futura |

Essa teoria tem como base o condicionamento operante, ou seja, a aprendizagem que ocorre em consequência do comportamento. Isso quer dizer que as pessoas aprendem ao repetir os comportamentos que lhe trazem resultados prazerosos, e tendem a evitar aqueles comportamentos que lhe trazem resultados desagradáveis. Diante dos postulados dessa teoria, para treinar ou condicionar uma pessoa, um gerente não precisa estudar o funcionamento interno da mente. Ao contrário, o líder, o gestor ou o gestor de talentos deve compreender a relação entre os comportamentos e as consequências. Dessa forma, os gestores poderiam reforçar comportamentos desejáveis pela organização e desencorajar os comportamentos indesejáveis, como explica Dubrin (2003). Conforme o autor, existem quatro estratégias básicas que podem modificar o comportamento individual e grupal: o reforço positivo, a motivação de evitação (reforço negativo), a extinção e a punição. Acompanhe-as no Quadro 5.7.

> As pessoas aprendem ao repetir os comportamentos que lhe trazem resultados prazerosos, e tendem a evitar aqueles que lhe trazem resultados desagradáveis.

De acordo com a teoria do reforço, o comportamento das pessoas pode ser influenciado e controlado por meio do reforço (recompensa) dos comportamentos desejados, ignorando as ações não desejadas (o castigo do comportamento não desejado deve ser evitado, na medida em que contribuiria para o desenvolvimento de sentimentos de constrangimento ou mesmo de revolta).

Quadro 5.7 – **Estratégias básicas para modificação de comportamento**

Estratégia	Teoria	Prática
Reforço positivo	Atribuição de uma recompensa a comportamentos desejados, de forma a aumentar a probabilidade da repetição de tal comportamento.	Elogio; reconhecimento; recompensas materiais e imateriais.
Reforço negativo	Existe quando se anula uma contingência indesejada, devido ao aparecimento de um comportamento desejado. Segundo Myers (citado por Castro, 2006, grifo do original), "o reforço negativo é capaz de fortalecer uma reação quando *remove* algum tipo de estímulo aversivo. Para uma pessoa sonolenta que aperta o botão que desliga o barulho do despertador, o cessar do barulho irritante é um reforço negativo. É interessante observar que, ao contrário do uso popular, o reforço negativo não tem um caráter punitivo. Ele é justamente a *remoção* de um evento punitivo."	Remoção de uma consequência negativa depois da ocorrência de um comportamento desejado.
Extinção	Eliminação de um reforço.	Se o gestor se abstém de dar a recompensa que o colaborador espera receber, o bom desempenho pode ser extinto ao longo do tempo. O comportamento tende a voltar a ser como era anteriormente ao reforço.
Punição	Tentativa de desencorajar comportamentos indesejados aplicando consequências negativas; tem como objetivo reduzir a frequência desses comportamentos.	Cartas de advertência, suspensões, podendo culminar com a demissão do colaborador.

Fonte: Adaptado de Mann, 1995, p. 106-110.

Skinner, citado por Mann (1995, p. 106-110), defende que o comportamento das pessoas pode ser controlado e "enformado" por longos períodos de tempo, sem que elas se apercebam disso, sentindo-se livres.

A técnica da modificação do comportamento, na esfera organizacional, à luz da teoria do reforço, assenta-se em dois princípios: primeiro, as pessoas agem da forma que acham mais gratificante e recompensadora; segundo, o comportamento pode ser influenciado e determinado pela gestão das recompensas a ele associadas.

5.8 Treinamento e desenvolvimento

> *Os inovadores bem-sucedidos usam tanto o lado direito como o lado esquerdo do cérebro. Eles deitam os olhos em números e em pessoas.*
> Peter Drucker (RH.COM.BR, 2012)

Você já se perguntou sobre qual é o papel do treinamento e do desenvolvimento na organização?

Por que é importante a empresa criar condições para o desenvolvimento das pessoas e, por consequência, também da organização?

Pensar em treinamento e desenvolvimento é um papel da área de recursos humanos ou uma ação estratégica relacionada à sustentabilidade da organização?

A questão do desenvolvimento de pessoas na organização em tempos de globalização, como explica Dutra (2002), é fundamental para a manutenção e, sobretudo, para a ampliação do diferencial competitivo dessa organização. Como esse quadro se evidencia especificamente? Muito simples: as organizações são cada vez mais pressionadas, tanto pelo ambiente externo e seus *stakeholders* (partes interessadas) quanto pelo interno, ou seja, pelas pessoas com as quais mantêm relações de trabalho. Embora as organizações já tenham identificado a necessidade de estimular e apoiar o contínuo desenvolvimento das pessoas, o grande desafio diz respeito a como orientar esse desenvolvimento em um ambiente tão volátil.

Podemos ressaltar que, independentemente de cenários futuros, as organizações, bem como toda a sociedade, caminham para uma ainda maior complexidade tecnológica e de relações. Isso faz com que as pessoas se preparem para dar respostas a contextos cada vez mais complexos e exigentes. Seguindo a nova filosofia de administrar com pessoas, Araujo (2008, p. 91) explica que "vale refletir como o treinamento e o desenvolvimento estão inseridos nesses novos tempos de competição diária pelo melhor posicionamento possível no mercado".

5.9 Desenvolvimento – abordagem conceitual

O processo de desenvolvimento de pessoas inclui o treinamento, mas vai ainda muito além:

> entendemos por desenvolvimento uma linha de crescimento que contempla diversos estágios em que um não retroage ao outro. Uma vez realizado um aprendizado, o indivíduo está preparado para outros desafios, nos quais pode utilizar-se de novos aprendizados que sejam ou não complementares aos propostos anteriormente. É um processo contínuo de crescimento, estruturado em etapas que se superpõem com vistas ao crescimento do indivíduo e dos grupos. (Pacheco, 2005, p. 31)

Pensar sobre o desenvolvimento de pessoas significa refletir acerca de experiências, vivências e capacidades individuais, em um processo desenvolvido ao longo da vida do indivíduo. Isso ocorre em função de que os ganhos pessoais, ou seja, os processos cognitivos e emocionais, ampliam a visão que o indivíduo tem do mundo e fatalmente se refletem na trajetória e no resultado profissional dessa pessoa.

Um ponto relevante é: as organizações atrelaram o desenvolvimento pessoal ao profissional. Por que isso acontece? As organizações se desenvolvem por meio das pessoas. Nas palavras de Davel e Vergara (2001, p. 31):

> Pessoas não fazem somente parte da vida produtiva das organizações. Elas constituem o princípio essencial de sua dinâmica, conferem vitalidade às atividades e [sic] processos, inovam, criam, recriam contextos e situações que podem levar a organização a posicionar-se de maneira competitiva, cooperativa e diferenciada com clientes, outras organizações e no ambiente de negócios em geral.

Assim, podemos nos perguntar: Será que existe na atualidade uma tendência ao desenvolver pessoas? Sim, existe, e Chiavenato (2004) levanta

12 grandes tendências em relação aos processos de desenvolvimento de pessoas:

1. forte ênfase em agregar valor às pessoas e à organização;
2. participação ativa dos gerentes e suas equipes;
3. intensa ligação com o negócio da empresa;
4. aprimoramento pessoal como parte da melhoria da qualidade de vida das pessoas;
5. contínua preparação da empresa e das pessoas para o futuro;
6. novas abordagens, decorrentes da influência da tecnologia da informação;
7. adequação das práticas de treinamento às diferenças individuais dos aprendizes;
8. ênfase em técnicas grupais e solidárias;
9. utilização de mecanismos de motivação e de realização pessoal;
10. busca incessante pela excelência;
11. compartilhamento da informação, em substituição aos controles externos;
12. permanente fonte de retroação ou retroinformação.

No entanto, devemos fazer um alerta aqui: a responsabilidade pelo desenvolvimento de uma pessoa é dela mesma! Pode soar estranha essa afirmação, mas cada um é o principal responsável por seu próprio desenvolvimento. Para Lacombe (2004, p. 274): "desenvolvimento gerencial ou administrativo é autodesenvolvimento". Muitos colaboradores se dizem prejudicados pelo fato de suas organizações jamais proporcionarem programas de desenvolvimento. No entanto, as perguntas aqui devem ser:

> As organizações atrelaram o desenvolvimento pessoal ao profissional.

O que esse colaborador também tem feito para se desenvolver?
Será que toda a responsabilidade pelo desenvolvimento do colaborador deverá recair sobre os ombros da organização?
Existem estratégias, adequadas a cada realidade, que podem ajudar um colaborador a se desenvolver e, assim, alavancar a sua carreira?

Com certeza podemos dizer que *sim*. Uma consulta a instituições como o Serviço Brasileiro de Apoio às Micro e Pequenas Empresas (Sebrae), o Serviço Social da Indústria (Sesi), o Serviço Nacional de Aprendizagem

Industrial (Senai), o Serviço Nacional de Aprendizagem Comercial (Senac), o Instituto Euvaldo Lodi (IEL), as universidades que oferecem cursos abertos e tantas outras organizações pode surpreender com a quantidade de cursos oferecidos, que podem contribuir para o desenvolvimento pessoal e profissional.

5.10 Treinamento – abordagem conceitual

O treinamento transforma as boas intenções em bons resultados.
Thomaz Berry (Fundação Pitágoras, 2012)

Se você fosse questionado sobre os conceitos de treinamento e desenvolvimento, e sobre quais são as diferenças fundamentais entre ambos, o que você responderia? Será que a resposta viria clara e de pronto à sua mente?

Vamos então aos conceitos: **treinamento** é, segundo Lacombe (2004, p. 307), "qualquer atividade que contribua para tornar uma pessoa apta a exercer uma nova função ou tarefa, ou para aumentar a sua capacidade para exercer melhor as funções ou tarefas que já exerce". Para Chiavenato (2004, p. 402), *treinamento* é "um processo educacional de curto prazo, aplicado de maneira sistemática e organizada, através do qual as pessoas aprendem conhecimentos, habilidades e competências em função de objetivos definidos". Na abordagem desse autor, o treinamento é intimamente relacionado à transmissão de conhecimentos específicos relativos ao trabalho, atitudes diante da peculiaridades da organização da tarefa e do ambiente. Ainda nessa linha específica de se pensar o treinamento, encontramos outros autores que apresentam abordagens bastante interessantes e esclarecedoras, a exemplo de Flippo (1970), citado em Chiavenato (2004), para quem o treinamento é o ato de aumentar o conhecimento e a perícia de um colaborador, para o desenvolvimento de determinado cargo ou trabalho. McGehee e Thayer (1961), também citados por Chiavenato (2004), definem treinamento como "educação especializada", tendo em vista desde a aquisição da habilidade motora até o fornecimento de conhecimentos técnicos, o desenvolvimento de aptidões administrativas e mesmo de atitudes referentes a desafios sociais.

O que leva as organizações a promoverem programas de treinamento?

Além das pressões do ambiente altamente volátil e complexo, podemos identificar também algumas razões específicas que justificam que as empresas treinem seus colaboradores. Lacombe (2004, p. 307) levanta cinco importantes **razões para os investimentos em treinamento**; tais razões vão desde melhoria e aquisição de novas habilidades até a manutenção e a retenção de talentos na organização. Nas palavras do autor:

a. o empregado que adquire novas habilidades, ou melhora as que já possui, deve produzir mais e melhor para a empresa, **proporcionando um retorno ao investimento** que a empresa fez em treinamento;
b. os empregados são selecionados com base em suas qualificações gerais e as empresas, muitas vezes, têm técnicas, tecnologias, políticas, normas e planos específicos que precisam ser ensinados;
c. o conhecimento humano e as tecnologias evoluem sempre, exigindo atualização permanente dos profissionais às novas técnicas, tecnologias, processos e hábitos de trabalho;
d. as empresas evoluem – novas funções surgem e outras desaparecem;
e. o treinamento pode contribuir para atrair e reter bons profissionais.
(Lacombe, 2004, p. 307, grifo do original)

É possível perceber que, para Lacombe (2004), não existe escolha por parte da organização entre treinar ou não treinar, embora alguns empresários ainda não tenham se dado conta desse fato. **O treinamento é essencial porque cada colaborador que ingressa na organização**, independentemente de seu treinamento prévio, de sua educação e sua experiência, **apresenta um grande potencial a ser estimulado, aperfeiçoado e desenvolvido**. Nesse sentido, Chiavenato (2004) salienta que o treinamento tem os seguintes objetivos:

a) preparar as pessoas para a execução imediata de tarefas do seu cargo;
b) proporcionar oportunidades para o desenvolvimento contínuo do pessoal, tanto para seus cargos atuais quanto para possíveis atividades futuras;
c) estimular mudanças comportamentais, com base na adoção de atitudes positivas e nos comportamentos que possam aumentar-lhes a motivação e torná-las mais receptivas a novos modelos de gestão.

Nesse ponto, em que se esclarecem os objetivos do treinamento, a sua mente estratégica deve estar se perguntando: Os objetivos foram entendidos, mas a questão é como concretizá-los?

Essa é uma questão estratégica, e por isso convém apresentar a você os tipos de treinamento, que podem ser elaborados e desenvolvidos pela forma de execução e pelo público-alvo. É desse tema que trataremos a seguir.

5.10.1 Tipos de treinamento

> *Criatividade e padronização não são mutuamente excludentes, ao contrário, são mutuamente complementares.*
>
> Yoshio Kondo (Portal Qualidade Brasil, 2012b)

Os treinamentos podem ser classificados considerando-se dois critérios importantes: a forma de execução e o público-alvo. Lacombe e Heilborn (2003) explicam que, quanto à forma de execução, o treinamento divide-se em: treinamento no trabalho, treinamento formal interno ou treinamento formal externo, conforme a Figura 5.3.

A seguir, expomos uma série de considerações importantes acerca dos tipos de treinamento.

Em relação ao treinamento no trabalho, ressaltamos aqui o importante papel da chefia e, sobretudo, de sua habilidade de oferecer *feedback* aos seus colaboradores, como um dos mais significativos treinamentos no trabalho. O *feedback*, portanto, é uma ferramenta de aprendizagem individual e do grupo e, quando aplicado com critério, oportuniza a modificação e a aquisição de comportamentos alinhados ao resultado desejado pela organização.

A administração por metas também costuma ser bastante eficaz quando se pensa em treinamento no trabalho. Isso ocorre porque esse tipo de administração consiste em estabelecer metas periódicas, que demandam acompanhamento e possíveis revisões por parte da chefia. Um líder eficaz utiliza essas reuniões de acompanhamento como uma ótima oportunidade de treinamento. Ao acompanhar os resultados, oferece orientações eficientes sobre a forma adequada de agir e de obter recursos, ou seja, provê sua equipe de informações e orientações que farão diferença no processo, para que as metas sejam alcançadas.

A rotação por funções, ou *job rotation*, nada mais é do que a transferência de um colaborador de uma função para outra. É uma das técnicas mais utilizadas pelas grandes empresas para treinar o colaborador e torná-lo apto a assumir novas funções. A *job rotation* também oportuniza a ampliação da visão sistêmica do colaborador em relação à organização.

> A administração por metas consiste em estabelecer metas periódicas, que demandam acompanhamento e possíveis revisões por parte da chefia.

O que são incumbências especiais e como estas também se configuram como treinamento no trabalho?

Lacombe e Heilborn (2003) explicam que algumas pessoas, dentro da organização, são treinadas por meio de incumbências especiais, ou seja, por meio da participação em comitês e grupos de trabalho; acompanhamento de profissionais mais experientes em viagens de negociação; estudos e trabalhos de planejamento; acompanhamento de novos projetos; e até mesmo programas de *mentoring*, de que trataremos adiante. Entre as incumbências especiais, também podemos mencionar as viagens de treinamento, no país ou no exterior. Tais viagens, via de regra, têm como finalidade permitir ao colaborador observar trabalhos de outras empresas ou em outros locais da mesma empresa. Exemplo dessa prática é encontrado na montadora Renault.

Em relação ao treinamento formal interno e ao treinamento formal externo, o treinamento formal interno pode ser realizado fora das dependências da organização, oferecido em formato de palestras, cursos e seminários, tanto de capacitação quanto de aperfeiçoamento e desenvolvimento pessoal. O treinamento formal externo também pode ocorrer em formato de palestras, seminários, *workshops*, todos destinados a aperfeiçoar e desenvolver pessoas em novas habilitações. Para esses treinamentos, as empresas podem enviar seus colaboradores dos diversos níveis hierárquicos.

Em relação à integração de novos colaboradores, o que vemos acontecer nas organizações é que a integração de novos colaboradores acaba acontecendo por meio de conversas de alguns poucos minutos na unidade de registro e cadastro de pessoal ou na unidade de recrutamento e seleção.

Figura 5.3 – Tipos de treinamento

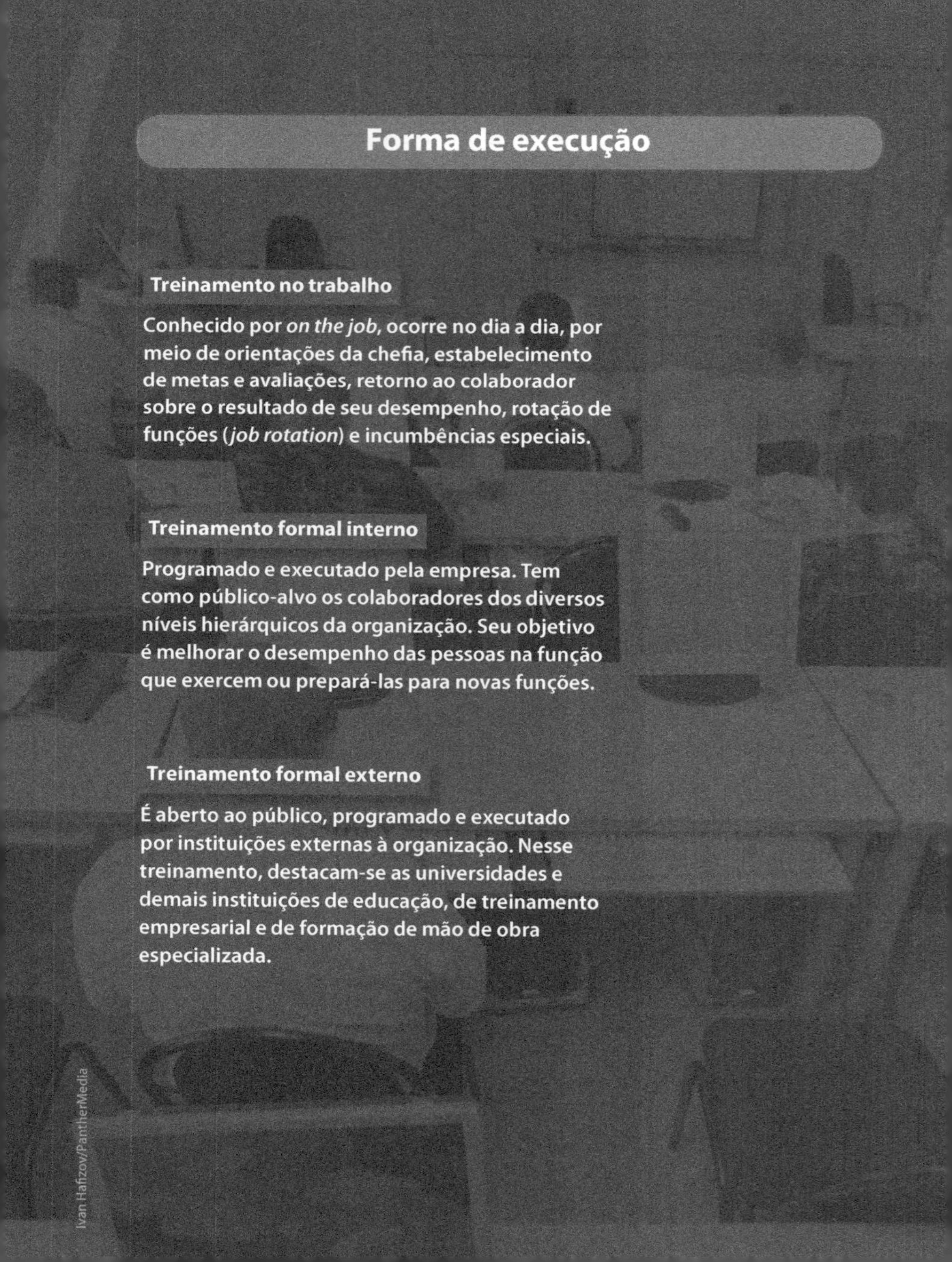
Forma de execução
Treinamento no trabalho
Conhecido por *on the job*, ocorre no dia a dia, por meio de orientações da chefia, estabelecimento de metas e avaliações, retorno ao colaborador sobre o resultado de seu desempenho, rotação de funções (*job rotation*) e incumbências especiais.
Treinamento formal interno
Programado e executado pela empresa. Tem como público-alvo os colaboradores dos diversos níveis hierárquicos da organização. Seu objetivo é melhorar o desempenho das pessoas na função que exercem ou prepará-las para novas funções.
Treinamento formal externo
É aberto ao público, programado e executado por instituições externas à organização. Nesse treinamento, destacam-se as universidades e demais instituições de educação, de treinamento empresarial e de formação de mão de obra especializada.

Ivan Hafizov/PantherMedia

Público-alvo

Integração de novos colaboradores

Consiste em informar ao novo colaborador os objetivos, as políticas, os benefícios, as normas, as práticas e os horários de trabalho da empresa. Nesta etapa, inclui-se informar também "quem é quem" na organização, o que é e o que não é permitido fazer nela, bem como atitudes e comportamentos esperados no desempenho de seu papel.

Capacitação técnico-profissional

Tem como objetivo aprimorar o desempenho do profissional na função que ele já exerce ou também capacitá-lo para funções de maior complexidade. Esse programa não tem como objetivo a formação de executivos de alto nível, mas o aperfeiçoamento do profissional, especificamente em assuntos técnicos.

Desenvolvimento de executivos

Destinado a formar os futuros executivos da organização. São os executivos de alto gabarito que se responsabilizam por esse tipo de programa. O público-alvo são executivos com potencial para assumir posições de grande responsabilidade.

Fonte: Elaborado com base em Chiavenato, 2004, p. 401-403.

No entanto, quando se aborda a integração da nova força de trabalho, cabe ressaltar o papel da formação de *trainees*. Esse tipo de programa tem como público-alvo o pessoal mais jovem da organização. O objetivo desse programa é prepará-los para assumir responsabilidades na empresa. O conteúdo costuma abordar tanto a integração completa e detalhada como a formação técnica nos aspectos de interesse da organização. Você pode estar se perguntando sobre a duração dos programas de *trainees*: eles podem levar desde algumas semanas até muitos meses.

Conteúdo do treinamento é direcionado ao tipo de mudança comportamental que se deseja promover. De acordo com Chiavenato (2004), pode ser voltado para: transmissão de informações; desenvolvimento de habilidades; desenvolvimento ou modificação de atitudes; e desenvolvimento de conceitos. Observe a Figura 5.4.

Figura 5.4 – **Direcionamento do conteúdo do treinamento**

Conteúdo do treinamento		
	Transmissão de informações	♦ Aumentar o conhecimento das pessoas: informações sobre a organização, seus clientes, produtos/serviços, políticas, diretrizes, regras e regulamentos.
	Desenvolvimento de habilidades	♦ Melhorar as habilidades e as destrezas: habilitar as pessoas para a execução e a operação de tarefas e o manejo de equipamentos, máquinas e ferramentas.
	Desenvolvimento de atitudes	♦ Desenvolver ou modificar comportamentos: mudar as atitudes negativas para atitudes favoráveis; ter conscientização das relações e melhoria da sensibilidade com as pessoas e com os clientes internos e externos.
	Desenvolvimento de conceitos	♦ Elevar o nível de abstração: desenvolver ideias e conceitos para ajudar as pessoas a pensarem em termos globais e estratégicos.

Fonte: Adaptado de Chiavenato, 2004, p. 403.

Contudo, podemos nos questionar:
Será que um treinamento pode abordar diversos conteúdos em uma só ação?
Ou devemos pensar o treinamento quanto ao conteúdo, como uma espécie de "caixinha" bem definida e específica?
Para refletir sobre essas perguntas, convidamos você a "pensar a floresta como um todo, e não apenas as suas árvores". O conteúdo do treinamento, seja ele voltado à transmissão de informações ou ao desenvolvimento de habilidades, seja à modificação de modelos mentais ou ao desenvolvimento de conceitos, pode, sim, ser aplicado de forma isolada ou de forma conjunta.

Um programa de treinamento de líderes, por exemplo, envolve todos os conteúdos: a) transmissão de informações sobre a organização, o público interno, as políticas e práticas organizacionais etc.; b) desenvolvimento de habilidades: de comando, comunicação, negociação, gestão de conflitos, administração do tempo etc.; c) desenvolvimento de atitudes: habilidade em relacionamento pessoal e interpessoal, sobretudo motivar-se a si mesmo para poder estimular a equipe, inteligência emocional etc.; e d) desenvolvimento de conceitos relacionados com a filosofia da organização e, sobretudo, com a ética profissional.

5.10.2 O ciclo do treinamento

Adapta-se ou desaparece: é o ditame inexorável da natureza, hoje como ontem.

H. G. Wells (Portal Qualidade Brasil, 2012a)

O que é um *ciclo*? Trabalharemos com a ideia de que ciclo é um conjunto de eventos que se repetem. Dessa forma, assim como temos o ciclo de vida e o ciclo de vida de um produto, temos também o ciclo do treinamento.

De acordo com Chiavenato (2004), o ciclo de um treinamento é composto por quatro fases: o levantamento das necessidades de treinamento; a programação do treinamento; a implementação; e a avaliação dos resultados. Essas fases são detalhadas a seguir:

1. **Levantamento de necessidades de treinamento** – Essa etapa prevê a elaboração de um diagnóstico das necessidades de treinamento. Esse diagnóstico pode ser elaborado com base em algumas ferramentas como: avaliação de desempenho, observações, questionários, solicitação de supervisores e gerentes, entrevistas com supervisores e gerentes, reuniões interdepartamentais, exame de seleção de colaboradores, necessidade de modificações totais ou parciais nas rotinas de trabalho, análise de cargos, entrevistas de desligamento de colaboradores da organização e, ainda, relatórios periódicos da empresa ou da produção, apontando as possíveis oportunidades de melhoria no desempenho dos colaboradores. Nessa fase do levantamento das necessidades de treinamento, seis perguntas poderão ser úteis para levantar as informações que serão utilizadas na etapa seguinte:
   I. O que será ensinado?
   II. Para quem será dirigido?
   III. Quando será ensinado?
   IV. Onde será ensinado?
   V. Como será ensinado?
   VI. Quem deverá ensinar (quem será o treinador, o instrutor ou o articulador)?
   Se você for um administrador financeiro, deverá estar se perguntando: E quanto vai custar? Essa pergunta é extremamente importante para viabilizar o programa de treinamento, mas somente poderá ser respondida *a posteriori*, quando todas as ações do programa já tiverem sido definidas.
2. **Planejamento e elaboração da programação de treinamento para atender às necessidades de treinamento identificadas** – Uma vez elaborado o diagnóstico do treinamento, tem início a fase da escolha dos métodos a serem empregados no programa de treinamento. Aqui, devemos frisar que tão importante quanto o que fazer em um treinamento é o como fazê-lo. Nesta etapa, destaca-se o planejamento do treinamento, ou seja, um plano que envolva itens, como: definição clara do objetivo do treinamento, divisão do trabalho a ser desenvolvido em módulos ou ciclos,

determinação do que será abordado no treinamento, escolha dos métodos de treinamento e tecnologia disponível, *checklist* dos recursos necessários, definição do número de pessoas que participarão do treinamento, disponibilidade de tempo, local em que será realizado, época ou periodicidade do treinamento, cálculo da relação custo-benefício e controle e avaliação dos resultados, para identificar os pontos que oferecem oportunidades de melhoria para o próximo ciclo de treinamento.

3. **Implementação do programa de treinamento** – É a execução do programa propriamente dito.
4. **Avaliação dos resultados do treinamento** – Para saber se o objetivo foi de fato atingido ou não, é fundamental a realização criteriosa de uma avaliação de resultados do treinamento. Essa avaliação tem como objetivo verificar se o treinamento produziu as modificações desejadas no comportamento dos colaboradores e, sobretudo, avaliar se os resultados apresentam relação com o alcance das metas da organização.

Podemos ampliar a visão sobre o ciclo de treinamento por meio de algumas considerações adicionais. A primeira diz respeito ao **levantamento de necessidades de treinamento**. Um gestor de pessoas deve ficar atento a alguns indicadores, tanto voltados à produção quanto às relações humanas. Esses indicadores são extremamente significativos na organização, para o diagnóstico da necessidade de treinamento. Você poderá verificá-los no Quadro 5.8.

Na etapa do levantamento das necessidades de treinamento, os indicadores apresentados anteriormente são importantes fontes de informações sobre as patologias da empresa e, principalmente, as oportunidades de melhorias da organização.

Outro ponto a ser destacado refere-se à programação do treinamento propriamente dito.

Você pensou sobre o quanto de uma informação é retida 12 horas após uma palestra?
E 24 horas depois?
E três meses depois?
O que a ciência explica sobre isso?

Quadro 5.8 – **Indicadores de diagnóstico de necessidades de treinamento**

Indicadores relativos à produção	Indicadores de relacionamento pessoal/interpessoal
Baixa produtividade.	Excessivo número de reclamações, tanto dos clientes quanto dos colaboradores acerca de outros colaboradores.
Não atingimento contínuo de metas.	
Problemas com qualidade; elevado número de erros.	Desinteresse pelo trabalho e pela perspectiva de cliente interno.
Avarias frequentes em instalações e equipamentos.	Ambiente de baixa cooperação e respeito.
Despesas excessivas com manutenção, tanto de máquinas quanto de equipamentos.	Absenteísmo e número de substituições.
Desperdícios.	Lócus de controle externo: tendência a atribuir as responsabilidades pelas falhas sempre aos outros.
Problemas com aproveitamento de espaço e recursos disponíveis.	

Fonte: Elaborado com base em Chiavenato, 2004, p. 411-412.

Muitos estudos sobre a memória têm sido desenvolvidos nos últimos anos. Alguns deles estimam que o cérebro esquece 80% dos detalhes de uma experiência de aprendizado, como uma aula, por exemplo, em apenas 24 horas. Se deixar o tempo passar por duas semanas, a taxa de esquecimento é de 99%. Esse é o ponto: se a questão é treinamento e aprendizagem, é importante atentar para esse fator. Então, como estimular o aprendizado a partir de significados, que possam ser retidos, absorvidos e expressos pelos colaboradores, por meio da adoção de novos comportamentos?

Aqui, faremos uma pausa para discutir duas questões importantes em treinamento: o conteúdo e a forma. O conteúdo é o que se deseja ensinar; a forma, que é como esse conteúdo será apresentado, faz toda a diferença no processo de aprendizagem. Em treinamentos, de acordo com o objetivo, pode-se lançar mão de aulas expositivas, palestras e conferências. No entanto, existem tantos outros métodos para tornar rica a experiência de treinamento por meio de significados do próprio grupo, que deve avaliar as possibilidades de: seminários, *workshops*, filmes, fragmentos de filmes associados a conceitos e ideias, estudos de caso, testes de realidade, discussões em grupo, painéis, debates, dramatizações e *role-playings*, simulações e jogos, oficinas de trabalho e reuniões técnicas, dentre outros, de acordo com a formação, o preparo e a criatividade do instrutor/facilitador. Este deve despertar a curiosidade em seu aprendiz, pois a maior parte do trabalho será feita por esse instrutor. Dessa forma, o facilitador deve cuidar para que o seu programa de treinamento se configure a seu colaborador como uma oportunidade, um desafio, e não horas e horas de tortura lenta e silenciosa, ou "monologizada" (quando apenas o instrutor fala e, em regra, a plateia dorme ou pensa em outra coisa).

Quando abordamos a questão da avaliação e do controle do treinamento, não dissemos como exatamente isso pode ser feito. A orientação é revisitar os itens da primeira etapa, que são as fontes de informação. Quais são estas? Avaliação de desempenho, observações sobre o desempenho, questionários, *feedback* por parte dos supervisores e dos gerentes que haviam solicitado o programa de treinamento – a fim de coletar dados e impressões sobre o que foi modificado e que ainda demanda alterações –, reuniões interdepartamentais, entrevistas de desligamento do colaborador da organização e relatórios periódicos da empresa ou da produção oferecerão a base para se saber se o resultado do treinamento foi total ou parcialmente atingido ou, ainda, se foi insatisfatório.

Então, com base nessas informações, você está apto a discutir sobre um programa de treinamento em relação ao seu objetivo, ao conteúdo, ao público-alvo e ao ciclo de criação, implementação e avaliação do treinamento em sua organização.

No entanto, existe outro termo, que parece ser estar "casado" com treinamento, que é *desenvolvimento*.

5.10.3 Treinamento, desenvolvimento e tecnologia da informação

> *Investir no desenvolvimento das pessoas que realizam o trabalho nas organizações significa investir na qualidade dos produtos e serviços, e consequentemente, atender melhor os clientes e ampliar as vendas.*
> Tachizawa, Ferreira e Fortuna (2006, p. 220)

Para Lacombe (2004, p. 108), *desenvolver* é "mudar de um estado primitivo para outro mais complexo, que é presumivelmente preferível ao anterior". Podemos tomar esta ideia e trazê-la à questão do desenvolvimento de pessoas. Desenvolver pessoas é permitir que estas cresçam e identifiquem novas habilidades, ampliem suas estruturas mentais, independentemente das tarefas que realizem na organização.

De acordo com Milcovich e Boudreau (2000), citados por Villas-Boas e Andrade (2009, p. 131), "desenvolvimento é o processo de longo prazo para aperfeiçoar as capacidades e motivações dos empregados a fim de torná-los futuros membros valiosos da organização. O desenvolvimento inclui não apenas o treinamento, mas também a carreira e/ou outras experiências".

> **Desenvolver pessoas é permitir que estas cresçam e identifiquem novas habilidades, ampliem suas estruturas mentais, independentemente das tarefas que realizem na organização.**

Agora que está claro o que significa treinar e desenvolver pessoas e o quão complexo esse desafio pode ser, uma vez que demanda estímulos adequados por parte do treinador/facilitador, das faculdades mentais do aprendiz e, sobretudo, do "querer", ou seja, do desejo de aprender desse aprendiz, e, embora a tarefa envolva uma série de elementos complexos, observamos uma sensível mudança de mentalidade por parte dos gestores das organizações. O montante destinado a programas de treinamento e desenvolvimento já não são vistos como despesas, mas sim como investimentos estratégicos, similares àqueles realizados em tecnologias, máquinas e instalações. Por que isso tem ocorrido? Porque os resultados, sejam de qualquer ordem, ocorrem por meio do desempenho das pessoas na organização. Esse fato nos leva a admitir que o treinamento e o desenvolvimento não deveriam ficar ligados apenas aos níveis hierárquicos superiores da organização, mas, sim, constituírem-se como parte de uma cultura organizacional que enfatize a participação dos colaboradores dos mais variados níveis. Neste ponto, abrimos para outra questão: O que mais podemos utilizar para treinar e desenvolver pessoas? Além dos procedimentos que já apontamos, um bom caminho é, conforme a realidade de cada organização, encontrar oportunidades no crescimento exponencial da tecnologia da informação e de novas tecnologias, que estão disponíveis no mundo dos negócios. Embora pudéssemos apontar outras tantas, vamos nos concentrar nas teleconferências e videoconferências; na universidade corporativa e na educação a distância. Araujo (2008) nos oferece as seguintes informações:

- **Teleconferências e videoconferências** – Utilizadas por empresas dispersas geograficamente, tanto pelo Brasil quanto pelo mundo. Facilitam e reduzem o custo da difusão do conhecimento, políticas e práticas da organização, sem contar que também reduzem significativamente os custos com reuniões.
- **Universidade corporativa** – Atualmente, as universidades, de forma geral, estão bastante atentas às velozes mudanças do mundo corporativo; por outro lado, parcerias entre empresas e universidades parecem se solidificar a cada ano. De acordo com Vergara (2000), citado por Araujo (2008, p. 103), "é um conceito inspirado no tradicional conceito de universidade e abrigado pelo ambiente empresarial, e diz respeito ao desenvolvimento de pessoas, da organização, clientes, consumidores, fornecedores, franqueados, terceirizados e até mesmo a comunidade".
- **Educação a distância (EaD)** – A educação a distância inclui tanto o treinamento quanto o desenvolvimento. A educação a distância se intensifica a cada dia, e os gestores já se preparam para utilizá-la como uma poderosa ferramenta. Além do grande número de instituições que oferecem bons programas, outro ponto é a popularização da internet. Vale citar a existência de *sites* que oferecem cursos de extensão, cursos técnicos, de capacitação e de especialização, entre outros. Embora esses programas não sejam desenvolvidos diretamente pelo gestor de pessoas da empresa, são elaborados por instituições que se consideram em condições de

atender às demandas das organizações que buscam oferecer mais uma forma de desenvolvimento ao seu pessoal.

E o que mais? Dessa forma, podemos observar que, com conhecimento, boa vontade e criatividade, o gestor pode dispor de uma gama de ferramentas para treinar e desenvolver a sua equipe. A questão aqui é imprimir na cultura organizacional esse desejo de treinamento e desenvolvimento e traduzi-lo em práticas efetivas na organização.

5.10.4 Desenvolvimento de talentos

Qual é a melhor forma de desenvolver os talentos?
Quais foram as ações que você realizou e que tiveram reflexo no seu desenvolvimento pessoal?
E no seu desenvolvimento profissional?

A próxima questão inevitavelmente será: As ações que desenvolveram suas habilidades pessoais são diferentes daquelas que desenvolveram suas habilidades profissionais? Podemos afirmar que a melhor forma de desenvolver talentos é entender como as pessoas se comportam, o que elas pensam e sentem, para depois desenvolver a habilidade de desempenhar suas tarefas de forma diferenciada e que possibilite obter vantagens competitivas.

Para ilustrar esse pensamento, apresentamos na Figura 5.5 o esquema desenvolvido por Le Boterf (2003), quando estudou as condições de operacionalização das competências profissionais.

Figura 5.5 – **Condições de operacionalização das competências**

| Condições da situação de trabalho | Operacionalização das competências | Características pessoais do indivíduo (experiência, conhecimentos, aptidões) |

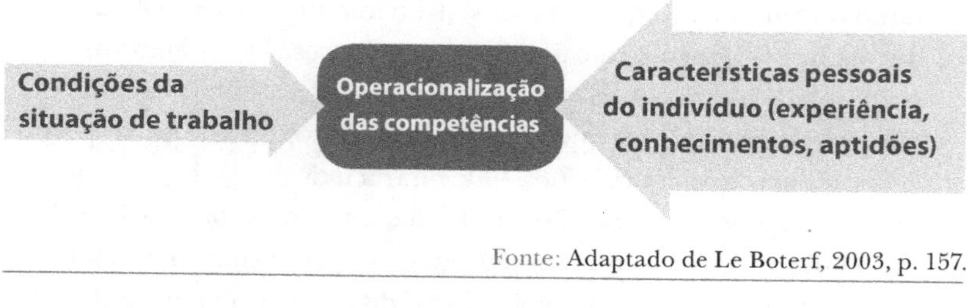

Fonte: Adaptado de Le Boterf, 2003, p. 157.

Indagamo-nos: Quais são os instrumentos ou as ferramentas utilizados pelas organizações para o desenvolvimento de talentos? A essa altura, você já deve ter percebido que é necessário utilizar diversos recursos, de forma planejada e integrada, para poder alcançar os objetivos de desenvolvimento.

Nesse aspecto, Villas-Boas e Andrade (2009) afirmam que as empresas realizam diversas ações para estimular o desenvolvimento de seus colaboradores, sendo muitas delas interdependentes. Isso significa que o desenvolvimento de pessoas é um processo integrado, que utiliza diversos instrumentos com vistas ao desenvolvimento de talentos a curto, médio e longo prazos.

Figura 5.6 – **Instrumento de desenvolvimento de pessoas**

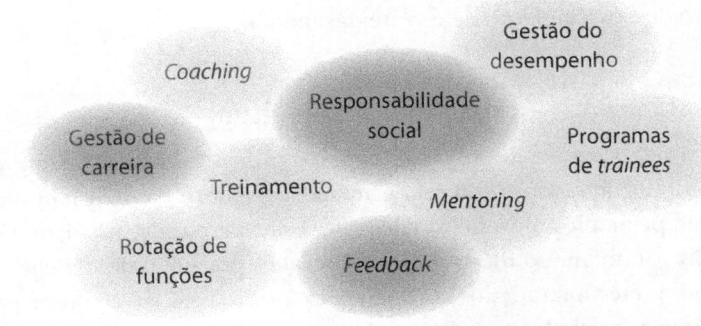

- Coaching
- Gestão do desempenho
- Responsabilidade social
- Gestão de carreira
- Programas de *trainees*
- Treinamento
- Mentoring
- Rotação de funções
- Feedback

Fonte: Elaborado com base em Villas-Boas; Andrade, 2009, p. 135.

Propositadamente, deixamos esta parte para o final do capítulo. Não por ser menos importante, pelo contrário, mas porque são práticas cada vez mais adotadas pelas organizações, cuja relação custo-benefício tem deixado os gestores satisfeitos. Estamos falando das seguintes práticas: *coaching*, *mentoring* e *counseling*.

O *coaching*, como instrumento de desenvolvimento de lideranças, permite realizar a transição segura para as práticas gerenciais adequadas ao cenário atual.

Com o início do século XXI, inaugurou-se um período em que as necessidades transcendem, em muito, as necessidades técnicas. Podemos observar essa realidade bem próxima de nós. As pessoas entram para a organização por suas habilidades técnicas, mas, não raras vezes, são convidadas a deixá-las pela falta de habilidades comportamentais. Krausz (2007) aponta que o uso das tecnologias da informação, bem como a própria natureza do trabalho, privilegiam o domínio de conhecimentos, habilidades e competências não convencionais, mas indispensáveis para lidar com condições sutis e não materiais ligadas ao trabalho. A necessidade de desenvolver o capital intelectual – para que este possa assegurar a vantagem competitiva das organizações – e a demanda cada vez mais premente em desenhar um alinhamento estratégico entre as pessoas – que permita obter resultados no mundo do trabalho, como a relação entre custo, prazo e qualidade – são situações que exigem um profissional não apenas com formas rígidas de *modus operandi*, mas com estratégias mentais que privilegiem o aprendizado constante. Este é o ponto: o desenvolvimento de estratégias mentais.

5.10.5 *Coaching* – abordagem conceitual

Coach é uma palavra da língua inglesa que significa "treinador". Embora o profissional de *coaching* seja relativamente recente, o *coaching* tem suas raízes em princípios filosóficos. Você deve estar pensando: mas isso não é novo! Exatamente: o filósofo grego Sócrates, por meio de diálogos e, sobretudo, questionamentos com seus discípulos, baseava-se no princípio de que a "verdade" está dentro de cada um. Esse é o princípio que constitui a base para o *coaching*. A grande arte encontra-se em como fazer essa "verdade" emergir, aflorar do indivíduo. Falando de outra forma, o programa de *coaching* é pautado pelo processo de estimular a capacidade das pessoas de se reinventarem e encontrarem alternativas válidas, apesar da restrição do contexto em que atuam. Outras abordagens do *coaching* são igualmente interessantes, a saber:

- Para Gallwey (1996), *coaching* é liberar o potencial de uma pessoa para que ela maximize o próprio desempenho. Assim, significa mais ajudá-la a aprender do que ensiná-la diretamente. Para Krausz (2007), *coaching* é um processo que facilita a aprendizagem e o desempenho de outra pessoa pela utilização ótima de seu potencial, com a finalidade de alcançar resultados desejados.

- Para Hargrove (1995, p. 15), *coaching* consiste em desafiar e apoiar as pessoas, oferecendo a elas o benefício de uma parceria.
- Retomando Krausz (2007, p. 27):

> [*Coaching* é] um processo que contribui para que as pessoas e os grupos se transformem, reflitam a respeito de sua visão de mundo, de seus valores, crenças, aprofundem sua aprendizagem, incorporem novas habilidades e capacidades, e expandam sua prontidão para agir de forma coerente e eficaz. Por essa razão constitui uma forma de provocação construtiva, de desafio e estímulo para o desenvolvimento e aprendizagem contínuos.

Com base na análise desses conceitos, observamos a relação de paridade entre *coach* (treinador) e *coachee* (treinado), o papel dos estímulos realizados por meio de perguntas e o significado da aprendizagem, que é a modificação do comportamento para a aquisição e o desenvolvimento de habilidades e capacidades.

5.10.6 Os pressupostos do *coaching*

O *coaching*, além de um programa que pode durar de seis a dez sessões, dependendo da habilidade que o *coachee* deseja desenvolver, é também uma cultura que pode ser expandida a todos os líderes da organização, uma vez que é pautada por um conjunto de crenças e valores, representados pelos seguintes pressupostos:

- as pessoas sabem mais do que elas pensam que sabem;
- as pessoas têm todos os recursos de que necessitam para operar as mudanças;
- perguntas adequadas, úteis e estimulantes produzem mais resultados do que ordens e comandos;
- toda "falha" representa uma oportunidade de aprendizagem;
- metas desafiantes fazem aflorar o que de melhor as pessoas possuem;
- toda aprendizagem é precedida de alguma forma de experimentação;
- o *querer* é o primeiro passo para o poder e o fazer. (Krausz, 2007, p. 26, grifo nosso)

É fundamental que o *coach* tenha em mente esse conjunto de pressupostos ao dar início ao processo de *coaching*. Tais pressupostos funcionam como crenças, e nossas crenças afetam enormemente o nosso comportamento: elas funcionam como o filtro que utilizamos para ver o mundo. Se você acredita que não existe fracasso, mas que existem resultados, e se o resultado que você obteve o distancia do resultado que havia planejado, o que você pode fazer? Rever suas estratégias, é claro! E aprender, aprender a como não fazer, aprender a fazer diferente! Mas, e se você acredita no fracasso? Fatalmente será uma vítima fácil da culpa e da falta de estímulo para continuar o processo.

5.10.7 O *coach* e as perguntas eficazes

O *coach*, em nenhuma hipótese, deve dizer ao seu *coachee* o que fazer. Também não deve aconselhá-lo. O *coach*, por mais que seja "clara" para ele a solução ao desafio do *coachee*, tem como papel conduzir o seu cliente à solução por meio de perguntas, para que todas as decisões tomadas e todos os *insights* obtidos pelo *coachee* sejam verdadeiros para este. O *coach* trabalha com o mapa mental do seu *coachee*, e não com seu próprio; ou seja, a solução deve fazer sentido para o *coachee*.

É muito importante salientar que, fundamentalmente, o trabalho do *coach* diz respeito à habilidade das perguntas. Krausz (2007) assinala que perguntas adequadas, úteis e estimulantes produzem mais resultados do que ordens e comandos. Você já havia pensado sobre isso? É muito comum que comandos sejam recebidos como imposições, e estas geram resistências, uma vez que não oferecem escolhas. Imposições nem sempre conduzem às reflexões do "por que" e "para que" realizar determinadas ações. Por outro lado, perguntas geram, sobretudo, reflexões, abrem possibilidades para escolhas do indivíduo, levam a pessoa a refletir, a buscar, com base no seu mapa mental, informações que validem o questionamento. Perguntas ampliam o mapa mental, uma vez que levam a pessoa a pensar de modo diferente. Perguntas eficazes promovem mudanças porque rompem paradigmas e lançam luz a possibilidades antes desconsideradas. Assim, um *coach* não precisa entender da área de atuação de seu *coachee*, mas deve esmerar-se em ser um hábil e eficaz "fazedor de perguntas". A seguir, algumas indicações para a realização de perguntas:

> O trabalho do *coach* diz respeito à habilidade das perguntas.

- Verificar se o *coachee* está entendendo a mensagem do *coach* e eliminar possíveis distorções.
- Verificar com que exatidão a sua mensagem está sendo entendida.
- Sondar o ponto de vista do *coachee*.
- Buscar informações em profundidade.
- Estimular novas formas de encarar uma informação.
- Obter respostas profundas.
- Encorajar um novo enfoque ao assunto, ao problema ou à decisão.
- Sondar os recursos, as opiniões, as ideias e as habilidades do *coachee*.
- Promover mudanças.

Quando refletimos sobre a eficácia das perguntas, gostamos de contar a seguinte história da cultura Zen:

> **Para refletir**
>
> Um homem está olhando desvairadamente debaixo de um poste de iluminação pública quando um transeunte se detém a fim de ajudá-lo.
> — O que está procurando? — pergunta o transeunte.
> — Minhas chaves — responde o homem.
> — Onde você as perdeu? — pergunta novamente o bom samaritano.
> — Oh, eu as perdi em casa! — responde o homem.
> — Só uma coisa — diz o estranho prestativo — Se você perdeu as chaves em casa, por que está procurando por elas aqui fora, na rua?
> — Porque está escuro lá dentro de casa — responde o homem — Eu não consigo ver. Aqui fora está iluminado, portanto estou procurando neste local.

Fonte: Adaptado de Lages; O'Connor, 2004, p. 91.

O papel do *coach* é, então, fazer as perguntas que "iluminem" os lugares certos. Dessa forma, o *coach* é um profissional hábil em fazer perguntas que estimulem o *coachee* a identificar seu objetivo e suas possibilidades, a elaborar seu plano de ação e a desenvolver estratégias para remover as possíveis barreiras.

A Figura 5.7 apresenta um "cardápio" de perguntas amplamente utilizadas em sessões de *coaching*.

Figura 5.7 – **Perguntas *coach***

Estabelecer o foco
- Com o que você está preocupado agora?
- Em que você pode contribuir para aumentar o problema?
- O que mais incomoda você?
- O que parece mais urgente para você?
- De todas as questões, o que é prioridade?
- Hoje, aonde você gostaria de chegar?
- O que realmente você quer?

Identificar possibilidades e recursos
- Quais são as várias coisas que você pode fazer?
- E o que mais?
- Quais são as três melhores coisas que poderiam acontecer?
- Se você soubesse que é impossível não dar certo, o que você faria?
- E o que mais você vê (ou sente) como possibilidade?

Plano de ação
- O que especificamente você vai fazer?
- Qual será o seu primeiro passo?
- Como você vai fazer isso?
- Quem (ou quais recursos) você precisa para atingir sua meta?
- Como você vai conseguir isso?
- Quando você vai fazer isso?
- Como essas ações vão contribuir para você alcançar sua meta?

Remover obstáculos
- Que obstáculos você poderia encontrar pelo caminho?
- O que está faltando?
- Que outros recursos podem ser necessários?
- Que outros obstáculos você pode esperar?
- Qual a comunicação necessária?
- Quem precisa saber?

Finalização
- Resuma: o que você vai fazer, quando e como?
- O que você leva dessa conversa?
- Até a próxima reunião, o que você terá finalizado?
- Em uma escala de 1 a 10, qual é o grau de certeza que você tem que levará adiante as ações combinadas?

Fonte: Adaptado de Whitmore, 2006, p. 51-52.

5.10.8 *Coaching* e o estabelecimento de metas e objetivos

Outro postulado do *coach* é conferido à questão das metas. Metas desafiantes e estimulantes podem fazer aflorar o que de melhor as pessoas possuem. Muitas vezes, pode parecer muito simples determinar um objetivo ou uma meta. O *coach* utiliza critérios bastante específicos ao conduzir o *coachee* no estabelecimento do foco, da meta ou do objetivo. Terminologias à parte, aqui temos aquilo que o *coachee* deseja ter como resultado ao final do seu ciclo de *coaching*. O *coach* observa e alinha o processo para que os objetivos sejam apresentados da seguinte maneira:

a) **Formulados em termos positivos** – Sabemos que as palavras promovem imagens mentais. A palavra *não* existe no dicionário, mas não existe na experiência. Se dissermos para você não pensar em um elefante vestido de baiana, você conseguirá deixar esse pensamento de lado? Ao falar "não pense em um elefante", a sua mente precisa pensar, em primeiro lugar. Então, por essa razão, o *coach* cuida para que o objetivo do *coachee* seja sempre formulado positivamente, como, por exemplo: "Não quero ter medo de falar em público". Ao invés disso, o que o *coach* pergunta é: "se você não quer isso, então o que você quer?" O *coachee* pode então dizer: "Quero ter confiança ao falar em público". Esse, sim, é um objetivo formulado em termos positivos.

b) **Os objetivos devem estar nas mãos do *coachee*** – "Quero que meu chefe seja mais respeitoso comigo". Embora esse seja um objetivo louvável, a pergunta é: esse objetivo está nas mãos do *coachee*? O *coach*, com seu ouvido apurado, saberá identificar que esse objetivo jamais será realizado, porque está fora dos critérios de formulação de objetivo. Por quê? Explicamos: aqui, o desejo do *coachee* é o desejo de mudar algo, ou de conseguir algo, que está fora do seu alcance. O papel fundamental do *coach* nessa etapa é identificar se o objetivo é iniciado e controlado pelo *coachee*. Caso não seja, a ideia é transformá-lo em algo iniciado e controlado pelo cliente. Traduzindo, o que poderia ser feito é o *coachee* trabalhar o seu comportamento, para lidar com a forma de agir do seu chefe.

Observe que agora ele está no comando, ele escolherá uma nova resposta. A situação pode não mudar, quem muda é o *coachee*.

c) **Descrição baseada em dados sensoriais** – A pergunta aqui é buscar uma evidência, uma prova irrefutável de que aquele objetivo foi alcançado;

d) **Os objetivos devem ser específicos** – Sabemos que os objetivos devem ser claros, específicos e exatos, para que o *coachee* saiba exatamente qual é o seu propósito e possa, assim, canalizar suas energias e trabalhar seu objetivo como prioridade.

e) **Os objetivos devem ser realizáveis** – Saber que se pode alcançar algo é muito motivador. Caso o objetivo estabelecido ofereça dúvidas acerca de sua realização, a disposição interna diminuirá. Se o objetivo for muito amplo, o *coach* o fragmenta em pequenas partes atingíveis.

f) **Ecológicos** – Na programação neurolinguística, utilizamos a expressão "verificação de ecologia" para explorar as consequências gerais dos objetivos nos diversos contextos da vida. Ou seja, um objetivo ecológico é aquele que não apresenta nenhum efeito colateral, seja para a vida pessoal, seja para a familiar, seja para a profissional, seja para a emocional ou a espiritual do *coachee*.

Dessa forma, o *coach*, ou o líder *coach*, que é aquele que busca constantemente desenvolver a sua equipe, está sempre passando seus objetivos e suas metas pela peneira desses seis critérios fundamentais para que um objetivo ou uma meta seja bem construído e, uma vez bem construído, seja alcançado.

5.10.9 *Mentoring*

O *mentoring* é, assim como o *coaching*, uma forma de intervenção na organização para produzir aprendizado. Para Garvey (2004), citado por Krausz (2007, p. 34), o "termo *mentoring* está associado com 'iniciação', carreira, desenvolvimento pessoal e mudança". Ou seja, o foco do *mentoring* é o da carreira profissional dentro de uma organização específica.

Conforme havíamos comentado, no *coaching*, o *coach* não precisa entender da profissão do seu *coachee*, mas precisa ser hábil em fazer perguntas estimulantes e relevantes. No entanto, essa realidade não se aplica ao *mentoring*. A potência do *mentoring* se encontra no conhecimento específico do mentor. Esse mentor, que funciona como uma espécie de mestre, geralmente é alguém mais experiente na empresa, com anos de casa, que conhece muito bem a cultura da organização e que, sobretudo, apresenta disposição para colaborar para o avanço da carreira dos outros membros da organização (Krausz, 2007).

Assim, o *mentoring* representa e transmite a visão, a missão e os valores da organização; compartilha experiências e seu conhecimento sobre determinado assunto para abrir novas possibilidades. O mentor orienta e ensina, ao passo que o *coach* é um facilitador da aprendizagem. Simplificando, *mentoring* é o processo no qual um colaborador experiente da organização é associado a um colaborador sem ou com pouca experiência, e o ajuda em um treinamento ou no papel de apoio geral. É uma forma de ensinar; isso inclui caminhar ao lado da pessoa. O mentor ensina e/ou convida o outro a aprender pelo seu exemplo.

> O mentor orienta e ensina, ao passo que o *coach* é um facilitador da aprendizagem.

5.10.10 *Counseling*

O *counseling*, ou aconselhamento, como é conhecido, também é uma forma de intervenção. Muitas vezes, é ainda confundindo com o programa de *coaching*, mas tem diferenças absolutamente significativas em relação a este. Garvey (2004), citado por Krausz (2007, p. 33), explica que "aconselhamento é uma atividade especializada com o propósito terapêutico claro, na qual a agenda é estabelecida pelo cliente. O aconselhamento focaliza o indivíduo". A autora prossegue ainda informando que o aconselhamento é voltado para o bem-estar emocional do cliente e que, embora não seja uma terapia, pode ser considerado, por muitas pessoas que passam pelo processo, como uma ação curativa. Com isso, vê-se que o aconselhamento é pontual e ocasional. Ocorre ante um determinado episódio de dificuldade e propõe-se a encaminhar o aconselhado a uma solução. Nas palavras de Krausz (2007, p. 33), "no aconselhamento há diferença de poder entre o conselheiro e o aconselhado. Este último tem o problema e o primeiro terá a solução". Esse ponto assinala a diferença definitiva entre aconselhamento e *coaching*, uma vez que o *coach* tem uma relação de paridade, ou seja, há nivelamento de poder entre *coach* e *coachee*.

Gestão de talentos

Para tornar clara a diferença entre as práticas de *coaching*, *mentoring*, *counseling* e treinamento, em termos de abrangência, quem faz, foco, abordagem e resultado, observe atentamente o Quadro 5.9.

Quadro 5.9 – Diferenças entre *coaching*, *mentoring*, *counseling* e treinamento

	Coaching	Mentoring	Counseling	Treinamento
Abrangência	Questões de desempenho, desafios e mudanças específicas.	Questões relacionadas à empresa, à carreira ou às transições profissionais.	Formas de lidar com questões emocionais.	Questões relacionadas à aprendizagem de função específica.
Foco	Ação/resultados.	Possibilidades.	Problemas.	Deficiências de conhecimento, experiências e habilidades relativas à tarefa ou à função.
Envolve	Presente e futuro.	Passado, presente e futuro.	Passado e presente.	Presente.
Aborda	Como o *coachee* age em razão dos resultados a serem alcançados.	Como agir no âmbito profissional e da carreira.	Como o cliente atua em determinadas situações.	Como fazer para produzir mais resultados e assegurar a competitividade da empresa.
Quem faz	Um *coach* executivo/*coach* empresarial.	Um mentor.	Um profissional da área de aconselhamento (*counselor*).	Um profissional experiente em treinamento e com conhecimentos específicos da sua área de atuação.
Resultados	Produzir opções construtivas, viáveis e informadas, e utilizá-las para obter os resultados desejados.	Informações e *insights* para ampliar sua visão e seu conhecimento das possibilidades.	Compreensão da problemática e disposição para equacioná-la.	Aquisição de conhecimentos, experiências necessárias para a prática de suas tarefas e suas funções.

Fonte: Adaptado de Krausz, 2007, p. 32.

5.11 Conclusão

*A oportunidade é perdida pela maioria das pessoas
porque ela vem vestida de macacões e se parece com trabalho.*
Thomas Edison (Ócio Criativo, 2012)

Agora, você está provido de informações que lhe permitem escolher uma das modalidades descritas anteriormente para desenvolver os talentos da organização.

Temos falado a respeito dos instrumentos que as empresas utilizam no desenvolvimento de talentos; entretanto, ressaltamos que, nos dias atuais, essa não pode nem deve ser apenas responsabilidade da empresa. O funcionário deve realizar constantemente uma análise crítica do seu desempenho, identificando seus pontos fortes (para poder maximizá-los) e suas oportunidades de melhoria (que requerem um planejamento para buscar a competência ou minimizar seu impacto).

A respeito da responsabilidade do funcionário com sua carreira, Potts e Sykes (1994) apresentam nove sugestões para auxiliar na busca do desenvolvimento:

1. Conheça-se a si mesmo, buscando compreender aquilo que somente você tem a oferecer.
2. Seja você mesmo, acredite no seu valor como pessoa e profissional.
3. Descubra o que você gosta de fazer e o que você faz bem, identificando o que torna seu trabalho agradável.
4. Aproveite todas as oportunidades para expressar suas crenças e seus sentimentos a respeito da sua carreira, de forma positiva, por meio de um diálogo construtivo, sem reclamações ou reivindicações.
5. Escute. Crie consciência do que a empresa pensa sobre você e sobre o seu futuro, para que você possa melhorar e crescer.
6. Mantenha um currículo atualizado e fique sempre informado sobre o mercado de trabalho na sua área de atuação.
7. Concentre-se em exercitar seus talentos e suas habilidades de maneira plena, pois, na maioria dos casos, seu desempenho é mais importante do que o título do cargo que você almeja.
8. Procure desempenhar o melhor possível suas atribuições, trabalhando para deixar seu superior satisfeito.

> 9. Desenvolva uma rede de relações internas e externas, mantendo contatos e trocando informações e técnicas que melhorem sua atuação e possibilitem conhecer outras oportunidades.

Nessa mesma linha, Villas-Boas e Andrade (2009) sugerem que o profissional deve gerenciar sua carreira como se fosse um empresário cuidando do seu negócio, e que seu talento será desenvolvido mantendo a flexibilidade e atualizando constantemente seus conhecimentos e suas habilidades. Entre as sugestões dos autores, surge novamente a questão do conhecimento das próprias potencialidades e limitações; a manutenção da rede de relações; deixar as opções em aberto, mantendo o currículo atualizado, sempre "esperando pelo melhor, mas preparado para o pior" (Villas-Boas; Andrade, 2009). Além destas, esses autores acrescentam ainda a necessidade de administrar sua reputação, tornando conquistas e realizações visíveis dentro e fora da organização; manter-se atualizado, desenvolvendo habilidades que tenham grande demanda; equilibrar competências técnicas e genéricas; e documentar as suas realizações.

Estudo de caso

Basf: treinamento e desenvolvimento

O mote global "todos contam, nós movemos a Basf" guia todas as ações da empresa alemã, líder mundial no segmento químico, que já está no Brasil há 100 anos, onde conta com 3.855 funcionários. A multinacional, com sede em 39 países, preza o desenvolvimento de seus colaboradores e investe neles com o objetivo de reter talentos. Não à toa, um dos quatro pilares que aparecem entre os valores da empresa é formar a melhor equipe da indústria. "Essa é a base do nosso modelo de gestão de recursos humanos", diz o vice-presidente de RH, Wagner Brunini. Pensando no aprimoramento do colaborador, em 2009, em parceria com a Universidade Harvard, a empresa desenvolveu treinamentos *e-learning* com temas ligados a liderança, *coaching* e relação interpessoal. No Portal do Aprendizado também são disponibilizados cursos de aprimoramentos para trabalhar os *gaps* evidenciados na avaliação de desempenho 360 graus. Só no ano passado foram realizadas 161.154 horas de treinamento com 4.329 participantes, e investimento de aproximadamente R$ 2.000.000,00. Para fortalecer a relação dos gestores com suas equipes, a Basf mantém a Academia de Liderança. Em 2001, criou, em conjunto com a Fundação Dom Cabral, de Minas Gerais, o Programa de Desenvolvimento de Líderes, que já formou mais de 800 profissionais. Em 2009, foi criada uma turma de 17 gestores para participar do programa piloto Líder *Coach*, um treinamento sobre a gestão de pessoas. Uma das poucas insatisfações dos colaboradores é a falta de transparência em relação às promoções e ao preenchimento das vagas. No ano passado, foram anunciadas 130 posições e 40% delas foram preenchidas internamente. Os funcionários acham que esse número poderia ser maior.

Prioridade do RH: "Desenvolver e orientar pessoas, contribuindo para construir um ambiente mais produtivo e favorável aos negócios", afirma Wagner Brunini.

Fonte: Adaptado de Pugliesi, 2010, p. 110.

Questões do estudo de caso

1. Quais pontos desse estudo de caso podem ser relacionados com os conceitos apresentados no texto?

2. Quais ideias você pode extrair e aplicar em sua organização, independentemente do porte ou do ramo de atuação desta?

3. Qual é o impacto dessas práticas na satisfação do colaborador, no seu desempenho na organização e no desenvolvimento de talentos?

Síntese

Neste capítulo, tratamos da importância de investir em talentos, uma vez que as pessoas são a "galinha dos ovos de ouro" das organizações. Delas provêm toda a solução de problemas, a criatividade e a fonte geradora de vantagens competitivas. Nesse sentido, o treinamento, o desenvolvimento de pessoal e o desenvolvimento organizacional constituem os três níveis de amplitudes diferentes na conceituação do desenvolvimento das pessoas nas organizações. Abordamos a aprendizagem, compreendendo-a como mudança de comportamento relativamente duradoura, ocasionada pela experiência. Pela aprendizagem, os sujeitos são modificados: adquirem novas associações, informações, *insights*, aptidões e hábitos.

Para que a aprendizagem em treinamento possa ocorrer, levamos o leitor a compreender as significativas diferenças entre pedagogia e andragogia. A pedagogia é voltada para a educação de crianças, com foco no conteúdo. A andragogia é voltada para a aprendizagem de adultos e está diretamente ligada à metodologia e ao desenvolvimento do aprendiz. A andragogia busca compreender e considerar o adulto por meio de todos os componentes humanos e a tomar decisões considerando suas dimensões biológicas, psicológicas e sociais. A andragogia provoca o aprendiz e desloca a aprendizagem dos conteúdos para a resolução de problemas e desafios da vida cotidiana. Na andragogia, o recurso mais rico da aprendizagem é o aprendiz, envolvido em um processo tanto intelectual quanto emocional.

Assim, tratamos ainda do desenvolvimento organizacional como linha de crescimento que contempla diversos estágios em que um não retroage ao outro. Uma vez realizado um aprendizado, o indivíduo está preparado para outros desafios, nos quais pode utilizar-se de novos aprendizados que sejam ou não complementares aos adquiridos anteriormente. É um processo contínuo de crescimento, estruturado em etapas que se superpõem com vistas ao crescimento do indivíduo e dos grupos.

Dessa forma, abordamos ainda as técnicas de *coaching*, *mentoring* e *counseling*, para trabalhar os aspectos cognitivos e técnicos da organização.

Questões para revisão

1. José Augusto conseguiu seu primeiro emprego como auxiliar administrativo na Seguradora Pedra Forte, mas não se sente entusiasmado com suas tarefas. Comumente se atrasa, falta e não cumpre com suas obrigações. Assim mesmo, a gerente de José Augusto mantém os elogios e os prêmios, em uma tentativa de mudar o seu comportamento, mas o que está conseguindo é o descontentamento de sua equipe. A atitude dessa gerente está correta?

    a) Não, pois ela deveria incentivá-lo a estudar assuntos que de fato lhe interessem, mesmo não sendo relacionados ao trabalho atual.

    b) Não, pois o reforço dado ao comportamento errado aumenta a probabilidade de esse comportamento ocorrer em situações semelhantes.

c) Sim, pois a atitude da gerente acabará por influenciar os outros funcionários a ter uma atitude mais compreensiva em relação a ele.

d) Sim, pois ela conseguirá ao longo do tempo adquirir a confiança do funcionário e mudar seu comportamento.

2. A Dentinho Feliz, fabricante de escovas de dentes e artigos odontológicos, apresentou resultados muito abaixo do esperado na última pesquisa de satisfação dos clientes. Diante disso, encarregou o responsável pelo Departamento de Recursos Humanos, Dr. Garrido, de desenvolver um programa de treinamento, visando à melhoria do atendimento ao cliente. Com base na situação descrita, considere os seguintes objetivos de um programa de treinamento e desenvolvimento:

   I) Proporcionar ao funcionário oportunidades para o contínuo desenvolvimento em seu cargo atual.
   II) Utilizar instrumental adequado que permita a medição do desempenho do funcionário durante um dado período de tempo.
   III) Mudar a atitude dos funcionários para criar um relacionamento interpessoal mais satisfatório e aumentar o seu nível de envolvimento.
   IV) Identificar os funcionários que necessitam de reciclagem e selecionar os empregados com condição de receberem promoção ou serem transferidos.

   Estão corretos somente:
   a) I e III.
   b) III e IV.
   c) II e III.
   d) I e IV.

3. Tanto o treinamento quanto o desenvolvimento pressupõem a aprendizagem. A aprendizagem ocorre quando se pode identificar uma mudança no comportamento. Tendo em vista as afirmações a seguir, atribua (V) para as afirmações verdadeiras e (F) para as falsas:

( ) O aprendizado depende de ao menos três fatores: a repetição (base das mudanças sinápticas que implementam uma nova maneira de pensar e agir), o retorno "negativo" (que informa ao cérebro que é preciso tentar de novo, mas de outra maneira), e o retorno positivo (que sinaliza quando se fez a coisa certa, que deve ser repetida no futuro).

( ) O que leva um indivíduo a continuar tentando algo é o retorno positivo e a expectativa de acertar da próxima vez.

( ) O retorno positivo é fundamental para o aprendizado.

( ) O cérebro também tem um mecanismo de premiar-se com sensações agradáveis toda vez que acerta, com a ativação do sistema de recompensa. Dessa forma, o benefício é duplo: o prazer de acertar reforça os programas que funcionam como se deseja e ainda reforça a motivação, com a expetativa de mais retorno positivo.

( ) Os mecanismos de aprendizagem não têm nenhuma relação com as emoções.

Assinale a alternativa que contém a sequência correta:

a) F, V, V, V, V.
b) V, F, V, V, F.
c) V, V, V, V, F.
d) V, V, V, V, V.

4. Como a tecnologia da informação pode auxiliar nos programas de treinamento?

5. Apresente as diferenças entre *coaching*, *mentoring* e *counseling*.

Questões para reflexão

1. Você sabe como você aprende? Como o conhecimento sobre a metacognição pode ajudá-lo a desenvolver seus conhecimentos, suas habilidades e suas competências?

2. Você (já) elegeu um mentor em que se espelhar em sua vida profissional? Quais são as principais características dessa pessoa? Como essa referência pode ajudá-lo a desenvolver os seus talentos?

3. Pense em um objetivo que você estabeleceu para sua vida profissional e pessoal. Agora, aplique as perguntas para verificação de ecologia. Se o seu objetivo for ecológico, dê início ao segundo passo, que é a aplicação das etapas da conversa *coach* encontradas no quadro "Perguntas para descobrir". Caso seu objetivo não atenda às verificações de ecologia, reavalie-o até que você possa chegar a um objetivo que seja totalmente ecológico.

4. Identifique em sua organização as pessoas que poderiam atuar em um programa de *mentoring*. Elabore um projeto contendo introdução, objetivo geral e objetivos específicos, metodologia e justificativa, fundamente os ganhos que o programa de *mentoring* pode agregar para a organização e apresente-o à sua diretoria. Quem sabe você não encontra aí uma oportunidade para contribuir com o reconhecimento de talentos em sua empresa?

Para saber mais

AMEAÇA virtual. Direção: Peter Howitt. EUA: Fox Filmes, 2001. 109 min.

APOLLO 13. Direção: Ron Howard. EUA: Universal Home Video, 1995. 134 min.

MESTRE dos mares. Direção: Peter Weir. EUA: Universal Pictures, 2003. 138 min.

GLADIADOR. Direção: Ridley Scott. EUA: DreamWorks/Universal, 2000. 155 min.

6 Controle de talentos

Conteúdos do capítulo:

- Aprendizagem e avaliação de desempenho humano nas organizações;
- Avaliação de desempenho;
- Função, objetivos e métodos de avaliação de desempenho;
- Indicadores de desempenho;
- *Balanced scorecard* (BSC);
- Prêmio Nacional da Qualidade (PNQ);
- Retenção de talentos.

Após o estudo deste capítulo, você será capaz de:

- entender a relação entre a aprendizagem e o desempenho;
- compreender o que é e como surgiu a avaliação de desempenho;
- reconhecer as finalidades da avaliação de desempenho dos funcionários realizada pelas organizações;
- reconhecer os principais modelos de avaliação de desempenho;
- reconhecer indicadores utilizados para medir o desempenho;
- entender o que é e para que servem as práticas de retenção de talentos;
- reconhecer as principais ferramentas de retenção de talentos utilizadas pelas empresas.

Neste capítulo, trataremos das questões inerentes à avaliação de desempenho das pessoas nas organizações. Antes disso, vamos discutir um pouco sobre aprendizagem, que está diretamente vinculada ao desempenho. Também discorreremos sobre os indicadores passíveis de serem utilizados pelas organizações para avaliar o desempenho profissional e, por último, mas não menos importante, vamos pesquisar a retenção de talentos e como as organizações tratam o assunto, bem como as principais práticas e ferramentas utilizadas no mundo corporativo.

Quando pensamos em avaliação, percebemos que em praticamente todos os momentos do nosso cotidiano estamos avaliando situações, pessoas, produtos e empresas. Isso ocorre tanto em nossas atividades sociais quanto na vida particular: qual é o melhor produto, qual é a melhor escola para os filhos, qual é o melhor carro, qual é o melhor caminho, e assim por diante. O mesmo ocorre nas relações de trabalho, a partir do momento em que há uma hierarquia de funções e diante da necessidade de as empresas desenvolverem-se e manterem-se no mercado da forma mais competitiva possível, a máxima eficiência passa pelo aprimoramento e pela maximização dos desempenhos individuais. Para tanto, as empresas avançam em busca de indicadores que auxiliem na medição dessa eficiência, para então agir na promoção de melhorias de forma contínua. Alcançadas as metas ou os objetivos de desenvolvimento traçados, outros são colocados, e assim sucessivamente os estágios de desenvolvimento vão sendo galgados. Na sequência, surge um novo desafio: o de manter os talentos na organização, objeto de consideráveis investimentos financeiros e de tempo. É disso que trata este capítulo.

6.1 A aprendizagem e a avaliação de desempenho humano nas organizações

> *Gente é mais importante que processos. Processos não produzem; gente sim. Processos não pensam, sentem ou criam. Gente sim. Antes que os processos possam ser melhorados, nossa gente deve ser melhorada.*
> Willingham (1999, p. 1)

A aprendizagem liga-se ao comportamento e este, por sua vez, está diretamente relacionado ao desempenho do indivíduo em uma organização. Embora a aprendizagem seja um processo subjetivo, as organizações adotam práticas para avaliar o desempenho dos indivíduos e mensurar seus resultados.

Tecnicamente, a avaliação remete a uma estimativa ou apreciação de alguma coisa ou pessoa. Na prática empresarial, existe a avaliação de recursos humanos. Para Lacombe (2004, p. 32), essa avaliação consiste no "julgamento do desempenho ou das qualidades de uma pessoa na organização". É sabido que a avaliação de desempenho apresenta dois objetivos distintos: melhorar o desempenho do avaliado na posição atual e proporcionar informações à administração superior, para decisões sobre o seu "encarreiramento".

No entanto, a *avaliação*, conforme nota Vasconcellos (1995, p. 15), é um processo abrangente da existência humana, que implica reflexão crítica sobre a prática, no sentido de captar seus avanços, suas resistências, suas possibilidades, e permitir uma tomada de decisão sobre o que fazer para superar os obstáculos. Nesse sentido, a avaliação de desempenho e a forma como o retorno dessa avaliação é dada ao colaborador podem assinalar uma oportunidade de crescimento ímpar, ao indivíduo e à organização.

Muitas vezes, o resultado dessa avaliação de desempenho em muito se distancia do seu objetivo original e passa a ser utilizado de forma distorcida, mais como um mecanismo punitivo do que como uma ferramenta para a melhoria contínua nas organizações. É nesse ponto que um conceito fundamental se insere: o *feedback*, ou seja, o retorno sobre o desempenho.

No entanto, podemos indagar: É fácil oferecer *feedback*? Ainda mais: Por que, às vezes, é tão difícil receber *feedback*? Bergamini e Beraldo (2007) chamam a atenção para processos psicológicos próprios do ser humano e informam que, ao mesmo tempo em que este deseja conhecer a opinião do outro sobre si, ele a nega ou rejeita. Por outro lado, deseja expressar seu julgamento sobre as pessoas, mas tem medo de fazê-lo. Para a autora, o entendimento dessa dinâmica comportamental tem sido, ao longo do tempo, um marco na ciência do comportamento humano, bem como sua preocupação central. Nesse sentido, a construção da autoimagem e da autoestima de um indivíduo ocorre, em grande parte, pelo *feedback* que recebe do meio em que vive.

> A avaliação de desempenho humano nas organizações deixa de ser veículo do medo, da insegurança e das frustrações, para ser mensageira do otimismo, da esperança e da realização pessoal.

Considerando então que o desenvolvimento da estrutura comportamental do ser humano se dá pela interação entre elementos intrínsecos e extrínsecos à sua constituição, que gera ao longo do processo a imagem que o indivíduo tem de si e o afeto que sente por si mesmo, é natural que aceite e recuse ao mesmo tempo situações que confirmem, coloquem em xeque ou contrariem sua autoimagem e autoestima. Deseja porque essas situações podem significar a referência, o padrão de que necessita para se aproximar de seu próprio centro, e recusa porque podem mostrar-lhes a distância em que se acha dele. (Bergamini; Beraldo, 2007, p. 12)

À luz dessa reflexão, percebemos que é essencial que uma avaliação sustentável de desempenho humano nas organizações contemple, sobretudo, um processo que proporcione oportunidades de melhorias em relacionamentos e atualização permanente do comportamento. Dessa forma, fatores como atmosfera de confiança e maturidade emocional são fundamentais para essa prática. Uma vez concebida à luz desses pressupostos, atentam Bergamini e Beraldo (2007), a avaliação de desempenho humano nas organizações deixa de ser veículo do medo, da insegurança e das frustrações, para ser mensageira do otimismo, da esperança e da realização pessoal, por meio da valorização dos pontos fortes das pessoas e da identificação de oportunidades de melhoria e aprendizado.

Para Bee (2000), o *feedback* é um processo fundamental que visa orientar as pessoas a apresentarem comportamento e desempenho adequado a uma determinada situação.

Para Moreira (2009), o *feedback* é uma ferramenta essencial da liderança e não existe desenvolvimento sem ele. É importante ressaltar que um líder preparado, ao oferecer *feedback*, observa o local adequado para isso, o tom de voz, o *timing* (momento apropriado), analisa o comportamento do indivíduo, busca os fatos em vez do julgamento em si, oferece oportunidades de aprendizado, ou seja, busca oferecer ferramentas para a melhoria do desempenho e do relacionamento.

Recentemente, como informa Krausz (2007), dirigentes de empresas que atuam no Brasil reuniram-se para discutir as mais novas tendências em gestão de pessoas, e se mostraram muito sensíveis à importância da cultura organizacional, da ética e da transparência como valores fundamentais da organização. Muitos executivos são encaminhados a programas de *coaching* para desenvolverem habilidades específicas, como, por exemplo, a capacidade de dar e receber *feedback*, as habilidades linguísticas para exercerem suas lideranças com eficácia e estratégias de flexibilidade para a solução de problemas.

Senge (2008), ao desenvolver os postulados de sua obra *A quinta disciplina*, destina uma das disciplinas aos modelos mentais, afirmando que estes são orientadores da forma de pensar e agir das pessoas, ou seja, são "paradigmas" profundamente fixados. Nesse sentido, não existe garantia de que os gestores estejam plenamente conscientes de seus modelos mentais e dos impactos que estes causam sobre a forma de pensar e agir. Em termos de impactos no corpo social da organização, tais modelos podem ser eficazes no sentido de promover a coesão da equipe, o estímulo necessário e a aprendizagem do grupo. Por outro lado, podem também ser desastrosos, no sentido de manifestar emoções como raiva, tristeza e medo por parte de seus colaboradores (ver o item 1.4 do Capítulo 1, que trata das emoções). É certo afirmar que qualquer que seja a alternativa, ela produzirá impactos profundos no desempenho da equipe e, portanto, nos resultados da organização.

Nesse sentido, ao gerenciar talentos, todo gestor poderia exercitar seu modelo mental e perguntar-se:

Qual modelo de *feedback* é utilizado pelos líderes-gestores?

Como é realizado o retorno da avaliação de desempenho?
O retorno contempla a oportunidade de aprendizado do colaborador ou de seu grupo de trabalho?
A forma de apresentação do *feedback* aproxima o indivíduo do seu centro ou é apenas uma crítica que, quando interpretada pelo colaborador, diminui sua autoestima e sua autoimagem?
Até que ponto o gestor "enxerga" o seu colaborador, a despeito de seus filtros perceptivos (ver item 1.2 do Capítulo 1, sobre percepção), preconceitos e julgamentos, no sentido de oferecer a ele informações sobre seu comportamento assertivo para colocá-lo em estados positivos de recursos e prosseguir com seu processo de aprendizagem?
Tais questionamentos podem lançar significativa luz nos processos da avaliação de desempenho e na forma como o *feedback* é utilizado. É importante lembrar sempre que o *feedback* é uma poderosa ferramenta de aprendizagem individual e grupal.

6.2 Avaliação de desempenho

Você sabe quando as empresas começaram a se preocupar em medir ou controlar o desempenho de seus funcionários? Na sua empresa existe um sistema formal de avaliação de desempenho? Você conhece os critérios ou os indicadores pelos quais você é avaliado?

6.2.1 Origem e função da avaliação de desempenho

> *Teria maior confiança no desempenho de um homem que espera ter uma grande recompensa do que no daquele que já a recebeu.*
> Voltaire (UOL, 2012f)

Os primeiros registros relativos à avaliação de desempenho datam de mais de 100 anos atrás, nos Estados Unidos da América. De acordo com Grote (2003), muitas empresas foram influenciadas pela administração científica de Taylor, no início do século XX, para criar avaliações de desempenho para seus funcionários. Entretanto, antes da Segunda Guerra Mundial, apenas as Forças Armadas e raras empresas faziam uso de recursos de avaliação. A maior inspiração para as empresas aprimorarem suas avaliações veio nos anos 1950, por meio das ideias de Peter Drucker, citado por Grote (2003), sobre gestão por objetivos, e da publicação de Douglas McGregor (*The Human Side of Enterprise*) e suas ideias das teorias X e Y, também citado por Grote (2003). Com base no trabalho desses dois pesquisadores, as metodologias de avaliação de desempenho desenvolveram-se consideravelmente, passando da fase em que essa tarefa era desenvolvida exclusivamente pela chefia, de forma sigilosa, até o estágio em que contempla o alcance de metas, transformando-se em um processo de responsabilidade compartilhada entre o colaborador, o gestor e, em alguns modelos, todos os atores envolvidos.

Assim, perguntamo-nos:

Que tipo de informações as avaliações de desempenho fornecem ou devem fornecer?

Como e para que finalidade as empresas utilizam a avaliação de desempenho?

Quais são as decisões de gestão de pessoas ou talentos tomadas em razão do resultado da avaliação?

As organizações utilizam as avaliações de desempenho principalmente para decisões de promoção ou movimentação de funcionários, para identificar necessidades de treinamento, embasar os aumentos salariais – quando vinculados a um planejamento de carreira –, para demissões e para pesquisa. As organizações buscam verificar se as pessoas estão dando o melhor de si, se estão apresentando os resultados almejados pela empresa.

Como os estudiosos do assunto definem a avaliação de desempenho? Para Souza et al. (2005), a gestão do desempenho é um sistema de informações estruturado, que é realizado nas organizações de maneira contínua, abrangente e sistêmica, sendo inerente à relação do homem com o trabalho. Grote (2003), por sua vez, afirma que a avaliação de desempenho tem a finalidade de avaliar a qualidade do desempenho do funcionário em uma empresa. Chiavenato (2009a) define-a como uma "apreciação sistemática do desempenho de cada ocupante no cargo, bem como seu potencial de desenvolvimento".

No que se refere às questões envolvidas na avaliação de desempenho, Chiavenato (2009a), com base nos estudos realizados pelo pesquisador norte-americano Andrew Sikula, aplicou a ferramenta de plano de ação denominada 5W2H (*who, what, why, when, where, how* e *how much* – em português: quem, o quê, por quê, quando, onde, como e quanto), oferecendo uma visão esquemática de todos os aspectos inerentes à avaliação, como veremos no Quadro 6.1.

Para conduzir a avaliação, é necessário que a organização adote um estilo ou modelo de avaliação que estabeleça e formalize os critérios a serem utilizados. É um processo que consiste em estabelecer os objetivos, as metas ou os resultados esperados, tomando como base o planejamento estratégico da organização. Além disso, faz-se necessário o acompanhamento frequente e contínuo das ocorrências, bem como a verificação dos resultados alcançados e os progressos realizados, para então elaborar as propostas futuras, em um processo dinâmico e contínuo. Grote (2003) toma emprestado da gestão da qualidade o PDCA (planejar, fazer, controlar, avaliar ou revisar), propondo realizar o ciclo na avaliação de desempenho, por meio da estratégia, com quatro fases distintas, pensadas por ele para um modelo de avaliação compartilhada entre o funcionário e seu superior imediato, mas que pode aplicar-se a qualquer modelo de avaliação, como você poderá verificar na Figura 6.1.

Agora, podemos nos perguntar: Para que servem as avaliações de desempenho? Só para justificar aumentos de salários? No princípio, elas serviam exatamente a esse propósito, mas, posteriormente, passaram a ser utilizadas para melhorar o desempenho do colaborador e, com isso, surgiram as metas e os planos. Convidamos você a conhecer o que as pesquisas constataram sobre o assunto.

6.2.2 Objetivos da avaliação de desempenho

Como podemos observar, de modo geral, contemplando a visão contemporânea da gestão organizacional, a avaliação de desempenho visa às melhorias: de gestão, de resultados, de padrões de trabalho e de todos os aspectos da empresa. Considerando os modelos de avaliação mais tradicionalmente usados, a avaliação de desempenho tem impacto em três atores: na organização, no gestor ou no avaliador/avaliado. As qualidades e os benefícios da avaliação de desempenho podem ser observados na Figura 6.2 adiante.

Quadro 6.1 – **Questões de avaliação de desempenho**

1. Quem?	3. Por quê?	4. Quando?
Avaliado: • Todos os funcionários. • supervisor; • outros supervisores; • pares ou colegas; • o próprio empregado; • subordinados; • gerentes de pessoal; • consultor externo; • combinação de grupo. **2. O quê?** **Objetivo:** • Pessoas. **Tempo de referência:** • desempenho atual; • potencial futuro. **Especificações:** • traços pessoais; • resultados alcançados.	• Manter a força de trabalho; • Melhorar o desempenho; • Determinar necessidades de treinamento; • Determinar oportunidades de desenvolvimento pessoal; • Base para promoções, transferências, desligamentos etc.; • Base para aumentos salariais; • Auxílio no processo de recrutamento, seleção, colocação e integração; • Mecanismo de retroação e comunicação.	**Formal:** • anualmente; • semestralmente; • trimestralmente. **Informal:** • semanalmente; • diariamente; • continuamente. **5. Onde?** **No cargo:** • no escritório do superior; • no local de trabalho do avaliado; • em qualquer lugar. **Fora do cargo:** • no escritório do consultor; • em qualquer lugar.

6. Como?

Métodos:
• Tradicionais
  ▪ escalas de classificação;
  ▪ comparações de empregados;
  ▪ listas de verificação;
  ▪ ensaios de forma livre;
  ▪ entrevistas;
  ▪ incidentes críticos.
• Modernos
  ▪ centros de avaliação;
  ▪ administração por objetivos;
  ▪ contabilidade de valores humanos.

Problemas:
• efeito de halo;
• leniência ou restritividade;
• tendência central;
• preconceitos pessoais;
• propósito de avaliação.

Fonte: Adaptado de Chiavenato, 2009a, p. 122.

Figura 6.1 – Gestão de desempenho por estratégia

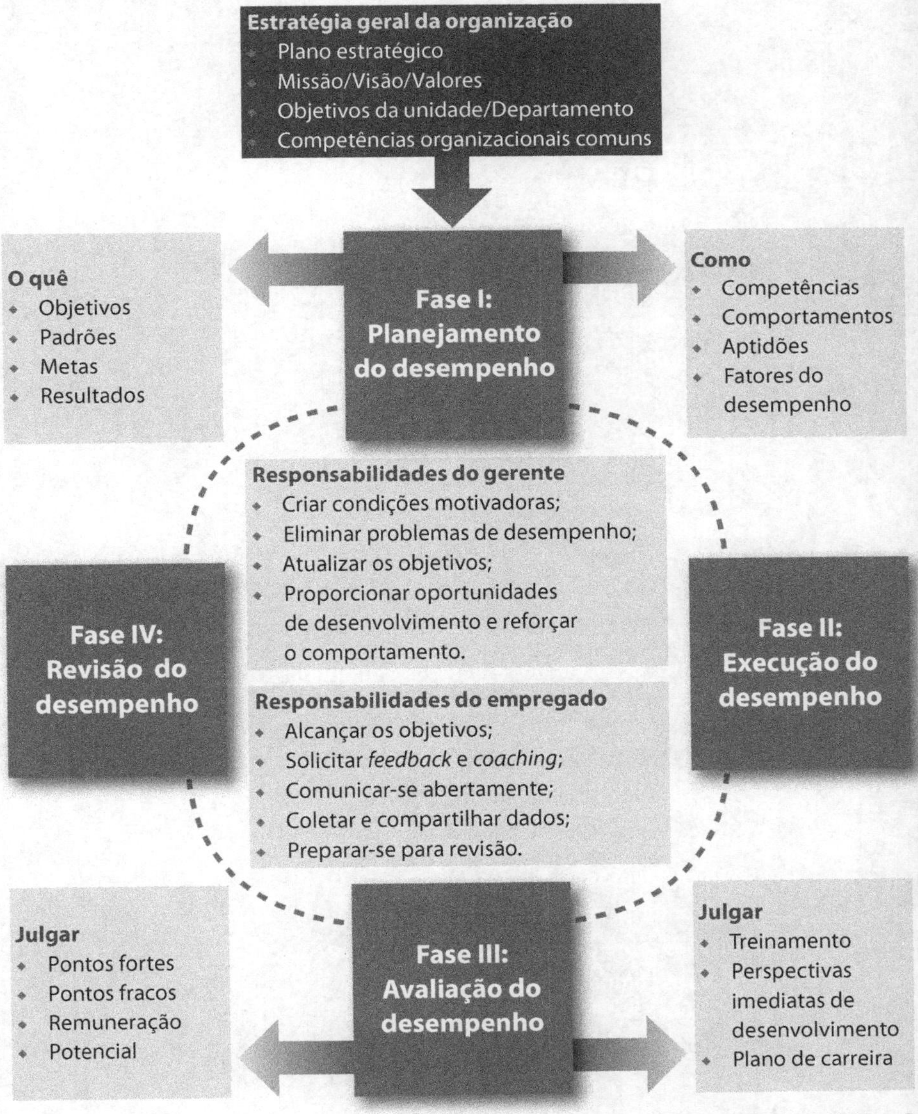

Estratégia geral da organização
- Plano estratégico
- Missão/Visão/Valores
- Objetivos da unidade/Departamento
- Competências organizacionais comuns

O quê
- Objetivos
- Padrões
- Metas
- Resultados

Fase I: Planejamento do desempenho

Como
- Competências
- Comportamentos
- Aptidões
- Fatores do desempenho

Responsabilidades do gerente
- Criar condições motivadoras;
- Eliminar problemas de desempenho;
- Atualizar os objetivos;
- Proporcionar oportunidades de desenvolvimento e reforçar o comportamento.

Fase IV: Revisão do desempenho

Responsabilidades do empregado
- Alcançar os objetivos;
- Solicitar *feedback* e *coaching*;
- Comunicar-se abertamente;
- Coletar e compartilhar dados;
- Preparar-se para revisão.

Fase II: Execução do desempenho

Julgar
- Pontos fortes
- Pontos fracos
- Remuneração
- Potencial

Fase III: Avaliação do desempenho

Julgar
- Treinamento
- Perspectivas imediatas de desenvolvimento
- Plano de carreira

Fonte: Adaptado de Grote, 2003, p. 3.

Figura 6.2 – Finalidades e benefícios da avaliação de desempenho

Organização

- Oferece informações sobre o desempenho da organização;
- Produz melhoria no desempenho organizacional, refletida na produtividade, na qualidade e na satisfação dos clientes, bem como nos aspectos econômicos e financeiros;
- Torna dinâmico o planejamento da empresa;
- Propaga os objetivos e os valores da organização;
- Dinamiza e orienta a política de recursos humanos;
- Melhora a comunicação;
- Melhora a motivação;
- Possibilita a revisão de metas e objetivos;
- Torna claros os resultados esperados e os obtidos;
- Serve como instrumento de tomada de decisão para o levantamento de necessidades de treinamento e desenvolvimento;
- Serve como instrumento nas decisões de carreira, salários e participação nos resultados;
- Identifica talentos;
- Reduz conflitos, por meio do diálogo, das discussões sobre o que se espera e dos resultados;
- Melhora as competências das pessoas e da empresa.

Andres Rodriguez/PantherMedia

Gestor ou avaliador

- Melhora o desempenho da equipe;
- Possibilita o diálogo construtivo e reduz dissonâncias, incertezas e ansiedades;
- Serve como instrumento de resolução de problemas e conflitos;
- Facilita a tomada de decisão sobre os funcionários quanto a promoções, transferências e demissões;
- Possibilita o retorno de seus subordinados sobre sua atuação como líder;
- Estabelece um clima de confiança e cooperação entre os membros da equipe;
- Melhora a comunicação;
- Neutraliza a subjetividade, quando oferece um sistema de medição.

Avaliado

- Compreende os requisitos de desempenho, ou seja, o que a empresa espera dele;
- Identifica seus pontos fortes e fracos, do ponto de vista profissional, que podem ser discutidos com seu líder;
- Toma consciência do que precisa fazer para melhorar seu desempenho, o que é sua responsabilidade e o que é papel da empresa;
- Oportuniza a discussão de problemas ou queixas;
- Possibilita oferecer *feedback* ao seu superior;
- Proporciona oportunidades de realizar autoavaliação e autocrítica de seu autodesenvolvimento;
- Estima seu potencial de desenvolvimento;
- Possibilita traçar metas para o seu desenvolvimento futuro.

Fonte: Elaborado com base em França, 2007; Pontes, 2008; Chiavenato, 2009a.

Você percebeu que a avaliação de desempenho tem impacto em todos os aspectos discutidos nos capítulos anteriores? Ela reúne elementos das diversas características das relações humanas e interpessoais, embasadas na cultura, nos valores, nos objetivos e nas metas da organização, considerando as competências possuídas e desejadas para os talentos que atuam na empresa e suas possibilidades de treinamento e desenvolvimento.

Devemos destacar ainda um aspecto importante que apresenta impacto significativo na avaliação de desempenho: a estruturação de cargos da empresa, uma vez que esta tem como propósito detalhar cada um dos cargos em termos de atividades e ações, métodos de trabalho, qualificações quanto à formação, habilidades e competências requeridas e sua relação com os demais cargos e atividades. Também pode contemplar os movimentos do cargo tanto no sentido vertical quanto no horizontal, determinando quais são as posições que antecedem e as que sucedem determinada função, oferecendo assim uma visão das possibilidades de movimentação do colaborador dentro da organização. Seu grau de detalhamento vai variar de acordo com o desenho escolhido, bem como com a complexidade do cargo e a atualização em termos de extinção e criação de cargos e suas respectivas atribuições, que também se modificam ao longo do tempo, orientadas pelas inovações e modificações da própria organização.

6.2.3 Métodos de avaliação de desempenho

Como podemos avaliar efetivamente o desempenho? Quais são as metodologias utilizadas pelas empresas? Os métodos de avaliação de desempenho, segundo Pontes (2008), podem ser classificados em *métodos individuais* e *de equipe*. Também podem ser classificados como *clássicos* e *contemporâneos*, e, ainda, pela ênfase no passado, no futuro ou em uma combinação de ambos.

Para que possamos visualizar de forma prática e esquemática, pesquisamos as metodologias existentes e identificamos uma série de modelos utilizados em avaliações de desempenho. Souza et al. (2005) aponta uma mudança significativa nos métodos de avaliação, pela qual o avaliado passa a ser agente de sua avaliação, deixando a condição de passividade.

Tais métodos também contemplam a adoção do conceito de competência, entendido como o conjunto de conhecimentos, habilidades e atitudes, conforme apresentado na Figura 6.3 adiante.

Você percebeu que temos uma grande variedade de métodos de avaliação? Os mais tradicionais são os métodos de escalas gráficas, da escolha forçada, da pesquisa de campo, dos incidentes críticos e os mistos.

Veja, no Quadro 6.2, um exemplo de avaliação de desempenho aplicado com o método de escalas gráficas.

Quadro 6.2 – **Avaliação de desempenho pelo método de escalas gráficas**

Fatores de avaliação de desempenho	Fraco	Sofrível	Regular	Bom	Ótimo
Volume de trabalho executado pelo funcionário	Pouco ( )	Algum ( )	Médio ( )	Grande ( )	Enorme ( )
Qualidade do trabalho executado pelo funcionário	Péssima ( )	Sofrível ( )	Regular ( )	Boa ( )	Excelente ( )
Conhecimento do trabalho por parte do funcionário	Pouco ( )	Algum ( )	Médio ( )	Grande ( )	Enorme ( )
Pontualidade do funcionário	Nenhuma ( )	Pouca ( )	Regular ( )	Bastante ( )	Extrema ( )
Assiduidade do funcionário	Nenhuma ( )	Pouca ( )	Regular ( )	Bastante ( )	Extrema ( )

Fonte: Adaptado de França, 2007, p. 120.

6.3 Indicadores de desempenho

Agora que estudamos os métodos existentes e os objetivos e benefícios da avaliação de desempenho, vamos verificar que tipo de indicadores as organizações utilizam para avaliar o desempenho de seus colaboradores.

Figura 6.3 – Métodos de avaliação de desempenho

Avaliação da experiência
O avaliador descreve em um ou mais parágrafos as principais características do avaliado, suas qualidades e limitações, potencialidades e aspectos referentes ao seu comportamento. A desvantagem desse método é a amplitude, o que dificulta a combinação e a comparação, e só se torna efetivo quando combinado com outro método.

Pesquisa de campo (ênfase no passado)
Tem como base a realização de reuniões entre o líder e um especialista da área de recursos humanos, nas quais se conduz a avaliação do desempenho de cada um dos subordinados, por meio da análise de fatos e situações ocorridas no período compreendido pela avaliação. O método minimiza a subjetividade da avaliação, em função de proporcionar um diagnóstico padronizado do desempenho, possibilitando, ainda, o planejamento do desenvolvimento profissional de cada um, orientado pelo gestor.

Escalas gráficas (ênfase no passado)
É um dos métodos mais utilizados pelos gestores. Avalia o desempenho por meio de indicadores previamente definidos, graduados por meio da descrição do desempenho em uma variação de ruim a excepcional. Para cada graduação, pode haver exemplos de comportamentos esperados, para facilitar a observação da ocorrência ou não do indicador. Permite a elaboração de gráficos que facilitam a avaliação e o acompanhamento do desempenho do avaliado ao longo do tempo.

Escolha forçada (ênfase no passado)
É uma avaliação realizada com base em frases descritivas, representando determinado tipo de desempenho em relação às tarefas que foram atribuídas ao colaborador, entre as quais é solicitado ao avaliador escolher a mais adequada para descrever os comportamentos do avaliado. O método procura minimizar a subjetividade do processo da avaliação de desempenho.

Incidentes críticos (ênfase no passado)
Tem como foco as atitudes que representam desempenhos altamente positivos (sucessos), que devem ser realçados e estimulados, ou os desempenhos altamente negativos (fracassos), que devem ser corrigidos por meio de acompanhamento constante. Não é preocupação do método avaliar as situações normais. Para que a avaliação realizada com a aplicação desse método seja eficaz, faz-se necessário o registro constante das ocorrências, para que nada passe despercebido.

Comparação binária (ênfase no passado)
Conhecido também como comparação dos pares, o método faz uma comparação entre o desempenho de dois colaboradores ou entre o desempenho de um colaborador e sua equipe, elencando alguns fatores pertinentes. É um processo bastante simples e pouco eficiente, além de ser consideravelmente difícil de ser realizado, principalmente se o número de pessoas avaliadas for grande.

Autoavaliação (ênfase no passado e no futuro)
A avaliação sobre o próprio desempenho é realizada pelo avaliado e oferece maiores subsídios quando combinada com outros sistemas, o que minimiza o impacto de influência do viés e da falta de sinceridade, passíveis de ocorrer.

Sistemas de graduação
O sistema estimula as avaliações conciliadas entre os avaliadores. Os métodos de graduação mais comuns são o de graduação por comparação de pares (vide Comparação binária) e por alternação, em que os nomes dos avaliados são listados de forma aleatória. Os avaliadores escolhem sucessivamente o melhor e o pior avaliado, e um classificador então hierarquiza todos os avaliados, por meio de correções estatísticas.

(continua)

Relatório de desempenho (ênfase no passado e no futuro)
Esse método também pode ser denominado de *avaliação por escrito* ou *avaliação da experiência* e consiste em uma descrição livre a respeito das características do avaliado, seus pontos fortes e fracos, suas potencialidades e dimensões de comportamento, entre outros aspectos. A desvantagem reside na dificuldade de combinar ou comparar as classificações atribuídas, e por isso é mais eficaz quando combinado com outro método mais formal.

Avaliação de resultados (ênfase no desempenho futuro)
Baseia-se na comparação entre os resultados previstos e os realizados. Embora seja considerado um método prático, sua fragilidade está em considerar somente o ponto de vista do supervisor sobre o desempenho do avaliado.

Avaliação por objetivos (ênfase no desempenho futuro)
Tem como base a avaliação do alcance de objetivos específicos, mensuráveis, alinhados aos objetivos organizacionais e previamente negociados entre cada funcionário e seu líder. Pressupõe que apenas os aspectos que estavam previstos nos objetivos e que foram previamente comunicados ao avaliado, podem ser considerados. Além disso, deve permitir que o colaborador faça sua autoavaliação e a discuta com seu gestor.

Padrões de desempenho (ênfase no desempenho futuro)
Denominada também de *padrões de trabalho*, ocorre quando as metas são estabelecidas pela organização e posteriormente comunicadas às pessoas que serão avaliadas.

Frases descritivas (ênfase no passado)
Avaliação dos comportamentos descritos como ideais ou negativos, o método consiste em verificar se o comportamento do colaborador corresponde ao comportamento descrito, atribuindo respostas afirmativas ou negativas a cada quesito.

(Figura 6.3 – conclusão)

Avaliação de competências
O método identifica as competências conceituais (conhecimento teórico), as técnicas (habilidades) e as interpessoais (atitudes) necessárias para que determinado desempenho seja alcançado.

Avaliação de competências e resultados (ênfase no desempenho futuro)
Consiste na combinação da avaliação de competências com a avaliação de resultados, tendo como objetivo a verificação da existência ou não das competências necessárias, de acordo com o desempenho apresentado.

Avaliação "360 graus" (ênfase no desempenho futuro)
Método em que o avaliado avalia e é avaliado por todas as pessoas com quem ele tem relação, os chamados de *stakeholders*, que são seus pares, superiores imediatos, subordinados, clientes, entre outros.

Avaliação de potencial (ênfase no desempenho futuro)
Compreende a identificação das potencialidades do avaliado que facilitarão o desenvolvimento de tarefas e atividades que lhe serão atribuídas. Possibilita identificar os talentos que estão trabalhando aquém de suas capacidades, fornecendo bases para o remanejamento desses colaboradores.

Balanced scorecard **(ênfase no desempenho futuro)**
Com base no sistema desenvolvido por Robert S. Kaplan e David p. Norton na década de 1990, avalia o desempenho sob as perspectivas financeira, do cliente, dos processos internos, do aprendizado e do crescimento. São definidos objetivos estratégicos para cada uma das perspectivas e tarefas, para o atendimento da meta em cada objetivo estratégico.

Fonte: Elaborado com base em Pontes, 2008; França, 2007.

Para se manterem competitivas no mundo dos negócios, as organizações percebem cada vez mais a importância das pessoas que as compõem – seus talentos – e seus resultados econômicos, financeiros e sociais. Isso possibilita a compreensão do real valor da contribuição que cada um dos seus colaboradores oferece e pode vir a oferecer. A condição de promover transformações passa pela identificação das potencialidades dos recursos humanos da organização, da avaliação planejada do desempenho e da identificação das oportunidades de melhoria.

Aqui, devemos destacar que, mais importante do que medir o desempenho das pessoas, é estruturar os indicadores que comporão essa medida, de modo que ofereçam também comparações com o desempenho individual ao longo do tempo, com o desempenho dos demais componentes do grupo, da organização e do mercado no qual a empresa está inserida. Além disso, é importante ressaltar que um indicador isoladamente não oferece a medida real do desempenho, sendo necessário o desenvolvimento de um conjunto de indicadores que, combinados, possam oferecer as direções a serem seguidas.

Os indicadores de desempenho são medidas que permitem identificar se o objetivo está sendo alcançado e podem ser expressos em forma de dados numéricos, percentuais, descrições e notas, entre outros. De maneira geral, os indicadores estão relacionados a duas grandes variáveis: os resultados e os comportamentos. De acordo com Grote (2003), os resultados dizem respeito à produção efetiva do trabalho, aos produtos que podem ser contados, aos objetivos alcançados e às realizações e aos resultados mensuráveis, ou seja, aquilo que o funcionário conquistou, tendo relação com "o que foi feito". Por sua vez, os comportamentos se referem às aptidões, às habilidades, aos saberes, às competências e sua relação com os valores da empresa, ao seu estilo e ao modo de ser, às suas atitudes individuais e dentro do grupo – é o "como foi feito". A forma como cada organização atribui importância a um ou outro desses aspectos varia de acordo com seus princípios, mas o que normalmente ocorre é uma ênfase maior nos resultados. Com isso, não adianta termos um funcionário que se relaciona com a tarefa e com as pessoas da forma mais adequada possível, mas que não transforma suas ações em resultados.

Grote (2003) acrescenta ainda que o desempenho pode ser medido utilizando-se metodologias quantitativas e/ou qualitativas, e que existem apenas quatro grandes indicadores para medir resultados:

I) qualidade; II) quantidade; III) prazo; e IV) custo. Cada um desses grandes indicadores deverá ser desdobrado em metas. O indicador que for mais crítico para a empresa deverá receber maior atenção. O número de itens que irão compor a medição também varia e depende de quão específico se pretenda ser. Naturalmente, quanto mais medições você tiver, maior a precisão da avaliação. Entretanto, essas medições devem ser pertinentes, pois só assim farão sentido. Com relação à metodologia, a princípio pode parecer que a avaliação quantitativa oferece maior exatidão, mas também é possível conduzir avaliações qualitativas de forma objetiva, se ela estiver baseada em fatos. Nesse caso, aparece mais uma variável que tem impacto na qualidade da avaliação: o papel do avaliador. O avaliador deve agir com integridade e distanciamento, bem como ter experiência e receber treinamento.

6.3.1 *Balanced scorecard* (BSC)

Uma das metodologias que mais teve destaque nos últimos anos é a do *balanced scorecard* (que significa "indicadores balanceados"), criada na década de 1990 por Kaplan e Norton (1997) para avaliar o desempenho da organização, sob a perspectiva de quatro estratégias de negócios: financeira, clientes, processos internos e aprendizado e crescimento, conforme ilustrado na Figura 6.4.

Figura 6.4 – **Estratégias de perspectivas de negócio**

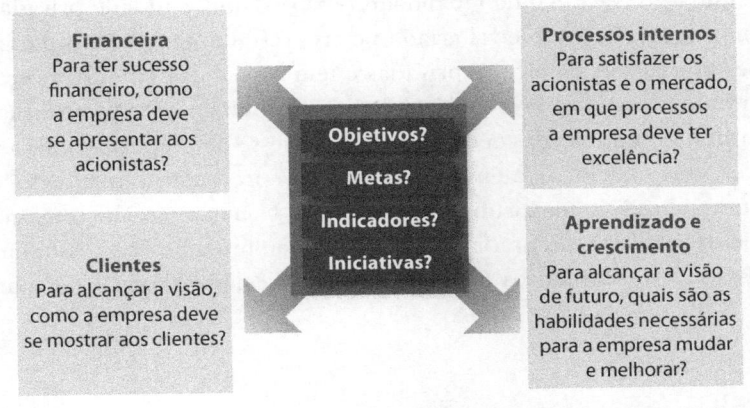

Financeira
Para ter sucesso financeiro, como a empresa deve se apresentar aos acionistas?

Processos internos
Para satisfazer os acionistas e o mercado, em que processos a empresa deve ter excelência?

Clientes
Para alcançar a visão, como a empresa deve se mostrar aos clientes?

Aprendizado e crescimento
Para alcançar a visão de futuro, quais são as habilidades necessárias para a empresa mudar e melhorar?

Objetivos? Metas? Indicadores? Iniciativas?

Fonte: Adaptado de Kaplan; Norton, 1997, p. 10.

O BSC foi adaptado à área de recursos humanos no início da década de 2000 por Becker, Huselid e Ulrich (2001). Esses autores partem dos sistemas de RH (recrutamento, seleção, remuneração, treinamento e desenvolvimento etc.) e de seus impactos sobre o comportamento dos funcionários, que, por sua vez, influenciam na excelência da empresa no mercado. Ou seja, cria-se uma cadeia de valor para a gestão de pessoas, conforme apresentado na Figura 6.5.

Figura 6.5 – **Arquitetura de recursos humanos**

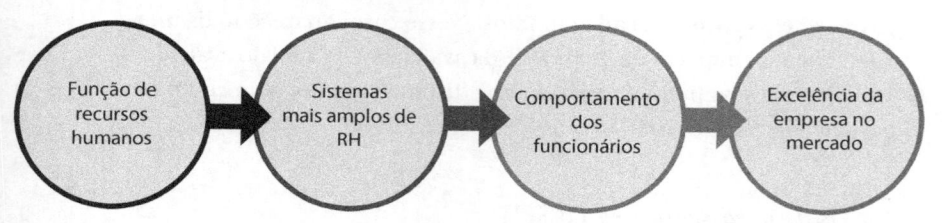

Função de recursos humanos → Sistemas mais amplos de RH → Comportamento dos funcionários → Excelência da empresa no mercado

Fonte: Adaptado de Becker; Huselid; Ulrich, 2001, p. 27.

Com base no modelo do BSC, uma vez definidos os objetivos, são estabelecidas as metas para cada área ou departamento, as quais são desdobradas até se chegar na função específica. A partir daí, cria-se o conjunto de indicadores que medirão o alcance de cada uma das metas.

6.3.2 Prêmio Nacional da Qualidade (PNQ)

A Fundação Nacional da Qualidade (FNQ) é uma entidade privada e sem fins lucrativos que foi criada por representantes de 39 organizações brasileiras, públicas e privadas e tem como sua principal função a administração do Prêmio Nacional da Qualidade (PNQ), instituído em 1991, e as atividades decorrentes do processo de premiação em todo o território nacional, além de conduzir a representação institucional externa do PNQ nos fóruns internacionais. Com a experiência acumulada na avaliação das práticas de gestão das empresas, o PNQ assumiu a missão de disseminar os **fundamentos da excelência em gestão**, para o aumento da competitividade das organizações e, consequentemente, do Brasil, contribuindo para o aperfeiçoamento da gestão nas empresas.

Entre os fundamentos da excelência, que apresentaremos na Figura 6.6, encontra-se o critério de valorização das pessoas, que apresenta indicadores para avaliar a gestão da empresa no que se refere aos colaboradores.

Agora que conhecemos alguns modelos destinados a estruturar os indicadores de desempenho global, vamos ao nível da tarefa verificar como as metas podem ser estabelecidas.

As formas mais corriqueiras de se estabelecer metas contemplam os valores da organização, sua missão e seus objetivos, os planos e as estratégias da área ou do departamento, as responsabilidades fundamentais do cargo ou da função ou as oportunidades e os problemas da empresa. Quando o processo já estiver mais maduro, normalmente utilizam-se os objetivos do período da revisão do desempenho de edições anteriores.

O mais importante na definição das metas é o seu grau de relevância. Grote (2003) afirma que **uma meta é eficaz quando é específica, mensurável, viável, focada em resultados e cronologicamente orientada**. Deve-se assegurar que a meta possa ser controlada pelo colaborador, pois é difícil responsabilizar alguém pelo alcance de um objetivo cujos resultados estejam fora de seu controle.

Para encerrarmos, não poderíamos deixar de abordar um tópico que vem se mostrando cada vez mais estratégico para as organizações: a retenção de talentos. Todo o investimento financeiro, de tempo e de relacionamentos não fará sentido se for aproveitado apenas por um prazo curto. O retorno do investimento em pessoas deve ser pensado, se não em longo prazo, pelo menos em prazo médio. Para tanto, convidamos você a nos acompanhar nesse aprendizado.

6.4 Retenção de talentos

O tema da retenção de talentos vem sendo objeto de preocupação de empresas e de pesquisas há pelo menos uma década. Você poderá verificar um apanhado dos principais estudos e autores acerca do assunto no Quadro 6.3.

Figura 6.6 – **Critérios de excelência do PNQ**

Pensamento sistêmico
Entendimento das relações de interdependência entre os diversos componentes de uma organização, bem como entre a organização e o ambiente externo.

Aprendizado organizacional
Busca o alcance de um novo patamar de conhecimento para a organização, por meio da percepção, da reflexão, da avaliação e do compartilhamento de experiências.

Cultura de inovação
Promoção de um ambiente favorável à criatividade, à experimentação e à implementação de novas ideias que possam produzir um diferencial competitivo para a organização.

Liderança e constância de propósitos
Atuação de forma aberta, democrática, inspiradora e motivadora das pessoas, visando ao desenvolvimento da cultura da excelência, à promoção de relações de qualidade e à proteção dos interesses das partes interessadas.

Orientação por processos e informações
Compreensão e segmentação do conjunto das atividades e dos processos da organização que agreguem valor às partes interessadas, sendo que a tomada de decisões e a execução de ações devem ter como base a medição e a análise do desempenho, levando-se em consideração as informações disponíveis, além de incluir os riscos identificados.

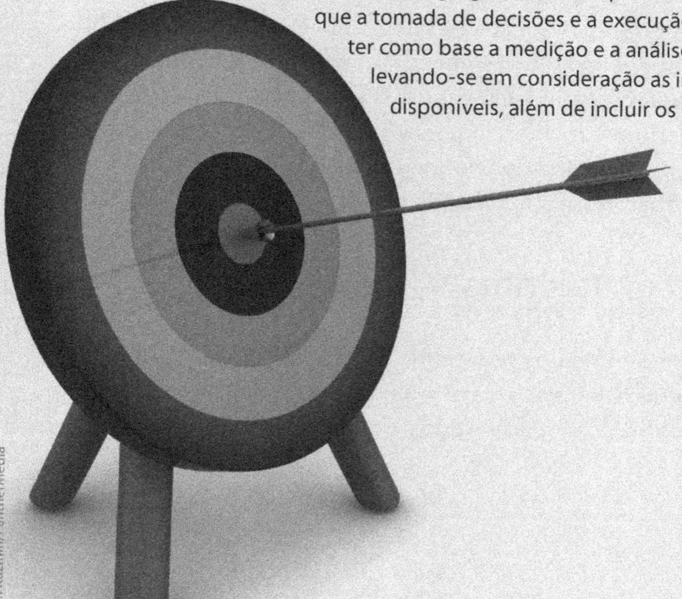

Visão de futuro
Compreensão dos fatores que afetam a organização, o seu ecossistema e o ambiente externo no curto e no longo prazos.

Geração de valor
Alcance de resultados consistentes, pelo aumento de valor tangível e intangível de forma sustentada para todas as partes interessadas.

Valorização das pessoas
Criação de condições para que as pessoas se realizem profissional e humanamente, maximizando seu desempenho por meio do comprometimento e do desenvolvimento de competências e de espaços para empreender.

Conhecimento sobre o cliente e o mercado
Conhecimento e entendimento do cliente e do mercado, visando à criação de valor de forma sustentada para o cliente e, consequentemente, gerando maior competitividade nos mercados.

Desenvolvimento de parcerias
Desenvolvimento de atividades em conjunto com outras organizações, por meio da plena utilização das competências essenciais de cada uma delas, objetivando benefícios para ambas as partes.

Responsabilidade social
Atuação que se define pela relação ética e transparente da organização com todos os públicos com os quais ela se relaciona. Refere-se também à inserção da empresa no desenvolvimento sustentável da sociedade, preservando recursos ambientais e culturais para gerações futuras; respeitando a diversidade e promovendo a redução das desigualdades sociais, como parte integrante da estratégia da organização.

Fonte: Adaptado de FNQ, 2011, grifo nosso.

Quadro 6.3 – **Principais abordagens sobre as práticas de RH na retenção de talentos**

Autor	Prática	Abordagens
Pontes (2001)	Recrutamento interno	Deve servir como um estímulo para que os profissionais se preocupem continuamente com a melhoria de suas qualificações.
Pontes (2001)	Recrutamento externo	Acontece quando os requisitos de qualificação dos profissionais internos não satisfazem às necessidades da vaga.
Fitz-Enz (2001)	Desenvolvimento	Constitui-se como elemento estratégico. A empresa contribui para o desenvolvimento dos profissionais e, consequentemente, para o desenvolvimento dos negócios da própria empresa.
Dutra (1996)	Carreira	Pressupõe o desenvolvimento profissional gradativo, fruto da relação estabelecida entre a pessoa e a empresa atendendo à perspectiva de ambos.
Teixeira e Popadiuk (2003)	Confiança	A confiança existente nas relações entre líderes e subordinados facilita a cooperação no trabalho em equipe, além de possibilitar a permanência das pessoas na organização.
Pontes (2001)	QVT	A satisfação dos empregados e a instalação de um clima propício trazem resultados positivos na qualidade, na produtividade, além de proporcionar um ambiente mais criativo.
Pontes (2001)	Remuneração	Tem-se a alternativa de remunerar com base na análise da pessoa e no seu conjunto de habilidades, não no seu cargo.
Dutra (2004)	Remuneração por competência	Compreende a competência como o conjunto de conhecimentos, habilidades e atitudes, além da capacidade de entrega do trabalho, de forma a agregar valor à organização.
Pontes (2001)	PSC	Dependerá da real necessidade da empresa em atrair e reter talentos; para isso, necessita de uma correta avaliação dos cargos e certa adequação salarial diante do mercado.
Fitz-Enz (2001)	Benefícios	Além de suprir as necessidades básicas, eles também são utilizados como mecanismos de atração e retenção de pessoas; por isso, deve ser mantido com algum rigor para manter uma força de trabalho qualificada.

Fonte: Adaptado de Izawa; Silva; Scholtze, 2009, p. 7.

De acordo com o levantamento realizado pela Consultoria Bernt Entschev Human Capital (UOL Notícias, 2011) com 400 empresas, desde organizações de pequeno porte até multinacionais, das regiões Sul e Sudeste, cada vez mais os benefícios oferecidos são utilizados como armas para reter talentos. Isso significa dizer que o salário por si só deixou de ser o principal atrativo para os profissionais mais talentosos ou mais qualificados. Como avalia Cláudia Pessoa, a *headhunter* da Consultoria, "alguns benefícios, como o auxílio-educação, retém os candidatos não pelo que representam em dinheiro, mas pelo investimento no desenvolvimento profissional do funcionário. E isso faz diferença" (UOL Notícias, 2011).

Ainda segundo o levantamento, os benefícios mais populares oferecidos pelas organizações são a assistência médica, presente em mais de 80% delas, seguida do auxílio-refeição e da assistência odontológica. Outros benefícios mencionados são o auxílio-rouparia (para profissionais que precisam se vestir de maneira mais formal), o auxílio-aluguel (para profissionais que precisam se mudar em decorrência da contratação) e a assistência psicológica (para profissionais que trabalham com riscos), cabendo lembrar que a oferta de benefícios varia conforme o cargo e a relevância do profissional para a empresa (UOL Notícias, 2011).

Entre os fatores considerados essenciais para uma decisão da pessoa em prosseguir com sua carreira na empresa, além de outras compensações financeiras, como a participação nos lucros e bônus, novos desafios profissionais, posições de liderança e arranjos de trabalho flexíveis também são cada vez mais valorizados.

Estudo de caso

Um emprego de causar inveja

A combinação entre processos consistentes de desenvolvimento, bom clima e um pacote robusto de benefícios mantém a Volvo entre as primeiras do *ranking* empresarial. Os 2.543 funcionários da Volvo já estão acostumados com a expressão de espanto quando contam aos parentes, aos amigos e aos vizinhos tudo o que a empresa oferece. "Quase sempre terminam perguntando o que é preciso fazer para mandar o currículo", brinca um desses funcionários. E não é exagero, já que o conjunto da obra é mesmo acima da média. No pacote de benefícios, destacam-se os relacionados à saúde (o plano cobre 80% do valor das consultas, 90% do valor dos exames e 100% das internações, enquanto o atendimento odontológico cobre 80%

das consultas e dos tratamentos, incluindo aparelhos ortodônticos, próteses e implantes. Há, ainda, o reembolso de 70% na compra de medicamentos, o mesmo percentual para óculos e lentes de contato, cobertura para cirurgia de miopia e atendimento emergencial em domicilio). Todos esses benefícios não apenas para o funcionário, mas também para os dependentes, o que resulta em aproximadamente 7.500 pessoas beneficiadas. Os programas na área de saúde têm grande valor para os funcionários, pelo que representam de economia, caso fosse preciso pagar pelos serviços, mas a Volvo não deixa a desejar no que diz respeito a dinheiro no bolso. No ano passado, mesmo em um período delicado para a economia em geral, a subsidiária brasileira distribuiu 21,3 milhões de reais como participação nos resultados, pagando quase dois salários adicionais por empregado, em média. O valor total distribuído ao longo dos últimos quatro anos é de 72,7 milhões de reais. Outro benefício muito valorizado é a associação dos funcionários, localizada a apenas 500 m da fábrica, com 80% dos custos mantidos pela companhia e os demais 20% pelos associados. Ali fica também o centro Volvo Ambiental, que realiza trabalho de conscientização sobre o meio ambiente com crianças das comunidades dos arredores. Todas essas atividades estão à disposição dos funcionários e dos dependentes, diariamente, das 6 às 23 horas. Uma das novidades da companhia em 2010 foi a ampliação do *Personal Business Plan* (PBP), um plano de desenvolvimento individual revisado todos os anos, voltado também para o pessoal das áreas fabris. A base desse sistema de avaliação, que já havia sido implantado nos setores administrativos, é o comum acordo entre chefe e subordinado sobre o que é preciso fazer para alinhar os objetivos individuais às metas do negócio. O ciclo é composto por quatro etapas: a compreensão dos objetivos de cada unidade e dos objetivos corporativos; o estabelecimento dos objetivos individuais no início do ano; uma verificação do progresso na metade do ano, com possibilidades de ajustes; e a avaliação de desempenho no final do ano. "Isso demonstra que a empresa não trata todo mundo da mesma forma, como se a gente fosse robô. Quem trabalha no chão de fábrica também quer ser reconhecido por um bom desempenho e precisa saber como pode chegar lá", diz um dos funcionários.

CONTROLE DE TALENTOS

Nota final (índice de felicidade no trabalho – IFT)	**86,9**
Sobre a empresa:	
Número de funcionários	2.543
Número de executivos	197
Idade média dos funcionários	35
Tempo na casa (em anos)	10
Nota do funcionário (índice de qualidade no trabalho – IQAT)	**87,6**
O que os funcionários dizem:	
Identificam-se com a empresa	94,7
Estão satisfeitos e motivados	88,1
Acreditam ter desenvolvimento	85,1
Aprovam seus líderes	84,2
Nota da empresa (índice de qualidade na gestão de pessoas – IQGP)	**93,1**
O que a empresa oferece:	
Estratégia e gestão	92,4
Liderança	96,4
Cidadania empresarial	91,1
Políticas e práticas	92,8
Carreira	86,8
Desenvolvimento	95,8
Remuneração e benefícios	92,5
Saúde	96,3
[Na Volvo, é] prioridade do RH "manter um ambiente inspirador e motivador, onde nossos funcionários possam dar o melhor de si e tenham orgulho de trabalhar". (Carlos Morassutti, diretor de RH e assuntos corporativos da Volvo).	

Fonte: Adaptado de Oliveira, 2010c, p. 61.

Questões do estudo de caso

1. Quais são os pontos desse estudo de caso que podem ser relacionados com os conceitos apresentados durante o capítulo?

2. Que ideias você pode extrair e aplicar na sua organização, independentemente do porte ou do ramo de atuação desta?

3. Qual é o impacto dessas práticas na satisfação do colaborador, no seu desempenho na organização e no desenvolvimento de talentos?

Síntese

Neste capítulo, verificamos como a aprendizagem liga-se ao comportamento, que está diretamente relacionado ao desempenho do indivíduo em uma organização. Além disso, não é raro que o resultado da avaliação de desempenho se distancie muito do seu objetivo original, sendo utilizada de forma distorcida, mais como mecanismo punitivo do que como ferramenta para a melhoria contínua nas organizações. Daí decorre a importância do *feedback*, ou seja, o retorno sobre o desempenho.

Uma avaliação sustentável de desempenho humano nas organizações deve contemplar um processo que proporcione oportunidades de melhorias em relacionamento e atualização permanente do comportamento. Por isso, fatores como atmosfera de confiança e maturidade emocional são fundamentais para essa prática.

Verificamos ainda que a avaliação de desempenho surgiu há cerca de 100 anos, mas que, antes da Segunda Guerra Mundial, apenas as Forças Armadas e raras empresas faziam uso de recursos de avaliação. A maior inspiração para as empresas aprimorarem as avaliações surgiu na década de 1950, com base nas ideias de Peter Drucker de gestão por objetivos e da publicação de Douglas McGregor.

As organizações utilizam as avaliações de desempenho principalmente para decisões de promoção ou movimentação de funcionários, identificar necessidades de treinamento, embasar os aumentos salariais – quando vinculados a um planejamento de carreira – e demissões e pesquisas. As respostas que as organizações buscam com esse processo é verificar se as pessoas estão dando o melhor de si, se estão apresentando os resultados almejados pela empresa. Para Souza et al. (2005), a gestão do desempenho é um sistema de informações estruturado, que é realizado nas organizações de maneira contínua, abrangente e sistêmica, sendo inerente à relação do homem com o trabalho.

Posteriormente, pesquisamos as metodologias existentes e identificamos uma série de modelos utilizados nas avaliações de desempenho e a mudança significativa nos métodos de avaliação, nas quais o avaliado passa a se agente de sua avaliação, deixando a condição de passividade. Tais métodos também contemplam a adoção do conceito de *competência*, entendido como o conjunto de conhecimentos, habilidades e atitudes. Concluímos ainda que, mais importante do que medir o desempenho das pessoas, é estruturar os indicadores que irão compor essa medida, de modo que ofereçam também comparações com o desempenho individual ao longo do tempo, o dos demais componentes do grupo, o da organização e o do mercado no qual a empresa está inserida. Finalmente, tratamos do tema da retenção de talentos, que vem sendo objeto de preocupação das empresas e de pesquisas há pelo menos uma década, e apresentamos uma compilação dos principais estudos e autores sobre o assunto, em que são abordadas as principais práticas dos recursos humanos na retenção de talentos.

Questões para revisão

1. Verifique se as afirmações sobre a avaliação de desempenho são verdadeiras (V) ou falsas (F):
   ( ) A avaliação de desempenho propõe-se a melhorar o desempenho do avaliado na posição atual e proporcionar informações à administração superior, para decisões sobre o seu "encarreiramento".
   ( ) As organizações utilizam as avaliações de desempenho para decidir sobre a promoção ou a movimentação do funcionário.
   ( ) A avaliação de desempenho proporciona excelentes resultados independentemente da preparação do avaliador.
   ( ) As empresas buscam verificar, com a avaliação de desempenho, se as pessoas estão apresentando os resultados almejados pela empresa.

   a) V, F, F, V.
   b) V, V, F, V.
   c) V, V, V, F.
   d) F, V, F, V.

2. Sobre o papel dos indicadores de desempenho, entre as afirmações a seguir, assinale a *incorreta*:
   a) Devem permitir comparações entre o desempenho individual e o do grupo, ao longo do tempo.
   b) Um indicador oferece a medida real do desempenho, mesmo que avaliado isoladamente.

c) Os indicadores permitem identificar se o objetivo está sendo alcançado.
d) Quanto mais indicadores forem estabelecidos e medidos, maior a precisão da avaliação.

3. Sobre os métodos de avaliação de desempenho, analise se as afirmações são verdadeiras (V) ou falsas (F):
   ( ) O método de escalas gráficas avalia o desempenho por meio de indicadores previamente definidos, graduados por meio da descrição de desempenho em uma variação de ruim a excepcional.
   ( ) No método de escolha forçada, o avaliador descreve em um ou mais parágrafos as principais características do avaliado, suas qualidades e limitações, suas potencialidades e seus aspectos referentes ao comportamento.
   ( ) A avaliação por objetivos tem como base a avaliação do alcance de objetivos específicos, mensuráveis, alinhados aos objetivos organizacionais e previamente negociados entre cada funcionário e seu líder.
   ( ) A autoavaliação é o método em que o avaliado avalia e é avaliado por todas as pessoas com quem ele tem relação, os chamados *stakeholders*, que são seus pares, superiores imediatos, subordinados e clientes.

   a) V, F, F, V.
   b) V, V, F, V.
   c) V, V, V, F.
   d) F, V, F, V.

4. Identifique o que é a avaliação de desempenho e as suas origens e evolução.

5. Quais são as principais abordagens e ferramentas da retenção de talentos utilizadas pelas empresas?

Questões para reflexão

1. Reflita sobre os cuidados que os gestores devem ter na preparação para a aplicação da avaliação de desempenho, tanto na questão da abordagem pessoal quanto no que se refere ao desenho da ferramenta utilizada.

2. Como é realizado o *feedback* da avaliação de desempenho em sua organização? Esse procedimento contempla o aprendizado do colaborador ou do seu grupo de trabalho? Até que ponto o que é praticado na sua organização é um *feedback* ou um julgamento?

3. Considerando as etapas da avaliação de desempenho esquematizadas com base na estratégia da organização, identifique os aspectos do planejamento da execução, da avaliação e da revisão do desempenho em sua organização.

4. Identifique em sua organização quais são os indicadores de desempenho de seu cargo e quais são os *gaps* (lacunas) de desempenho identificados em sua última avaliação. Caso não tenham sido identificados, converse com seu superior a esse respeito.

Para saber mais

AS MELHORES empresas para você trabalhar. **Guia Você S/A-Exame**. São Paulo: Abril, 2010.

HOMENS de honra. Direção: George Tillman Jr. EUA: Fox Home Entertainment, 2000. 128 min.

Para concluir...

Construir essa obra foi um exercício ímpar de exploração do universo da gestão de talentos. Ao planejarmos a estruturação e a organização dos capítulos com base nas funções da administração, ficou claro que, antes de abordarmos os aspectos técnicos envolvidos no gerenciamento de talentos, era imprescindível entender o indivíduo e suas motivações, como as pessoas lidam com as emoções, como enfrentam os conflitos, enfim, a forma como as relações se estabelecem. Ademais, era fundamental compreender como as pessoas tomam decisões, como empregam suas experiências passadas, as formas como se processa a aprendizagem e as maneiras pelas quais se pode estimular o desenvolvimento de competências e habilidades. Por meio do entendimento de tais aspectos emocionais e relacionais, passamos ao estudo das estratégias para planejar, organizar, dirigir e controlar as variáveis envolvidas na gestão de talento nas organizações.

Diante das significativas mudanças no mercado de trabalho, que se torna mais complexo e turbulento a cada dia, e considerando a eminente busca por uma melhor qualidade de vida por parte dos trabalhadores de todos os níveis, fica cada vez mais evidenciada a necessidade de as empresas cuidarem bem de seus talentos, bem como empreenderem esforços no sentido de captar, desenvolver e reter o capital humano, tendo em vista a maior competitividade e a perenidade da organização. Nesse sentido, o entendimento e a disseminação da cultura da organização, representada por seus princípios e valores, e a identificação destes com os valores dos colaboradores, traduz-se em importante facilitador do processo.

Além disso, munir-se de ferramentas para atrair e captar talentos, selecionar e recrutar os profissionais com potencial de fazer a diferença para a organização, assim como identificar as competências desta e, por meio delas, mapear e desenvolver as competências dos colaboradores, pode ser decisivo para obter ou manter a vantagem competitiva. As estratégias para o desenvolvimento de talentos consideram os estilos de aprendizagem e passam por abordagens de aplicação de técnicas de *coaching*, *mentoring* e *counseling*, entre outras. Do outro lado, destaca-se a necessidade de as pessoas e as equipes assumirem a responsabilidade pelo seu desenvolvimento, não deixando isso apenas ao encargo das organizações.

Finalmente, mas não menos importante, abordamos a questão da avaliação do desempenho profissional. Avaliar os talentos da organização, estabelecendo objetivos e metas, bem como oferecendo possibilidades desafiadoras de carreira, estimula o desenvolvimento de talentos e promove sua permanência na organização. Para tanto, o estabelecimento de práticas de gestão que ofereçam tais possibilidades, com critérios pertinentes, é fundamental para o processo.

Com esta obra, concluímos que, definitivamente, não existe mais espaço para improvisação nas corporações que desejam contar com os talentos que os concorrentes não estão sendo capazes de captar e reter.

Referências

150 MELHORES empresas para você trabalhar em 2010. **Exame.com**. Disponível em: <http://exame.abril.com.br/carreira/melhores-empresas-para-voce-trabalhar>. Acesso em: 4 dez. 2011.

ABBAGNANO, N. **Dicionário de filosofia**. 4. ed. São Paulo: M. Fontes, 2000.

ABRAE – Associação Brasileira de Estudos das Inteligências Múltiplas e Emocional. **Entrevista com Daniel Goleman**. Disponível em: <http://www.abrae.com.br/entrevistas/entr_gol.htm>. Acesso em: 30 jan. 2012.

A CASA do aprendiz. **Um novo nível de pensamento**. Disponível em: <http://www.acasadoaprendiz.com.br/auto_ajuda_14.html>. Acesso em: 30 jan. 2012.

ADLER, L. Performance Profiles: The Key to Hiring the Best. **The Adler Group**. 17 jan. 2003. Disponível em: <http://www.adlerconcepts.com/resources/column/performance_profiles/performance_profiles_the_key_t.php>. Acesso em: 2 dez. 2011.

ALMEIDA, W. **Captação e seleção de talentos**. São Paulo: Atlas, 2004.

ALVES, R. **Cenas da vida**. Campinas: Papirus, 1997.

ARAUJO, L. C. G. **Gestão de pessoas**. São Paulo: Atlas, 2008.

ATTENDER. Conflito. Disponível em: <http://www.attender.com.br/publico/dicas/comp-conflito.htm>. Acesso em: 2 fev. 2012.

BECKER, B. E.; HUSELID, M. A.; ULRICH, D. **Gestão estratégica de pessoas com scorecard**. Rio de Janeiro: Campus, 2001.

BEE, R. **Feedback**. São Paulo: Nobel, 2000.

BERGAMINI, C. W.; BERALDO, D. G. R. **Avaliação de desempenho humano na empresa**. 4. ed. São Paulo: Atlas, 2007.

BROCKERT, S.; BRAUN, G. **Inteligência emocional**: teste o seu QE. Rio de Janeiro: Record, 1997.

BRUNO, M. L. Afinal, o que é um talento? **Instituto Pieron**. Disponível em: <http://www.pieron.com.br/index.php?id=114>. Acesso em: 20 jan. 2012.

CARMELLO, E. Saiba reconhecer talentos. **RH Portal**, 16 out. 2006. Disponível em: <http://www.rh.com.br/Portal/Mudanca/Entrevista/4574/saiba-reconhecer-talentos.html>. Acesso em: 20 jan. 2012.

CASTRO, V. de. Psicobiologia do medo e da ansiedade: reforço positivo e reforço negativo. **Terrafotolog**, 22 nov. 2006. Disponível em: <http://fotolog.terra.com.br/neuroscience:91>. Acesso em: 20 jan. 2012.

CHIAVENATO, I. **Desempenho humano nas empresas**: como desenhar cargos e avaliar o desempenho para alcançar resultados. 6. ed. São Paulo: Manole, 2009a.

_____. **Gestão de pessoas**: o novo papel do RH nas organizações. Rio de Janeiro: Campus. 1999.

_____. **Recursos humanos**: o capital humano nas organizações. São Paulo: Atlas, 2004.

_____. **Remuneração, benefícios e relações de trabalho**: como reter talentos na organização. São Paulo: Manole, 2009b.

CHOWDHURY, S. **A era do talento**: obtendo alto retorno sobre o talento. São Paulo: Prentice Hall, 2002.

CHUNG, T. **A qualidade começa em mim**. Osasco: Novo Século, 2002.

COELHO, P. **Maktub**. Lisboa: Pergaminho, 2003.

CORGA, F. Emoções básicas do ser humano. **Instituto Luz**. Disponível em: <http://www.institutoluz.com.br/?p=artigo11e>. Acesso em: 29 nov. 2011.

COSTA, J. J. da. **A sabedoria dos ditados populares**. São Paulo: Butterfly, 2009.

COVEY, S. R. **Os 7 hábitos das pessoas altamente eficazes**. Rio de Janeiro: BestSeller, 2008.

DAFT, R. L. **Teoria e projeto das organizações**. 6. ed. Rio de Janeiro: LTC, 1999.

DAVEL, E.; VERGARA, S. C. (Org.). **Gestão com pessoas e subjetividade**. São Paulo: Atlas, 2001.

DAVIDOFF, L. **Introdução à psicologia**. São Paulo: McGraw-Hill do Brasil, 1983.

DILTS, R. **A estratégia da genialidade**: como utilizar a programação neurolinguística para entender Sigmund Freud, Leonardo da Vinci e Nikola Tesla. São Paulo: Summus, 2004.

DILTS, R. Resolvendo conflitos com a PNL. **Sua Mente**, 19 ago. 2008. Disponível em: <http://site.suamente.com.br/resolvendo-conflitos-com-a-pnl>. Acesso em: 2 fev. 2012.

DI STEFANO, R. **O líder coach**: líderes criando líderes. Rio de Janeiro: Qualitymark, 2005.

DOLAN, D. L.; PINEDA, E. S. **Os 10 mandamentos para gestão de pessoas**. Rio de Janeiro: Qualitymark, 2008.

DREU, C. de; VLIERT, E. V. de (Ed.). **Using Conflict in Organizations**. London: Sage Publications, 1997.

DUBRIN, A. J. **Fundamentos do comportamento organizacional**. São Paulo: Pioneira Thomson Learning, 2003.

DUTRA, J. S. **Administração de carreiras**: uma proposta para repensar a gestão de carreiras. São Paulo: Atlas, 1996.

_____. **Gestão de pessoas**: modelos, processos e perspectivas. São Paulo: Atlas, 2002.

EKMAN, P. **A linguagem das emoções**. São Paulo: Lua de Papel, 2011.

EKMAN, P.; SORENSON, E. R.; FRIESEN, W. V. Pan-Cultural Elements in Facial Displays of Emotions. **Science**, n. 164, p. 86-88. 1969.

FERNANDES, M. **O livro vermelho dos pensamentos de Millôr**. São Paulo: Senac, 2005.

FERREIRA, A. B. de H. **Novo Aurélio**: o dicionário do século XXI. São Paulo: Nova Fronteira, 1999.

FISCHER, R. et al. **As pessoas na organização**. 2. ed. São Paulo: Gente, 2002.

FNQ – Fundação Nacional de Qualidade. **Critérios de excelência**. Disponível em: <www.fnq.org.br/site/402/default.aspx>. Acesso em: 21 nov. 2011.

FRANÇA, A. C. de L. **Práticas de recursos humanos (PRH)**: conceitos, ferramentas e procedimentos. São Paulo: Atlas, 2007.

_____. _____. São Paulo: Atlas, 2008.

FREIRE, P. **Pedagogia da autonomia**: saberes necessários à prática educativa. São Paulo: Paz e Terra, 1996.

FUNDAÇÃO PITÁGORAS. **Categoria 5**: foco nos recursos humanos. Disponível em: <http://www.fundacaopitagoras.com.br/admin/BibliotecaDeArquivos/Image.aspx?ImgId=507&TabId=270>. Acesso em: 30 jan. 2012.

FUSTIER, M. O conflito na empresa. São Paulo: M. Fontes, 1982.
GALLWEY, T. O jogo interior de tênis. São Paulo: Textonovo, 1996.
GARDNER, H. Inteligências múltiplas: a teoria na prática. Porto Alegre: Artes Médicas, 1995.
_____. Inteligência: um conceito reformulado. Rio de Janeiro: Objetiva, 2001.
GESTOR.ORG. Gestão organizacional. Disponível em: <https://sites.google.com/site/logicaorg/conceitos>. Acesso em: 30 jan. 2012.
GOLEMAN, D. Inteligência emocional: a teoria revolucionária que redefine o que é ser inteligente. Rio de Janeiro: Objetiva, 1995a.
_____. Trabalhando com a inteligência emocional. São Paulo: Pearson, 1995b.
GRAMIGNA, M. R. Modelo de competências e gestão dos talentos. São Paulo: Makron Books, 2002.
_____. _____. 2 ed. São Paulo: Pearson Prentice Hall, 2007.
GREAT PLACE TO WORK. O Great Place to Work Institute. Disponível em: <http://www.greatplacetowork.com.br/gptw/index.php>. Acesso em: 30 jan. 2012.
GROTE, R. C. O indicador de performance: perguntas e respostas, carreira de sucesso, harmonia pessoal mais satisfação, como chegar a isso. Rio de Janeiro: Campus, 2003.
HAGGARD, E. A. Learning a Process of Change. In: CROW, L. D.; CROW, A. (Org.). Readings in Human Learning. New York: McKay, 1963.
HAMPTON, D. R. Administração contemporânea: teoria, prática e casos. São Paulo: Makron Books; McGraw-Hill, 1991.
HARGROVE, R. Masterful Coaching. San Francisco: Jossey-Brass Pfeiffer, 1995.
HERCULANO-HOUZEL, S. Pílulas de neurociência: para uma vida melhor. Rio de Janeiro: Sextante, 2009.
HOUAISS, A.; VILLAR, M. de S.; FRANCO, F. M. de M. Dicionário Houaiss da língua portuguesa. Rio de Janeiro: Objetiva; Instituto Antônio Houaiss, 2001.
IEPES – Instituto de Estudos e Pesquisas Econômicas e Sociais. Crie sua estratégia... Iepes Pesquisa. Disponível em: <http://www.iepes.com.br/web/Dicas/Dica%20Empresarial_32.html>. Acesso em: 2 fev. 2012.

IMOTION FRASES. Frases, citações e pensamentos. Disponível em: <http://www.imotion.com.br/frases/?p=1433>. Acesso em: 30 jan. 2012.

IZAWA, M. C.; SILVA, S. A.; SCHOLTZE, S. As políticas e práticas de retenção de talentos em uma organização varejista. 13 f. Monografia (Graduação em Administração) – Faculdades Integradas do Brasil, Curitiba, 2009. Disponível em: <http://www.ead.fea.usp.br/semead/9semead/resultado_semead/trabalhosPDF/338.pdf>. Acesso em: 3 dez. 2011.

IZIDORO, K. Valores que passam de pai para filho. Revista Você S/A/ Exame. As melhores empresas para você trabalhar. São Paulo: Abril, 2010.

JONES, B. F. Text Learning Strategy Instruction: Guidelines from Theory and Practice. In: WEINSTEIN, C. E.; GOETZ, E. T.; ALEXANDER, P. A. (Org.). Learning and Study Strategies: Issues in Assessment, Instruction, and Evaluation. San Diego: Academic Press, p. 233-260. 1988.

KAPLAN, R. S.; NORTON, D. P. A estratégia em ação: balanced scorecard. Rio de Janeiro: Campus, 1997.

KISIL, M. Gestão da mudança organizacional. Faculdade de Saúde Pública da Universidade de São Paulo, São Paulo, 1998. (Série Saúde & Cidadania, v. 4). Disponível em: <http://www.saude.mt.gov.br/adminpublicacao/arquivo/Saude%20&%20Cidadania%20Volume04.pdf>. Acesso em: 3 dez. 2011.

KNOWLES, M. Aprendizagem de resultados: uma abordagem prática para aumentar a efetividade da educação corporativa. Rio de Janeiro: Elsevier, 2009.

KNOWLES, M. S.; HOLTON, E. F.; SWANSON, R. A. The Adult Learner: the Definitive Classic in Adult Education and Human Resource Development. Woburn (MA): Butterworth-Heinemann, 1998.

KOLB, D. Experiential Learning. Englewood Cliffs (NJ): Prentice Hall, 1984.

_____. Inventário dos estilos de aprendizagem. Disponível em: <pt.scribd.com/doc/340814/Inventario-de-Aprendizagem-IEA-David-Kolb>. Acesso em: 26 jan. 2012.

KRAUSZ, R. R. **Coaching executivo**: a conquista da liderança. São Paulo: Nobel, 2007.

KURY, G. A. **Minidicionário Gama Kury da língua portuguesa**. São Paulo: FTD, 2002.

LACOMBE, F. **Dicionário de administração**. São Paulo: Saraiva, 2004.

LACOMBE, F.; HEILBORN, G. **Administração**: princípios e tendências. São Paulo: Saraiva, 2003.

LAGES, A.; O'CONNOR, J. **Coaching com PNL**. Rio de Janeiro: Qualitymark, 2004.

LE BOTERF, G. **Desenvolvendo a competência dos profissionais**. Porto Alegre: Artmed, 2003.

LEDOUX, J. **Cérebro emocional**: os misteriosos alicerces da vida emocional. Rio de Janeiro: Objetiva, 2001.

LEHER, J. **O momento decisivo**. São Paulo: Best Business, 2010.

LEME, M.I.S. Resolução de conflitos interpessoais: interação entre cognição e afetividade na cultura. **Psicologia: Reflexão e Crítica**, Porto Alegre, v. 17, n. 3, p. 367-380. 2004.

LEVERING, R. **A Great Place to Work**. New York: Random House, 1988.

LEWICKI, R. J.; BUNKER, B. B. Developing and Maintaining Trust in Work Relationship. In: KRAMER, R. M.; TYLER, T. R. (Org.). **Trust in Organizations**: Frontiers of Theory and Research, Thousand Oaks (CA): Sage, p. 114-139. 1996.

LIMA, C. V. de. **Curso de introdução à arbitragem**. Rio de Janeiro: Lumen Juris Ltda., 1999.

LINDEMAN, E. C. **The Meaning of Adult Education**. New York: New Republic, 1926.

LUDOVICO, R. L. et al. Entendendo a magia de aprender: a psicologia cognitiva da instrução. **Revista PEC**, Curitiba, n. 2, p. 31-36, jul. 2002.

LUZ, M. da. **Onde a religião termina**. Foz do Iguaçu: Associação Internacional Editores, 2011.

MANN, R. B. **Comportamentos conflituosos no trabalho**. São Paulo: Nobel, 1995.

MARTINELLI, D. P.; ALMEIDA, A. P. **Negociação e solução de conflitos**. São Paulo: Atlas, 2009.

MARRIOT, H. **Organizações de aprendizagem**: educação continuada e empresa do futuro. São Paulo: Atlas, 1999.

MINICUCCI, A. **Relações humanas**: psicologia das relações interpessoais. São Paulo: Atlas, 2001.

MORAIS, M. M.; VALENTE, M. O. Pensar sobre o pensar: ensino de estratégias metacognitivas para recuperação de alunos com dificuldades na compreensão da leitura na disciplina de língua portuguesa. Revista de Educação, v. 2, n. 1, p. 35-56, 1991.

MOREIRA, B. L. **Dicas de feedback**: a ferramenta essencial da liderança. Rio de Janeiro: Qualitymark, 2009.

MOSCOVICI, F. **Desenvolvimento interpessoal**: treinamento em grupo. Rio de Janeiro: J. Olympio, 2005.

_____. Relacionamento interpessoal. Rio de Janeiro: J. Olympio, 2008.

MOTTA, F. C. P.; CALDAS, M. P. (Org.). **Cultura organizacional e cultura brasileira**. São Paulo: Atlas, 1997.

MYERS, D. **Introdução à psicologia geral**. Rio de Janeiro: LTC, 1999.

ÓCIO CRIATIVO. **Listagem de frases**. Disponível em: <http://www.ociocriativo.com.br/frases/pesquisa.cgi?cmd=txtcat&ref=1063906395>. Acesso em: 30 jan. 2012.

O'CONNOR, J. **Manual de programação neurolinguística**. Rio de Janeiro: Qualitymark: 2007.

OECH, R. von. **Um "toc" na cuca**: técnicas para quem quer ter mais criatividade na vida. São Paulo: Livraria Cultura Editora, 1988.

OLIVEIRA, C. M. Quem elas procuram. **Revista Você S/A/Exame. As melhores empresas para você trabalhar**. São Paulo: Abril, set. 2010a.

OLIVEIRA, M. Electrolux: preparando sucessores. **Revista Você S/A/Exame. As melhores empresas para você trabalhar**. São Paulo: Abril, set. 2010b.

_____. Um emprego de causar inveja. **Revista Você S/A/Exame. As melhores empresas para você trabalhar**. São Paulo: Abril, set. 2010c.

O QUE É CULTURA ORGANIZACIONAL. **RH Portal**, 1º jan. 2008. Disponível em: <http://www.rhportal.com.br/artigos/wmview.php?idc_cad=582qebocp>. Acesso em: 4 dez. 2011.

PACHECO, L. et al. **Capacitação e desenvolvimento de pessoas**. Rio de Janeiro: FGV, 2005.

PNL PORTUGAL. Programação neurolinguística. Disponível em: <http://pnl-portugal.blogspot.com/2011/03/uma-visao-sobre-conflitos.html>. Acesso em: 30 jan. 2012.

PONTES, B. R. Avaliação de desempenho: métodos clássicos e contemporâneos, avaliação por objetivos, competências e equipes. São Paulo: LTr, 2008.

PORTAL QUALIDADE BRASIL. Adapta-se ou desaparece. Disponível em: <http://www.qualidadebrasil.com.br/pagina/adapta-se_ou_desaparece_e_o_ditame.../303>. Acesso em: 30 jan. 2012a.

_____. Criatividade e padronização não são mutuamente... Disponível em: <http://www.qualidadebrasil.com.br/pagina/criatividade_e_padronizacao_nao_sao_mutuamente_.../313>. Acesso em: 30 jan. 2012b.

PORTILHO, E. Como se aprende? Estratégias, estilo e metacognição. Rio de Janeiro: Wak, 2009.

POTTS, T.; SYKES, A. Talento executivo: como identificar e desenvolver os melhores. São Paulo: Pioneira, 1994.

PRESS, M. A era dos talentos. Rio de Janeiro: Qualitymark, 2007.

PSICOLOGIA. Ensino secundário. Pensamento e inteligência. Disponível em: <http://filotestes.no.sapo.pt/psicInteligencia.html>. Acesso em: 30 jan. 2012.

PUGLIESI, N. Basf: treinamento e desenvolvimento. Revista Você S/A/Exame. As melhores empresas para você trabalhar. São Paulo: Abril, set. 2010.

QUEM DISSE. Mais de 200.000 frases... Disponível em: <www.quemdisse.com.br/buscador.asp>. Acesso em: 30 jan. 2012.

RANGEL, A. O que podemos aprender com os gansos. Porto Alegre: Original, 2003.

REVISTA VOCÊ S/A/EXAME. As melhores empresas para você trabalhar. São Paulo: Abril, set. 2010.

RH.COM.BR. Frases inspiradoras. Disponível em: <http://www.rh.com.br/Portal/frases.php>. Acesso em: 30 jan. 2012.

ROBBINS, S. P. Administração: mudanças e perspectivas. São Paulo: Saraiva, 2003.

ROBBINS, S. P. Comportamento organizacional. 9. ed. São Paulo: Prentice Hall, 2002.

SABEDORIA UNIVERSAL. Aprendendo com os erros. Lendas e contos. Disponível em: <https://sabedoriauniversal.wordpress.com/lendas-e-contos>. Acesso em: 30 nov. 2011.

SANTOS, A. Fardos inúteis. Clube Stum. Disponível em: <http://somostodosum.ig.com.br/clube/artigos.asp?id=29764>. Acesso em: 7 maio 2012.

SCARDUA, A. C. Os sentidos da felicidade: felicidade e lócus de controle – onde reside a confiança. 26 maio 2010. Disponível em: <http://angelitascardua.wordpress.com/2010/05/26/felicidade-e-locus-de-controle-onde-reside-a-confianca>. Acesso em: 1º dez. 2011.

SCHEMES, J. Estratégia e criatividade na resolução de conflitos. Empreendedorismo hoje. 21 nov. 2007. Disponível em: <http://empreendedorismohoje.blogspot.com/2007/11/estratgia-e-criatividade-na-resoluo-de.html>. Acesso em: 1º dez. 2011.

SENGE, P. M. A dança das mudanças. 5. ed. Rio de Janeiro: Campus, 1999.

_____. A quinta disciplina: arte, teoria e prática da organização de aprendizagem. 7. ed. São Paulo: Best Seller, 2000.

_____. _____. 23. ed. Rio de Janeiro: Best Seller, 2008.

SERRA, F.; TORRES, M. C. S.; TORRES, A. P. Administração estratégica: conceitos, roteiro prático e casos. Rio de Janeiro: Reichmann e Affonso Editores, 2004.

SOTO, E. Comportamento organizacional: o impacto das emoções. São Paulo: Pioneira Thomson Learning, 2002.

SOUZA, V. L. et al. Gestão de desempenho. Rio de Janeiro: FGV, 2005.

STONER J.; FREEMAN, E. Administração. 5. ed. Rio de Janeiro: Prentice Hall, 1995.

TACHIZAWA, T.; FERREIRA, V. C. P.; FORTUNA, A. A. M. Gestão com pessoas: uma abordagem aplicada às estratégias de negócios. São Paulo: FGV, 2006.

UOL NOTÍCIAS. Economia. **Cada vez mais benefícios são armas para reter talentos.** 16 mar. 2011. Disponível em: <http://economia.uol.com.br/planodecarreira/ultimas-noticias/infomoney/2011/03/16/cada-vez-mais-beneficios-sao-armas-para-reter-talentos.jhtm>. Acesso em: 30 jan. 2012.

UOL. **Pensador.Info.** Disponível em: <http://pensador.uol.com.br/frase/NTg0MDIy>. Acesso em: 30 jan. 2012a.

_____. _____. Disponível em: <http://pensador.uol.com.br/frase/MTU2Njc5>. Acesso em: 30 jan. 2012b.

_____. _____. Disponível em: <http://pensador.uol.com.br/frase/NTU5MDYy>. Acesso em: 30 jan. 2012c.

_____. _____. Disponível em: <http://pensador.uol.com.br/frase/Mjg1NzYw>. Acesso em: 30 jan. 2012d.

_____. _____. Disponível em: <http://pensador.uol.com.br/frases_de_erico_verissimo>. Acesso em: 30 jan. 2012e.

_____. _____. Disponível em: <http://pensador.uol.com.br/frase/NDI0NA>. Acesso em: 30 jan. 2012f.

ULRICH, D. **Os campeões de recursos humanos**: inovando para obter os melhores resultados. São Paulo: Futura, 1998.

VASCONCELLOS, C. dos S. **Avaliação**: concepção dialética do processo de avaliação escolar. São Paulo: Libertad, 1995.

VILLAS-BOAS, A. A.; ANDRADE, R. O. B. **Gestão estratégica de pessoas.** São Paulo: Campus-Elsevier, 2009.

WAGNER III, J. A.; HOLLENBECK, J. R. **Comportamento organizacional**: criando vantagem competitiva. São Paulo: Saraiva, 2000.

WEBFRASES. Disponível em: <http://www.webfrases.com/ver_frase.php?id_frase=a818d14d>. Acesso em: 30 jan. 2012.

WHITE, R. P. HODGSON, P.; CRAINER, S. **A liderança do futuro**: estratégias para lucrar mais aproveitando as incertezas. São Paulo: Nobel, 1998.

WHITMORE, J. **Coaching para performance**: aprimorando pessoas desempenhos e resultados. Rio de Janeiro: Qualitymark, 2006.

WILLINGHAM, R. **Gente**: o fator humano – uma revolucionária redefinição de liderança. São Paulo: Educator, 1999.

ZOHAR, D.; MARSHALL, I. **QS**: inteligência espiritual. Rio de Janeiro: Record, 2000.

Respostas

Capítulo 1

1. c
2. b
3. c
4. A função da emoção é proporcionar ao organismo um nível de *arousal*, que nada mais é do que a experiência de prazer ou desprazer adequado, segundo a resposta mais idônea a cada situação específica. Alegria, tristeza, raiva, medo, surpresa e nojo são denominad*os The Big Six*, ou seja, as seis grandes emoções que são consideradas universais, uma vez que todo ser humano, ao senti-las, mostrará sempre as mesmas expressões faciais.
5. A inteligência emocional refere-se à qualidade de como a compreensão pelos próprios sentimentos, a empatia pelos outros e o controle das emoções pode modificar, para melhor, a vida de uma pessoa. A inteligência emocional caracteriza a maneira como as pessoas lidam com suas emoções e com as emoções das outras pessoas ao seu redor. Isso implica autoconsciência, motivação, persistência, empatia e entendimento, além de características sociais como persuasão, cooperação, negociação e liderança. As cinco dimensões da inteligência emocional são: autoconscientização, autocontrole, motivação, empatia e habilidades sociais.

Capítulo 2

1. d
2. c
3. d. A primeira afirmação relaciona uma simples discordância a um prejuízo ao desempenho do comitê. Porém, por ser apenas um conflito interpessoal, pode ser resolvido por negociação, mediação ou arbitragem. Também a segunda parte fica invalidada por essa afirmação, visto que esse conflito é administrável.
4. Os conflitos funcionais melhoram a qualidade das decisões, estimulam a criatividade e a inovação, encorajam o interesse e a curiosidade dos

membros do grupo, oferecem um meio para o arejamento dos problemas e a liberação das tensões, além de estimularem mudanças. Os conflitos disfuncionais reduzem a eficácia dos grupos, podem causar deficiências de comunicação, promovem fissuras na coesão do grupo e subordinação de metas; podem também paralisar o grupo e ameaçar sua sobrevivência.
5. As possibilidades de gerenciamento de conflito são o "perde-perde", o "ganha-perde" e o "perde-ganha" (que a médio e longo prazos, dependendo da relação, pode se tornar "perde-perde") e o "ganha-ganha".

Capítulo 3

1. b
2. a
3. c
4.
    - estabelecendo critérios para recrutamento, seleção e promoção de funcionários;
    - fazendo com que os objetivos, os valores e os princípios estejam perfeitamente claros a todos na empresa;
    - investindo na imagem da organização perante todos os *stakeholders*;
    - estimulando novas ideias, permitindo que os funcionários ousem se expor e criar novos métodos e procedimentos, como se fossem donos da organização;
    - valorizando os colaboradores;
    - promovendo o aprendizado dos funcionários;
    - adotando uma comunicação flexível e integrada entre gestores e subordinados.
5. Provisão de recursos humanos:
    - pesquisa de mercado de recursos humanos – recrutamento, seleção e integração;
    - aplicação de recursos humanos – análise e descrição de cargos, planejamento e alocação de recursos humanos, plano de carreiras e avaliação do desempenho;
    - manutenção de recursos humanos – administração de salários, plano de benefícios sociais, higiene e

- segurança do trabalho e relações sindicais;
- desenvolvimento de recursos humanos – treinamento, desenvolvimento de recursos humanos e desenvolvimento organizacional;
- monitoramento de recursos humanos – banco de dados, sistemas de informação e auditoria.

Capítulo 4

1. c
2. d
3. a
4. a) Saber agir com pertinência – ir além do prescrito, tomar iniciativas, negociar e arbitrar, fazer escolhas, assumir riscos, reagir a contingências, assumir responsabilidades, saber reagir, saber interpretar, saber o que fazer, saber inovar, saber julgar.
   b) Saber mobilizar saberes e conhecimentos em um contexto profissional – demonstrar profissionalmente a capacidade da ação.
   c) Saber integrar ou combinar saberes múltiplos e heterogêneos – saber selecionar os elementos necessários dentre os recursos disponíveis, organizá-los e empregá-los para resolver um problema, conduzir um projeto ou desenvolver uma atividade profissional.
   d) Saber transpor – ir além da execução; capacidade de resolver problemas e enfrentar situações, e não um problema ou uma situação. Significa possuir a condição de saber aplicar, em um novo ambiente, conhecimentos ou habilidades que adquiriu ou executou em contextos distintos.
   e) Saber aprender, e saber aprender a aprender – quando o profissional faz de sua prática profissional uma oportunidade de criação de saberes.
   f) Saber envolver-se – é preciso querer agir para saber e poder agir. O envolvimento depende da relação afetiva do profissional com a situação, que será avaliada por ele considerando sua coragem e os recursos pessoais que tem para investir naquele momento.

5. Talento é a aptidão natural ou habilidade, inteligência, engenho, força física, pulso e vigor. Um profissional talentoso é aquele que é comprometido com a empresa, que comunga dos mesmos valores, está sempre disposto a aprender, investe em sua formação – está sempre estudando e se atualizando – e é ousado e criativo. Além disso, esse indivíduo gosta de desafios, de inovações, lida bem com a complexidade e demanda *feedback* constante. A avaliação de desempenho sistemática e constante, com definição de metas e indicadores claros, é a forma mais comum e assertiva de identificar os talentos da organização.

Capítulo 5

1. b
2. c
3. c
4. Por meio da tecnologia da informação, pode-se ter uma abrangência maior em termos de número de colaboradores treinados e desenvolvidos, bem como pode-se utilizar ferramentas que envolvam os dois hemisférios cerebrais, utilizando conceitos, imagens, jogos, ou seja, estimulando os sentidos e a experiência do indivíduo.
5. O *coaching* abrange questões de desempenho, desafios e mudanças específicas. Tem por foco a ação e os resultados; envolve o presente e o futuro. Aborda como o *coachee* age em razão dos resultados a serem alcançados.
   O *mentoring* aborda questões relacionadas a empresa, carreira ou transições profissionais. Tem por foco as possibilidades e envolve os acertos e os equívocos do passado, assim como o presente e uma projeção do que pode ser realizado no futuro.
   O *mentoring* é realizado por um mentor, ou seja, um profissional que tem amplo e profundo conhecimento da organização e sua cultura.
   O *counseling* aborda formas de lidar com questões emocionais, problemas e a compreensão da situação problemática e as possibilidades para encontrar soluções para esta.

Capítulo 6

1. b
2. b
3. d
4. A avaliação de desempenho é o julgamento do desempenho ou das qualidades de uma pessoa na organização. Muitas empresas foram influenciadas pela administração científica de Taylor, no início do século XX, para criar avaliação de desempenho de seus funcionários. Entretanto, antes da Segunda Guerra Mundial, apenas as Forças Armadas e raras empresas faziam uso de recursos de avaliação. A maior inspiração para as empresas aprimorarem as avaliações veio na década de 1950, por meio das ideias de Peter Drucker de gestão por objetivos e da publicação de Douglas McGregor e suas ideias de Teorias X e Y. Com base no trabalho desses dois pesquisadores, as metodologias de avaliação de desempenho desenvolveram-se consideravelmente, passando da fase em que essa tarefa era desenvolvida exclusivamente pela chefia, de forma sigilosa, até o estágio em que contempla o alcance de metas, transformando-se em um processo de responsabilidade compartilhada entre o colaborador, o gestor e, em alguns modelos, todos os atores envolvidos.
5. Recrutamento interno, recrutamento externo, desenvolvimento, plano de carreira, ambiente de confiança, qualidade de vida, benefícios, compensações financeiras – como participação nos lucros e bônus –, novos desafios profissionais, posições de liderança e arranjos de trabalho flexíveis.

Sobre as autoras

Erika Gisele Lotz é graduada em Administração (1994) pela Universidade Estadual de Maringá (UEM), tem especialização em Fundamentos Estéticos para Arte-Educação (1998) pela Faculdade de Artes do Paraná (FAP), mestrado em Turismo e Hotelaria (2002) pela Universidade do Vale do Itajaí (Univali) e cursos de *Coaching Foundation Skills in Coaching* (2009) e *Master Practitioner* em Programação Neurolinguística (2009). Atua como *coach* e ministra programas de desenvolvimento pessoal e interpessoal. Como professora, atua em cursos de graduação e pós-graduação nas áreas de gestão de pessoas. É autora das seguintes obras: *Planejamento e gerenciamento da operação turística* (2004, Editora Ibpex), *Administração estratégica e planejamento* (2004, Editora Ibpex), *Planejamento de eventos* (2003, Editora Ibpex) e *Luz e sombra: a história de uma iniciação* (1991, Editora Ordem Rosacruz – Amorc).

Lorena Carmen Gramms é graduada em Administração (1992) pela Faculdade de Ciências Econômicas, Contábeis e de Administração Professor De Plácido e Silva (Fadeps/Uniandrade) e mestre em Administração (1999) pela Universidade Federal do Paraná (UFPR). Atuou em empresas exportadoras e em multinacionais norte-americanas, especialmente nas áreas de desenvolvimento de projetos. Coordena o curso de bacharelado em Administração e Tecnologia em Recursos Humanos na Faculdade Spei e atua como professora de pós-graduação nas áreas de estratégia, gestão de pessoas, qualidade e empreendedorismo. Atualmente, é conselheira e vice-presidente do Conselho Regional de Administração (CRA-PR), onde preside a Comissão de Sustentabilidade e é consultora na área de desenvolvimento de pessoas. É autora do livro *Administração estratégica e planejamento* (2004, Editora Ibpex).

Os papéis utilizados neste livro, certificados por instituições ambientais competentes, são recicláveis, provenientes de fontes renováveis e, portanto, um meio sustentável e natural de informação e conhecimento.

FSC
www.fsc.org
MISTO
Papel produzido a partir de fontes responsáveis
FSC® C057341

Impressão: Log&Print Gráfica & Logística S.A.
Agosto/2020